Rainer Maria Rilke

릴케와 한국의 시인들

인문사회과학총서 64

Rainer Maria Rilke

릴케와 한국의 시인들

김재혁 지음

고려대학교출판부
KOREA UNIVERSITY PRESS

이 책은 고려대학교출판부가 조성한
인문사회과학출판기금으로 만들어졌습니다.

책머리에

릴케(1875-1926)가 우리나라 시인들에게 끼친 영향에 대해서는 어느 자리에서 누구를 만나나 서슴없이 정말로 많은 시인들이 영향을 받았다고 말한다. 그러나 막상 구체적으로 안으로 들어가면 어느 시인의 어느 부분이 과연 릴케에게서 영향을 받은 것인지 밝혀내기가 쉽지 않다. 다시 말해 릴케에게서 받은 영향을 밝혀줄 실증적 자료를 찾는 일이 힘들다는 것이다. 그러므로 이른바 프랑스의 비교문학론자들이 주장하는 관점에서 릴케와 우리나라 시인들 사이의 영향 관계의 추적은 상당히 난관에 봉착하고 있는 셈이다. 그렇다고 해서 이를 간과하고 막연한 비교연구로 넘어간다면 자칫 인상주의적 비평의 바탕 위에 모래성을 쌓는 일이 될 수도 있다.

릴케 수용의 초창기에 우리 시인들에게 영향을 끼친 것은 우리말로 번역된 릴케가 아니라 일본어로 옮겨진 릴케였다. 가장 대표적인 예가 윤동주와 김춘수이다. 따라서 대체로 1930년대와 40년대 일본어 번역판을 통해 유입된 릴케 수용의 실증성의 확보가 실로 중요성을 띤다. 그 시대를 살면서 릴케를 읽고 그에 감명을 받아 시를 쓴 우리나라 시인들에 대한 릴케의 영향을 논함에 있어서 이것이 유일한 실증적 자료가 될 수 있기 때문이다. 이를테면 김춘수가 일본의 고서점에서 릴케의 시집을 사 보고서 시인의 길로 들어섰다고 했을 때 그가 읽은 일본어 시집이 릴케의 어떠한 작품을 담고 있으며 또 거기에 실린 번역은 어떠한지를 실증적으로 살펴보아야 한다. 이것은 윤동주의 경우도 예외가 아니다. 윤동주의 시 〈별 헤는 밤〉에 "라이너 마리아 릴케"라는 이름이 나온다는 것만으로 그가 릴케의 영향을 받았다고 단언하는 것은 무리가 있다. 그가 읽은 릴케의 작품이 구체적으로 무엇인지를 밝혀서 이에 근거하여 영향 관계를 논의해야 한다. 필자는 이 책에서 논의상 그와 같은 실증적 구체성을 꾀하려 한다.

우리나라에 릴케의 문학세계가 우리글로 번역을 통해 정식으로 소개된 것은 1930년대 중반 박용철(1904-1938)에 의해서이다. 물론 그 전에 백대진에 의해 《신세계》(1916년 5월)라는 잡지에 별다른 내용 소개 없이 릴케의 이름이 우리 문단에 처음으로 오른 바 있다. 일본에서 길지 않은 기간이지만 정식으로 독문학을 공부하고 돌아온 박용철은 《삼천리문학》 창간호에 〈시적 변용에 대해서〉라는, 릴케의 심중을 그대로 옮긴 듯한 글을 소개하고 이후로 몇 편의 릴케의 시를 번역하여 릴케 수용에 있어서 원문 텍스트의 직접성의 장을 연다. 그가 일본어로 번역된 릴케의 글을 텍스트로 삼지 않고 독일어 원본에 번역의 기초를 두고 있다는 사실은 '새로 발굴된 박용철의 원고 《라이너 마리아 릴케의 서정시》'라는 장에서 자세히 밝힐 예정이다.

릴케가 한국의 시인들에게 끼친 영향을 논함에 있어 창조적 수용이라는 관점에서, 릴케에게 중심을 두기보다는 우리 시인들에게 중심을 두는 것이 당연한 일이라 하겠다. 따라서 릴케에 대한 선결적인 이해는 비교와 영향 관계를 따지기 위한 기본 전제가 되지만 이것만으로 문제가 해결되는 것은 아니다. 우리 시인들의 시 세계에 대한 정확한 이해가 또 다른 전제가 되기 때문이다.

릴케는 한국전쟁이라는 동족상잔의 비극을 겪은 뒤 우리나라의 시인들의 시에 더욱 더 많이 회자되게 된다. 릴케의 문학에 내재되어 있던 본질 중의 하나가 우리 시인들에게 호소한 결과이다. 그것은 시대적 혼란 속에서 불안을 느낀 인간 존재의 실존적 상황과 관련된 것이다. 그것을 대표적으로 구현한 시인들은 김춘수, 전봉건, 박양균 등이다.

또 한 가지 한국에서의 릴케 수용에서 빼놓을 수 없는 글이 있다. 그것은 하이데거가 쓴 릴케론 〈가난한 시대의 시인Wozu Dichter?〉이다. 1960년대에 이 책을 읽지 않고 시를 썼던 시인은 없던 것 같다. 당시에 우리 시인들의 산문에 이 책 이야기가 간단없이 나오는 것이 그 사실을 말해준다. 우리나라에서 릴케의 상을 실존철학적 관점에서 규정지은 한 가지 결정적인 현상이라 할 수 있다. 김수영은 이 글을 일어판으로 거의 암송할 수 있을 만큼 읽었다고 고백한다.

릴케는 한국에서 1976년을 기점으로 해서 다시 한 번 많은 사람의 입에 오르내리게 된다. 그것은 그의 탄생 100주년을 기념하는 자리를 여러 문예지에서 마련했기 때문이다. 《심상》이라든가 《현대시학》이 그 대표적인 예이다. 여기 실린 글들을 살펴보면 릴케가 우리나라 시인들의 마음 속에 어떠한 형상으로 자리를 잡고 있었는지 어느 정도 짐작할 수 있다. 대체로 심정적인 근거리를 유지하고 릴케에게서 위안을 얻으려는 몸짓이 두드러진다는 사실이 확인된다.

1930년대에 박용철에 의해 본격적으로 소개되면서 우리나라 시인들에게 많은 영향을 끼친 릴케이기는 하지만 그렇다고 해서 릴케의 시 세계는 위대하고 우리나라 시인들의 것은 그의 영향 아래 있다고 생각하는 것은 위험천만한 생각이다. 우리나라 시인은 우리 고유의 정신과 환경 속에 있기 때문에 아무리 훌륭한 외국 시인의 세계도 우리 시인들의 정신의 필터를 거치면 새로운 것으로 말끔하게 태어나기 마련이다. 필자는 바로 이 점에 주목하고자 이 책을 집필하게 되었다. 우리 시인들의 세계를 보다 잘 이해하기 위한 또 하나의 방법론으로서 제시하고자 하는 것이다. 또한 그것은 릴케의 문학세계를 정확하게 이해하는 일이기도 하다. 박용철의 〈시적 변용에 대해서〉는 릴케의 문학에 나타나는 시적 변용을, 윤동주의 "부끄러움"은 릴케의 "소녀상"을, 김현승의 "고독"과 "마음"은 릴케의 "고독"을, 김춘수의 "천사"와 "장미"는 릴케의 "천사"와 "장미"를 보다 정확하게 파악할 수 있게 해준다. 그 밖에도 전봉준과 박양균에게서 엿볼 수 있는 한국동란이 릴케 수용에 어떤 영향을 끼쳤는가, 박희진의 시 세계에서 릴케는 어떠한 감수성으로 그에게 다가갔는가, 허만하의 의식 세계에 끼친 릴케의 영향은 무엇인가, 격동의 1970, 80년대를 겪은 이성복에게 릴케의 존재는 무엇인가, 나름대로 개성 있게 릴케를 수용한 김기택의 시에 릴케는 어떠한 흔적을 남겼는가. 이렇게 영향 관계를 추적하는 과정에서 우리는 릴케와 한국 시인들의 올바른 상에 도달할 수 있기를 기대한다.

차 례

제6부 릴케는 우리 시인들에게 무엇이었나

1부

초창기 릴케 수용의 특징

—박용철, 윤동주

1장
박용철의 릴케 문학 번역과 수용

지난 2004년, 박용철(1904-1938)이 번역을 시도한 릴케 연구서의 미발표 초고가 공개되었다.[1] 그가 번역한 텍스트는 로베르트 하인츠 하이그로트Robert Heinz Heygrodt가 쓴 《라이너 마리아 릴케의 서정시—발전사적 시도*Die Lyrik Rainer Maria Rilkes: Versuch einer Entwicklungsgeschichte*》(1921)이다. 대학노트 10쪽 분량에 걸쳐 시도된 이 번역문을 통해서 우리는 박용철이 당시에 얼마나 릴케의 문학에 경도되었는지 그 관심의 폭과 깊이를 가늠할 수 있다. 지금까지 시론 〈시적 변용에 대해서〉와 번역시 〈마리아께 드리는 소녀들의 기도Gebete der Mädchen zur Maria〉를 비롯한 몇 편의 릴케 작품을 통해서만 릴케와 관련을 맺었던 것으로 파악된 박용철의 또 다른 면모가 이번의 새로운 발굴을 통하여 밝혀진 셈이다. 가장 눈에 띄는 점은 박용철이 릴케의 연구서를 번역하면서 독일어 원문을 원텍스트로 사용했다는 사실이다. 번역자로서의 박용철의 태도를 알아볼 수

1 로베르트 하인츠 하이그로트(박용철 역), 〈라이너 마리아 릴케의 서정시〉, 《문학사상》, 386호(2004년 12월), 171-177쪽.

있는 중요한 자료이다.[2]

이 장에서는 박용철의 시와 시론이 갖는 특질을 그가 소개한 릴케 번역시와 시론에 비추어 새로운 각도에서 조명하고자 한다. 연구자에 따라 박용철의 시론이 릴케의 《말테의 수기*Die Aufzeichnungen des Malte Laurids Brigge*》와 《젊은 시인에게 보내는 편지*Briefe an einen jungen Dichter*》에 그 원천을 두고 있으나 이해가 부분적이고 창작을 통한 수용이 없다는 점을 한계로 지적하고 있는 상황에서[3] 그의 릴케 번역에서 쓰인 시적 언어가 그의 시에서 어떻게 구사되고 있으며 릴케에게서 받아들인 '시적 변용'과 관련된 시론이 그의 창작 작품에서는 어떻게 반영되고 있는지 살펴보는 것은 1930년대 한국시를 논할 때 같은 시문학파의 김영랑이나 정지용보다 늘 한 단계 아래로 폄하된 박용철의 문학을 올바르게 평가하는 단초가 될 수 있을 것이다.

1. 박용철의 번역시와 시적 수용

1) 박용철의 번역시

박용철의 릴케 시 번역의 첫머리를 장식한 것은 1936년 6월 《여성》에 발표된 릴케의 초기 시 작품 〈마리아께 드리는 소녀들의 기도〉이다. 박용철은 연작시인 〈마리아께 드리는 소녀들의 기도〉를 나름대로 순서를 바꾸어 번역해 놓고 있다. 원래의 연작시 작품에서는 이탤릭체로 된 다음 시가 '서시'

---

2 김재혁, 〈새로 발굴된 박용철의 원고: R. M. Rilke의 서정시—초벌 번역원고를 통해 본 박용철의 번역태도〉, 《문학사상》, 386호(2004년 12월), 157-170쪽 참조.

3 이재선, 〈한국현대시와 R. M. 릴케—그 영향을 중심으로〉, 《청구대학 논문집》, 8(1965), 49-62쪽.

의 자리를 차지한다.

> 우리게 무슨일이 일어나게 하시옵소서!/보시오 우리가 얼마나 생활을바라고 떨고있는가./우리는 높이 오르고저 하나이다./광휘와같이 노래와같이.[4]
>
> *Mach, daß etwas uns geschieht!/Sieh, wie wir nach Leben beben./Und wir wollen uns erheben/wie ein Glanz und wie ein Lied.*[5]

박용철은 "nach Leben beben"을 "생활을 바라고 떨고있는가"로 번역하고 있다. 일단은 큰 문제가 없어 보이며 시적인 향취가 나는 번역이라 여겨진다. 다만 여기서 "Leben"은 하나의 특정한 삶의 형태라기보다는 "삶" 자체로 봐야 할 것이다. 소녀들은 "생활"이 아니라 하나의 존재로서의 생동감 있는 삶을 원하고 있고 그것을 마리아에게 기원하고 있기 때문이다. 한편 박용철은 "sich erheben"을 "높이 오르고저"로 옮겨 놓고 있다. 수녀들은 현재 무릎을 꿇고 기도하고 있는 상태이다. 지금의 상태에서 '일어나고' 싶다는 뜻이다. 그러므로 이것을 "높이오르고저 하나이다"로 의역한 것은 오히려 시어의 아름다움과 원문의 뜻을 잘 파악한 경우라고 할 것이다. 이는 박용철이 번역을 통해 자신의 시문학적 역량을 강화하기 위하여 노력한 증거이다. 그 다음의 그의 번역 시편을 보자.

---

4 박용철, 《박용철 전집 제1권—시집》(깊은샘, 2004), 326쪽. 이후 '《박용철 전집 1》, 326'로 약기함(앞의 숫자는 권수, 뒤의 숫자는 쪽수).

5 Rainer Maria Rilke, *Sämtliche Werke I*, hrsg. v. Rilke-Archiv in Verbindung mit Ruth Sieber-Rilke, besorgt durch Ernst Zinn(Frankfurt a. M., 1955), S. 182. 이후 '《릴케 전집 1》, 182'로 약기함(앞의 숫자는 권수, 뒤의 숫자는 쪽수. 전집의 다른 권의 경우도 동일).

우리의 어머니들은 이미 피로하여서/우리가 (조심스레) 걱정되어 독촉하면/저의는 두손을 늘어트리고/먼데 소리(響)를 믿고 있읍니다,//오— 우리도 꽃피었더니라!//저의가 흰옷으로 가까히가면/우리는 그것을 빨리 찢어버립니다/몬지많은 室內의 光線가운대서,/저의는 그렇게 열심히 애를 쓰면서도/우리의 뜨거운손을/보지 못합니다—//우리는 당신에게 그들을 가르쳐야됩니다/어머니가 다시 눈을뜨지 않을때에/그러면 그들은 밤에/두줄 하얀 불ㅅ길과같이 올라가오리다.

—《박용철 전집 1》, 321-322.

Unsere Mütter sind schon müd;/und wenn wir sie ängstlich drängen,/ lassen sie die Hände hängen,/und sie glauben fernen Klängen:/Oh, wir haben auch geblüht!//Und sie nähen an den weißen/Kleidern, die wir schnell zerreißen, /in dem staubigen Stubenlicht./Wie sie sich so treu befleißen, /und da sehn sie unsre heißen/Hände nicht…//Und wir müssen sie dir zeigen,/wenn die Mutter nicht mehr wacht;/und sie werden in der Nacht/wie zwei weiße Flammen steigen.

—《릴케 전집 1》, 184-185.

이 번역시에서는 박용철의 릴케 번역상에 나타나는 몇 가지 오류의 예를 발견할 수 있다. 박용철의 번역시 중 제2행의 "조심스레"는 원문에는 없는 말이다. 또한 "ängstlich"도 "걱정되어"로 번역하였는데, 그보다는 "초조하게"로 옮기는 것이 적당할 듯하다. 제2연은 오역이 가장 많이 눈에 띄는 부분이다. "저의가 흰옷으로 가까히가면"은 "저의가 흰옷을 꿰매 놓으면"으로 해야 한다. 이는 독일어의 "nähen"을 "sich nahen"으로 잘못 파악한 경우이다. 이어서 나오는 "우리는 그것을 빨리 찢어버립니다"에서도 "빨리"는 "이

내"로 해야 더 정확한 번역이 된다. 따라서 이 구절은 "그들은 하얀 옷을 꿰매지만/우리는 그것을 '이내' 찢어버립니다"로 해야 한다. 그리고 "우리는 당신에게 그들을 가르쳐야 됩니다"에서는 지시대명사 "sie"와 동사 "zeigen"을 잘못 보았다. 여기서 "sie"는 "우리의 손"을 지시하기 때문에 이 문장은 "우리는 당신에게 우리의 손을 보여드려야 합니다"가 되어야 한다. 그 밖에는 원시의 시행에 따라 번역이 차분하게 이루어져 있다.

> 많은것에서 意味가 우리게 남었읍니다./特히 부드리운것과 아담한것에는/우리는 약간 아는 것이 있읍니다/남모르는 그 정원이라든가/잠든아래 밀어넣어주는/우단 벼개라든가/迷惑시키는 애정을가지고/우리를 사랑하는 그무엇이라든가//그러나 많은말슴은 그의미로부터/이 세게로부터 달아나서/당신의 玉座의 周圍에/올라가는 音階를 싸듯이/귀 기울이며 둘러쌓습니다/어머니 마리아여/당신의 아들은/그걸보고(말슴) 웃고있읍니다//당신의 아들을 보시옵소서
> —《박용철 전집 1》, 327-328.

> Von so vielem blieb uns der Sinn,/gerade von dem Sanften und Zarten /haben wir irgendein Wissen:/wie von einem geheimen Garten,/wie von einem samtenen Kissen,/das sich uns unter den Schlummer schiebt;/wie von etwas, das uns liebt/mit einer verwirrenden Zärtlichkeit,—//aber viele Worte sind weit.//Viele Worte sind aus den Sinnen entflohn/und aus der Welt./Haben sich horchend um deinen Thron,/wie um einen steigenden Ton,/Mutter Maria, gestellt;/und dein Sohn/lächelt sie an://Sieh deinen Sohn.
> —《릴케 전집 1》, 183-184.

시의 첫머리의 두 번째 낱말인 "so", 즉 "그렇게"가 번역에서 빠져 있다. 두 번째 행의 "부드러운것과 아담한것"은 원어의 "dem Sanften und Zarten"을 번역한 것으로 본디 "유순한 것과 사랑스러운 것"을 뜻하는데 박용철은 이를 원어의 뉘앙스를 새겨 번역하려 하였으나 "Zarten"을 "아담한 것"으로 옮긴 데에는 좀 무리가 있지 않나 싶다. "아담한 것"은 "자그마한 것"을 뜻하기 때문이다. 그리고 원문에서 실질적으로 두 번째 연을 차지하고 있는 "aber viele Worte sind weit"는 박용철의 번역에서는 빠져 있다. 번역상의 실수로 보인다.

박용철의 번역의 장점은 무엇보다도 "우리도 꽃피었더니라"라든가 "올라가오리다"의 예처럼 종결어미를 비롯한 어휘 선택의 정교함에 있다. 그러나 번역문을 너무 지나치게 예쁜 말로 꾸미다 보니 원문에서 멀어지는 경우가 많이 발생하고 있다. 다음 시에서처럼 "덩굴"을 "넌출진풀"로 한 것은 멋진 번역이다. 그러나 그에 못지않은 다른 문제가 엿보인다.

> 몬저 나는 당신의 정원이 되고 싶습니다/그래 넌출진풀과 花壇으로/당신의 아름다움을 가릴수있으면/당신은 어머니답게 피로하신/미소를 띠우시고 질겨 나를 찾으시리다.//그러나 당신이 가고오실때에/무엇이 함께 거기를 들어옵니다/당신이 힌화단에서 나를 눈ㅅ짓하실때에/그것은 붉은화단에서 소리쳐 나를부릅니다.
>
> ―《박용철 전집 1》, 323.
>
> Dein Garten wollt ich sein zuerst/und Ranken haben und Rabatten/und deine Schönheit überschatten,/damit du mit dem muttermatten/Lächeln gern mir wiederkehrst.//Da aber―als du kamst und gingst,/ist etwas mit

dir eingetreten:/das rufst mich zu den roten Beeten,/wenn du mit aus den weißen winkst.

—《릴케 전집 1》, 184.

시의 내용은 소녀가 정원이 되어 성모 마리아의 발길을 이끌겠다는 의지를 담고 있다. 몇 가지 번역상의 문제점을 보면 다음과 같다. 제1, 2행에서 "몬저 나는 당신의 정원이 되고 싶습니다"로 현재형으로 하고 있는데 이는 과거형으로 해야 옳다. 그래서 '나'는 먼저 당신의 정원이 되고 싶었지만, 제2연에 들어 접속사 "aber"로서 그렇지 못했다는 것을 보여준다. 박용철은 원문 제2연의 첫 머리에 있는 "da"를 "거기"로 번역하였는데, 이것은 앞의 제1연 전체와 관련하여 "—했을 때"로 옮겨야 옳다. 또한 시제도 과거형으로 해야 한다.

그렇다면 박용철은 릴케의 많은 작품들 중에서 왜 하필이면 〈마리아께 드리는 소녀들의 기도〉를 번역했는가? 여기엔 번역시를 통해서 우리말 연습을 하고, 그것을 통해 궁극적으로 자신의 창작시를 살찌우자 하는 의도가 깔려 있는 것으로 보이며[6] 나아가 그의 전체 문학적 추구의 방향에서 말하자면 이 연작시의 소녀들처럼 뭔가 순수한 것을 동경하는 마음이 릴케의 시 중에서 〈마리아께 드리는 소녀들의 기도〉를 번역하게 된 배경이라고 할 수 있다. 이러한 순수 지향적인 박용철의 번역 자세는 그의 시 창작 과정에도 은근하게 반영되고 있다.

---

6 김용직, 〈순수와 반기교주의〉, 광산문화원 편, 《용아 박용철의 예술과 삶》(광주: 광산문화원, 2002), 76-105쪽 참조.

2) 박용철의 시에 반영된 릴케적 표현 방식

박용철은 릴케의 시 〈가을*Herbst*〉을 번역했기 때문에[7] 같은 《형상시집*Das Buch der Bilder*》에 실려 있는 〈가을날*Der Herbsttag*〉을 접했을 것으로 짐작된다. 기도체를 사용하여 자신의 내적 고백을 읊조린 박용철의 〈기원〉은 이처럼 릴케의 〈가을날〉과 〈마리아께 드리는 소녀들의 기도〉의 영향을 분명하게 보여준다.

> 우리는 구하는것없는 무리올시다/우리가 무엇을 바란다 하오리까/다만 한점 시원한 것을/우리의 가슴에 주시옵소서 가르쳐//시끄러운 무리속에서 멀미에 어지럽고/산중에 고독을즐기기에 어질지 못합니다/ 〔…〕/속물들을 피하여 흙창속으로 들어갈 때에/우리의 손을 이끌어 주시옵고/세상을 건지려는 이들의손에서 우리를 구하시옵고/다만 새로운 공기로 우리를 길러주시옵소서/우리가 취하고 멀미하고 어지러워 비척어릴때/무엇보다 우리를 사람훈기에서 구하시옵소서//벗어진 산같이 거리낄데없이 밋밋한 우리의 하로를 이로살리시옵고/우리의손이 할바를 모를때에 우리의손을 놀게하시고/우리의 마음이 당나귀같이 말을듯지 아니할때에/우리우에 멍에를 얹지 마시옵소서.//가진것이 없는 우리에게서 슬퍼하는 마음을 마자 빼앗으시고/장승같이 아침을 기다리게 하시옵소서
> —《박용철 전집 1》, 128-129.

앞에서 살펴본 〈마리아께 드리는 소녀들의 기도〉의 기본적인 겸손한 어

---

7 《박용철 전집 1》, 318-319.

투와 자세를 우리는 박용철의 이 시에서도 그대로 느낄 수 있다. 그러면 시의 내용을 구체적으로 살펴보자. 먼저 고독에의 요구가 가장 눈에 띈다. "우리를 사람훈기에서 구하시옵소서"라든가, "시끄러운 무리속에서 멀미에 어지럽고", "속물들을 피하여 흙창속으로 들어갈 때에" 등의 구절은 릴케가 자신의 삶과 예술에서 끊임없이 강조한 고독에의 요구와 많이 닮아 있다. 특히 "속물들을 피하여 흙창 속으로 들어갈 때에"의 구절은 《기도시집*Das Stunden-Buch*》 제2부 〈순례의 서Das Buch von der Pilgerschaft〉의 "나의 주여, 당신은 그 성자聖者들을 아시나이까?/밀폐된 수도원의 골방마저도/웃음소리, 고함소리와 너무 가깝다고 여겨/땅속 깊이 파고 들어가 몸을 숨긴 이들을?"(《릴케 전집 1》, 324-325)을 연상시킨다. 두 번째 러시아 여행에서 릴케는 1900년 6월 2일과 3일 이틀에 걸쳐 키예프에 있는 동굴 수도원을 구경하였다. 바로 그 지하의 수도원 시설과 그곳에 사는 수도사들의 삶이 이 시에 그대로 반영되어 있다. 원래 수도사의 삶은 오로지 신에 대한 봉사와 지칠 줄 모르는 엄격한 신앙행위에만 바쳐져야 하는 조용하고도 고립된 삶의 표상과 연결된다. 박용철은 이 시에서 이러한 분위기를 흉내내고 있다. 이 같은 고독을 기반으로 해서 그는 "한점 시원한 것"과 "새로운 공기"를 원한다. 시원한 것과 새로운 공기가 복잡한 일상으로부터의 탈출에서 비롯됨은 "우리의손이 할바를 모를 때에 우리의손을 놀게하시고"라는 대목에서 드러난다. 시적 화자는 세속적 욕망을 덜어내고 뭔가 다른 것을 추구하려 한다. 이는 "가진 것이 없는 우리"라든가 "우리가 무엇을 바란다하오리까" 등 모든 욕구를 버리고 가난한 마음 상태에서 살겠다고 선언하는 구절에서 잘 알 수 있다.

그렇다면 박용철의 〈기원〉이 궁극적으로 지향하는 것은 무엇인가? 어떤 평자는 그것이 "탈속의 조용한 자유"와 "중용과 안분의 도"[8]라고 말한다. 혹은 "모두 문학적인 지향에 대한 스스로의 다짐"[9]이라고도 한다. 그러한 지향이 한 개인이 아닌 공동체의 차원에서 이루어짐은 "우리는 구하는 것 없는 무리"라는 말이 알려준다. 시인들의 "무리"는 무릇 자유를 추구한다. "우리의 마음이 당나귀같이 말을듯지 아니할때에/우리우에 멍에를 얹지 마시옵소서"라는 구절이 그것을 암시한다. 시인들은 "당나귀같이" 날뛰면서 또 다른 한편으로는 "장승같이", 즉 '꿋꿋하게' 다가올 "아침을" 기다린다. 박용철은 아직 정체성을 찾지 못한 초보 단계의 시인으로서 앞으로 자신이 성숙해지기를 스스로에게 다짐하는 것이다.

박용철은 이러한 자신의 마음을 다른 시에서 이렇게 표현한다. "문득 마음이 꽃같이 피여나는가하면/어느새 부끄럼에 고개 도로 숙으린다/행복에 피가 수물거리다가는/다시 불안에 가슴 두근거린다"(《박용철 전집 1》, 30-31). 〈마리아께 드리는 소녀들의 기도〉 중 "우리도 꽃피었더니라!" 같은 구절처럼 소녀를 식물로 형상화한 릴케의 표현법을 그대로 따르고 있다고 볼 수 있다. 이렇듯 젊은 박용철에게 있어서 중요한 것은 커가는 시인으로서 시적인 성취이다.

---

8 이항아, 〈시인 박용철 연구〉, 광산문화원 편, 《용아 박용철의 예술과 삶》(광주: 광산문화원, 2002), 36쪽 참조.

9 문혜원 〈애상적인 정조와 의지에의 지향〉, 《시로 여는 세상》, 9호(2004년 봄), 211쪽 참조.

2. "시적 변용"과 박용철의 창작시

1) 체험에 의한 창작—〈시적 변용에 대해서〉

먼저 릴케의 《말테의 수기》 중 시인의 창작과정에 대하여 서술한 부분을 보자.

> 아, 하지만 시라고 하는 것은 너무 어린 나이에 쓰면 보잘것없는 것이 되고 만다. 사람은 평생을 두고, 가능하면 오래 살아, 우선 꿀벌처럼 꿀과 의미를 모아들여야 하며, 이를 거름 삼아 아마 삶의 끝에 가서 열 줄 정도의 좋은 시를 쓸 수 있을지 모르겠다. 시라는 것은 사람들이 보통 생각하듯이 (젊었을 때 넘치도록 갖는 그러한) 감정이 아니라 체험이다. 한 줄의 시구를 얻기 위하여 많은 도시, 온갖 사람들, 그리고 여러 가지 사물을 알아야만 한다. 이 모든 것에 대한 추억이 우리들의 가슴속에서 피가 되고, 눈길이 되고, 또 몸짓이 되어, 더 이상 우리와 구별할 수 없을 정도로 이름이 없어졌을 때 비로소 아주 진귀한 순간에 그 추억의 한가운데에서 시구의 첫마디가 떠오를 수 있는 것이다.
>
> —《릴케 전집 6》, 724.

시인의 체험과 그 시적 변용 과정을 강조한 위의 글을 1938년 1월 《삼천리문학》에 발표한 박용철의 〈시적 변용에 대해서〉의 다음 대목과 비교해보자.

> 우리의 모든 體驗은 피 가운대로 溶解한다. 피가운대로, 피가운대로. 한낮 감각과 한가지 구경과, 구름같이 펴올랐든 생각과, 한筋肉의 움지김

> 과, 읽은 詩한줄, 지나간 激情이 모도 피가운데 알아보기어려운 溶解된 기록을 남긴다. 〔…〕 흙 속에서 어찌 풀이 나고 꽃이 자라며 버섯이 생기고? 무슨 솜씨가 피속에서 詩를, 詩의 꽃을 피여나게 하느뇨? 變種을 맨들어내는 園藝家. 하나님의 다음가는 創造者. 그는 실로 교묘하게 配合하느니라, 그러나 몇곱절이나 더 참을성있게 기다리는것이랴!
>
> —《박용철 전집 2》, 3-4.

여기서 중요한 어휘들만 골라보면, "체험", "피", "용해" 등이 눈에 띈다. 한마디로 앞의 릴케의 글에서처럼 체험이 피로 용해되어 그것이 어느 날 한 송이 꽃으로 피어나야 한다는 말이다. 릴케의 《말테의 수기》와 《젊은 시인에게 보내는 편지》, 이 두 가지를 혼합하여 만들어낸 것이 '변용'과 '체험'의 시학이다. 박용철이 시 창작에 있어서 "체험"을 중시함은 1934년 1월에 창간한 《문학》 제1호에도 롯테 아담의 〈문학에잇서서의 체험과 세계관〉이라는 글을 싣고 있음에서도 뒷받침된다. 박용철은 시인에게 있어서 생리적 시학의 중요성을 강조한 하우스만의 〈시의 명칭과 성질〉이라는 글을 《문학》 제2호에 직접 번역하여 실음으로써 자신이 체험적 시론에 얼마나 많은 관심을 가졌는지 스스로 증명해 보인다. 롯테 아담은 "문학—일반적으로 예술—의 의의는 체험된 것의 형성이다"[10]라고 단언하고, 하우스만은 "시는 내 생각에는 지성적인 것보다는 육체적인 것이다"[11]라고 말한다.

10 박용철 편, 《문학》, 1호(시문학사, 1934년 3월), 20쪽.
11 박용철 편, 《문학》, 2호(시문학사, 1934년 4월), 10쪽.

> 우리는 시를 살로 색이고 피로 쓰듯 쓰고야 만다. 우리의 시는 우리의 살과 피의 매침이다. 그럼으로 우리의 시는 지나는 거름에 슬적 읽어치워지기를 바라지 못하고 우리의 시는 열 번 스무 번 되씹어 읽고 외여지기를 바랄 뿐 가슴에 늣김이 잇슬째 절로 읇허나오고 읇흐면 늣김이 이러나야만 한다.[12]

박용철은 시에 대한 헌신적 자세를 강조한다. 그 바탕이 되는 것은 진실된 체험에 의한 절박한 표현이다. "살로 색이고 피로 쓰듯 쓰고야 만다"는 표현은 박용철이 시쓰기에 얼마나 심오한 자기 성찰적 요소를 부여하려 하는지 알려준다. 가볍게 쓰는 것을 경계하면서 시 속에 자신의 전 존재를 다 쏟아부으려는 자세에서 우리는 진실로 릴케적 기질을 느낀다. 그가 번역한《라이너 마리아 릴케의 서정시》중 "R. M. Rilke는 現代의 抒情詩人 가운대 저의 藝術이 한 始原的(ursprünglich)이오 대단(稀貴히) 豊富한 人格의 一大記錄이오 同時에 總히 生의 實現된 予言인 少數詩人의 한사람이다"[13]라는 대목을 연상시킨다.

박용철의 '시적 변용'의 특징은 자신의 시적 분위기를 냉정한 사색을 통해 철학적으로 승화시키는 데서 발견된다. 박용철의 시가 김영랑이나 정지용과 구별되는 경계점은 철학적 깊이 쪽에 있다. 다시 말해 박용철은 비애와 우수를 자신의 철학적 관점의 바탕으로 사용했다는 것이다.[14]

---

12 박용철, 〈편집후기〉, 《시문학》, 창간호(시문학사, 1930년), 39쪽.

13 로베르트 하인츠 하이그로트(박용철 역), 앞의 글, 171쪽.

14 김용직, 《한국현대시연구》(일지사, 1974), 230쪽.

> 詩人은 이것을 認知할뿐아니라 령혼의 가장깊은속에서 그것을 體驗하는사람이여야한다. 그러나 이것까지도 思考者 一般에게 要求될수있는 것이요 그우에 한거름 더나아가 最後로 詩人을 決定하는 것은 이러한 모든깊이를 가진 자신을 한송이꽃으로 한마리새로 또는 한개의 毒栮으로 變容시킬 수 있는 능력에있다.
>
> —《박용철 전집 2》, 87.

박용철에겐 깊은 체험과 지난한 사색과 성찰을 통하여 철학이 들어 있는 한 편의 완성도 높은 시를 만들기까지의 과정이 바로 시적 변용인 것이다.

2) 릴케의 창작론의 생산적 수용—'사랑' 모티프의 경우

우리는 〈시적 변용에 대해서〉에서 말한 그의 주장이 그의 시에서 어떻게 반영되고 있는지, 특히 그의 시론의 중심 어휘가 어떤 모양새로 나타나는지를 살펴야 한다. 즉 그의 시론과 창작의 실제 사이의 내적인 연관성이 문제가 되는 것이다. 이를 위해 체험시의 첫 번째 요건으로 그의 시에서 시적 화자와 그의 전기적 자아가 얼마나 일치하느냐 여부를 따져보아야 한다. 그 다음엔 그것이 어느 정도의 수준에서 시적 형상화를 성취하고 있느냐가 문제가 된다. 시가 순전히 머릿속에서 나온 것인지, 진정한 체험을 통해 가슴에서 나온 것인지 파악하기 위해서는 이처럼 시적 진술의 구체성의 문제를 탐구해야 한다. 이와 같은 구체성의 문제는 박용철의 경우엔 찾기가 그리 어렵지 않다. 물론 초창기의 작품으로 보이는 다음 시 〈나는 네것 아니라〉에서 시인은 아직 관념의 세계 속에 머물고 있다.

나는 네것아니라 네가운데 안사라졌다/안사라졌다 나는 참말 바라지마는/한낮에켜진 초ㅅ불이 사라짐같이/바다물에 듣는 눈ㅅ발이 사라짐같이,//나는 너를 사랑는다, 내눈에는 네가아즉/아름답고 빛나는 사람으로 비췬다/너의 아름답고 빛남이 뵈인다//그러나 나는 나, 마음은 바라지마는—/비ㅅ속에 사라지는 빛같이 사라지기.//오 나를 깊은 사랑속에 내어던지라/나의 감각을 뽑아 귀어둡고 눈멀게하여라./너의 사랑의 폭풍우에 휩쓸리여/몰리는 바람앞에 가느단 초ㅅ불같이.

—《박용철 전집 1》, 42-43.

하이네의 초기 연애시를 연상시키는 작품이다. 사랑의 대상이 어딘가 미지의 누군가를 향하고 있는 듯한 느낌이다. 다시 말해 서술의 구체성이 없다. 박용철이 하이네 시를 번역하면서 가슴이 아닌 머리를 통해 얻은 작품이라고 생각된다. 그런데 마지막 연의 "오 나를 깊은 사랑속에 내어던지라/나의 감각을 뽑아 귀어둡고 눈멀게하여라"라는 대목을 보면 릴케의 《기도시집》의 한 시작품이 연상된다. 그것은 바로 "내 눈빛을 꺼주소서, 그래도 나는 당신을 볼 수 있습니다,/내 귀를 막아주소서, 그래도 나는 당신의 목소리를 들을 수 있습니다"(《릴케 전집 1》, 313)라는 구절이다. 1927년에 출간된 일본어판 릴케 시집에도 이 시가 실려 있기 때문에[15] 박용철이 이 시를 읽었을 것으로 보인다. 박용철의 시적 화자는 사랑의 대상을 향해 몰입하고 싶은 마음을 극단적인 시어를 통해 표현하고 있다. 이것은 자신의 모든 신체적

---

15 リルケ, 〈私のし眼を消せる〉, 《リルケ詩集》, 茅野 蕭蕭 譯(第一 書房, 1927), 233面.

부위의 절단을 무릅쓰고서라도 사랑하는 임에게 자신을 바치겠다는 내용의 릴케의 시에서와 다를 바가 없다. 대상을 향한 한없는 헌신의 자세가 각 시구절마다 배어 있다. 나의 감각만 꺼져준다면 나는 완전히 "네것"이 될 것이라는 다짐의 내용이다. 지금은 아직 완전히 대상 속으로 몰입하지 못했지만 앞으로는 완전히 "네것"이 되겠다는 결의를 시적 화자는 보여준다. 릴케의 시 〈내 눈빛을 꺼주소서〉가 그런 것처럼 이 시에서도 시적 대상은 일상의 여성을 떠나 하나의 절대자로 상승될 수 있다. 시 〈어디로〉의 "그대는 닿을길없이 높은데 계시오니//아-내마음은 어디로 가야 옳으리까"(《박용철 전집 1》, 16)의 "그대"처럼 시적 화자의 상대는 "아름답고 빛나는" 이상화된 그 무엇이다. 이를테면 문학이나 예술 같은 것이다. 그러나 이 모든 것은 관념이라는 초월적 세계 속에서 일어나고 있다.

그러나 박용철은 〈떠나가는 배〉를 창작한 후 영랑에게 보낸 1930년 9월 5일자 편지에서 이렇게 말한다. "그전에는 시를 (뿐만아니라 아무글이나) 짓는 기교(골씨)만 있으면 거저 지을 셈 잡았었단 말이야. 그것을 이새 와서야 속에덩어리가 있어야 나오는 것을 깨달였으니"(《박용철 전집 2》, 326). 체험의 육화가 중요하다는 말이다.

여기서 박용철의 시 〈밤기차에 그대를 보내고〉를 보자.

> I
> 온전한 어둠가운데 사라져 버리는/한낯 촛불이여./이 눈보라속에 그대 보내고 돌아서 오는/나의 가슴이여./쓰린듯 부인듯 한데 뿌리는 눈은/드러 안겨서/발마다 미끄러지기 쉬운 거름은/자최 남겨서./머지도 않은앞이 그저 아득하여라.

II

밖을 내여다보려고, 무척 애쓰는/그대도 설으렸다./유리창 검은밖에 제 얼굴만 비처 눈물은/그렁그렁 하렸다./내방에 들면 구석구석이 숨겨진 그눈은/내게 웃으렸다./목소리 들리는듯 성그리는듯 내 살은/부댓기렷다./가는그대 보내는나 그저 아득하여라.

III

얼어붙은 바다에 쇄빙선같이 어둠을/헤처 나가는 너./약한정 후리처 떼고 다만 밝음을/찾어 가는 그대./부서진다 놀래랴 두줄기 궤도를/타고 달리는 너./죽엄이 무서우랴 힘있게 사는길을/바로 닷는 그대./실어가는 너 실려가는 그대 그저 아득 하여라.

IIII

이제 아득한 겨울이면 머지못할 봄날을/나는 바라보자./봄날같이 웃으며 달려들 그의 기차를/나는 기다리자./「잊는다」 말인들 어찌참아! 이대로 웃기를/나는 배화보자./하다가는 험한길 헤처가는 그의 거름을/본받어도보자./마침내는 그를 따르는 사람이라도 되어 보리라.

—《박용철 전집 1》, 8-10.

위 시는 〈시적 변용에 대해서〉에서 설파한 변용의 과정이 그대로 드러나는 작품이다. 우선 눈에 띄는 것은 사랑하는 대상의 구체성이다. 사랑하는 여인을 밤기차에 태워 보내고 돌아서는 시적 화자는 전기적으로 박용철 자신이며 떠나가는 여성은 이 시가 쓰여지기 직전인 시인의 나이 26세부터 사귀기 시작한 임정희이다. 차창 밖을 내다보려고 "무척 애쓰는" 그녀의 모습은 유리창 검은 밖에 제 얼굴만 비쳐 눈물만 그렁그렁한 것으로 묘사된다. 그리고 시적 화자 역시 사랑하는 사람을 보낸 아쉬움에서 헤어나지 못한다. 그의 가슴은 쓰린 듯, 텅 빈 듯하고 앞이 아득하다. 그런 상태에서 방에 들면 그렁그렁한 그녀의 눈망울이 방 구석구석에 가득할 것만 같다. "나"는 "너"에 비해 더욱 큰 서글픔에 잠겨 있다. 그러나 "온전한 어둠" 속에서 벌어진 1, 2연의 정황은 3연에 접어들면서 급변을 겪는다. 그 급변의 과정은 시적 화자 자신의 내면에서 일어난다. 그래서 사랑하는 "너"는 이제 눈물에 젖어 있는 것이 아니라 얼어붙은 바다에 "쇄빙선"같이 어둠을 헤쳐 나가는 것으로, 약한 정 뿌리치고 다만 밝음을 찾아가는 것으로, 두 줄기 궤도를 힘차게 내달리는 것으로, 죽음마저도 극복하고 당차게 살아가는 존재로 묘사된다. 그에 따라 4연에서는 시적 화자 자신도 겨울이 되어도 머지않아 찾아올 봄을 기다리자고, 봄날같이 웃으며 달려들 그의 기차를 기다리자고, 웃는 법을 배워보자고, 험한 길을 헤쳐가는 그녀의 늠름한 모습을 배워보자고 다짐한다. 시적 화자인 "나"의 심적인 급변을 통하여 시의 테마 또한 개인적 차원에서 보편적인 차원으로 승화된다. 다시 말해 현재의 고통을 이겨내고 미래에 다가올 광명의 시간을 맞으리라는 희망 어린 전언이 되는 것이다. 이 점에서 이 시는 앞에서 본 〈나는 네것 아니라〉와 근본적으로 구별된다. "사랑"이라는 테마가 임정희라는 한 여인에 대한 시인의 개인적인 체험을 바탕으로 하여 시적인 변용과 시인의 내면에서의 급변을 겪으며 진실한 보편성의 구조를 획득했기 때문이다.

3) "떠남"의 모티프—무고향성Heimatlosigkeit

박용철은 릴케로부터 "시적 변용"이라는 창작 방식뿐만 아니라 이른바 무고향성이라는 테마까지도 자신의 시에 받아들이고 있다. 박용철의 시 〈고향〉을 보자.

> 고향은 찾아 무얼하리/일가 흩어지고 집 흐너진데/저녁 가마귀 가을풀에 울고/마을앞 시내도 넷자리 바뀌었을라.//어린때 꿈을 엄마 무덤우에 /남겨두고 떠도는 구름따라/멈추는듯 불려온지 여나무해/고향은 이제 찾어 무얼하리.//하날가에 새 기쁨을 그리어보랴/남겨둔 무엇일래 못잊히우랴/모진바람아 마음껏 불어쳐라/흩어진 꽃닢 쉬임어디 찾는다냐.//험한발에 짓밟힌 고향생각/—아득한 꿈엔 달려가는 길이언만—/서로의 굳은뜻을 남게 앗긴/옛사랑의 생각같은 쓰린 심사여라.
>
> —《박용철 전집 1》, 14-15.

"그의 시에 나타나는 상실감은 자신이 살고 있던 곳에서 쫓겨날 수밖에 없는 어쩔 수 없는 상황과 의지할 곳 없는 고아의식에서부터 비롯된 것이다. 그에게 있어서 고향은 험한 발에 짓밟혀 까마귀 소리만이 남은, 이미 폐허가 되어버린 곳이다."[16] 우리는 여기서 릴케의 삶과 문학의 가장 큰 테마인 무고향성을 만난다. 릴케의 《형상시집》에서 자주 보이는 이 테마가 박용철의 시에서도 그대로 나타나고 있다. 릴케는 시 〈말예末裔Der Letzte〉에서 "나는 아버지 집도 없고/잃어버릴 집을 가진 적도 없다"(《릴케 전집 1》, 395)라고 고백한다. 릴케의 경우 시민적 삶을 저버린 예술가로서의 방랑이었다면, 박용철의 경우에는 시대적 상황을 고려하지 않을 수 없다. 나라를 잃은 식민지적 삶의 여건이 그에게 좌절과 절망을 가져다주었을 것이기 때문이다.

---

16 문혜원, 앞의 글, 206쪽.

박용철의 시에서 나타나는 출발과 자유의 이미지는 심리적 공간의식과 접합되면서 좁은 공간으로부터의 탈출과 자유를 꿈꾸는 의식의 지향성을 매개한다.[17] 이러한 출발과 떠남의 분위기를 가장 잘 담아내고 있는 박용철의 대표작 〈떠나가는 배〉를 보자.

> 나 두 야 간다/나의 이 젊은 나이를/눈물로야 보낼 거냐/나 두 야 가련다//안윽한 이 항구-ㄴ 들 손쉽게야 버릴거냐/안개같이 물어린 눈에도 비최나니/골잭이마다 발에 익은 뫼ㅅ부리모양/주름ㅅ살도 눈에 익은 아— 사랑하든 사람들//버리고 가는이도 못 잊는 마음/쫓겨가는 마음인들 무어다를거냐/돌아다보는 구름에는 바람이 희살짓는다/앞대일 어덕인들 마련이나 있을거냐//나 두 야 가련다/나의 이 젊은 나이를/눈물로야 보낼거냐/나 두 야 간다
>
> —《박용철 전집 1》, 6-7.

먼저 시인이 현실을 어떻게 보고 있는지를 분석해야 그의 떠남의 궁극적인 지향점이 어디인지 파악할 수 있다. 누군가가 어느 현실에서 떠나겠다고 말한다면 그것은 무엇보다 자신이 처한 상황을 부정적으로 보고 있다는 증거이다. 그러나 이 시에서 시인은 자신의 주변 환경을 애틋한 눈길로 어루만지고 있다. "안윽한 이 항구-ㄴ 들 손쉽게야 버릴거냐./안개같이 물어린 눈에도 비최나니/골잭이마다 발에 익은 뫼ㅅ부리 모양/주름ㅅ살도 눈에 익은 아—사랑하든 사람들"이라는 구절에서 우리는 떠나는 자의 안타까운 심정을 절실하게 느낄 수 있다. 시인이 "나 두 야 가련다"라고 반복적으로

17 이향아, 앞의 글, 33쪽 참조.

절규하는 까닭이 여기에 있다. "나 두 야"를 한 칸씩 띄어 적어 발음상의 크기와 절도를 줌으로써 시인은 떠나고자 하는 자신의 의지를 강조한다. 그렇다면 그가 지향하는 목표점은 어디에 있는가? 이 시에서는 그러한 지향의 공간이 무엇인지는 구체적으로 드러나 있지 않다. 자신이 가는 목적지에 대한 확신이 있는 것도 아니다. 그것은 "앞대일 어덕인들 마련이나 있을거냐"라는 대목이 말해준다. 그 어디엔가 낙원이 있어서 떠나는 게 아니라는 말이다. 단지 시인은 자신의 젊음을 눈물로만 보낼 수 없어 떠나간다고 직설적으로 선언한다. 미지의 무언가를 향해서 떠나가는 그의 마음은 떠난다는 사실에는 확신을 갖지만 미래에 도달할 곳이 어딘지는 말하지 않는다. 그렇다고 이러한 막연함이 이 시의 격을 떨어뜨리는 것은 아니다. 왜냐하면 이 시는 떠남 그 자체만을 시적 테마로 삼고 있기 때문이다. 그렇다면 우리는 이 시에서 "나의 이 젊은 나이를/눈물로야 보낼거냐"에 시선을 집중해야 할 것이다. 젊은이가 바깥세상으로 나가는 것은 꼭 무슨 성공의 보장이 있어서 가는 것이 아니다. 앞날은 불안하지만 자신이 뜻한 바를 펼쳐보려는 의지가 그를 출발선으로 이끄는 것이다. 이러한 시적 분위기는 릴케의 시 〈탕아의 가출 Der Auszug des verlorenen Sohnes〉에서도 찾아볼 수 있다.

> 이제 떠나가는 거다, 우리 것이면서도/우리 것이 아닌 모든 뒤엉킨 것들로부터,/ 〔…〕 /아문 상처를/다시 찢듯 손과 손을 떨쳐버리고서,/떠나는 거다: 어디로? 미지의 세계로,/멀리 친숙하지 않은 따뜻한 나라로,/ 〔…〕 //바로 이것이 새로운 삶의 입구인가?
> —《릴케 전집 1》, 491-492.

떠나감의 장면만을 세밀하게 묘사해 놓은 릴케의 시이다. 시적 화자는 지금 있는 이곳의 것들이 너무나 자신을 사랑하고 애정을 쏟기에 떠난다고 말한다. "아문 상처를/다시 찢듯 손과 손을 떨쳐버리고서,/떠나는 거다"라고 선언한다. 마지막의 "바로 이것이 새로운 삶의 입구인가?"라고 묻는 구절은 미래의 불확실성을 나타낸다. 그런 불확실성은 박용철의 시에서도 곳곳에 내비친다.

> 가을날우는듯한 빼올린소리따라/마련없는나그내길로 나를불러내느냐/무엇 찾어야할줄도 모르는길로/발사슴하는욕망에 가슴죄이며 걸으랴느냐
>
> ―《박용철 전집 1》, 69.

시의 제목이 〈센티멘탈〉로 되어 있는 데서 우수의 정서가 이 시의 배경이 되고 있음을 알 수 있다. 그 때문에 시인은 가을날 우는 듯한 바이올린 소리를 따라 떠나는 나그넷길의 막연함에 대해서 말한다. 우수에 젖어 방랑의 길을 떠나는 장면은 릴케의 시 〈이웃Der Nachbar〉에서도 박용철의 시와 아주 유사하게 형상화되어 있다.

> 낯선 바이올린이여, 너는 어찌 내 뒤를 쫓는가?/머나먼 타향의 여러 도시에서 벌써 얼마나/너의 쓸쓸한 밤은 나의 밤에게 말을 건넸던가?/수백의 사람이 너를 켜는가, 한 사람이 켜는가?
>
> ―《릴케 전집 1》, 392.

두 시작품은 시적인 정조, 특히 "바이올린"을 매체로 한 우수와 방랑의

분위기가 아주 흡사하다. 가슴 저리게 슬피 들려오는 바이올린의 소리에 두 시작품의 시적 화자는 자신도 모르게 자꾸만 방랑의 발길을 재촉하게 된다. 바이올린에 의해서 촉발된 "센티멘탈"의 정조가 두 시 작품에 깔려 있음에 우리는 주목해야 한다. 우수에 젖은 바이올린 소리에 이끌려가는 곳은 다름 아닌 예술의 세계이다. 우수의 정조가 예술과 통할 수 있음은 박용철이 번역한 키에르케고르의 다음과 같은 스케치에서도 확인할 수 있다.

> 어떠한 種類의 美던지 그 發達의 極點에 가서는 敏感한 사람의 가슴에 눈물을 잣는다. 憂愁는 모든 詩的情調中에서 가장 正當한 것이다.
>
> × ×
>
> 靈魂이 이를테면 그 流謫의 버들나무아래 쉬여앉아서 머언 故鄕을 생각하는 憧憬의 한숨을 쉴때에 그 靈魂의 노래의 主調가 憂愁가 되지 않고 어쩔 것이냐.[18]

그러나 시인의 마음은 예술의 세계 쪽으로 성큼 나가서지 못하고 두 세계 사이에서 갈등하고 있다. 다시 말해 그가 처해 있는 공간은 걷지 않을 수 없는 어두운 밤의 현실과 약속되지 않은 새벽 사이에 있는 것이다.[19] 그래서 박용철은 시 〈밤〉에서 "걸으라 걸으라 무거운 짐 곤한다리로/걸으라 걸으라 가도 갈길없는 너의 길을/걸으라 걸으라 불꺼진숯을 가슴에 안아/새벽 돌아옴 없는 밤을 걸으라 걸으라 걸으라"(《박용철 전집 1》, 101)고 스스로에

18 키에르케고르(박용철 역), 〈VERSCHIEDENE〉, 《문학》, 2호(1934년 2월), 23쪽.

19 이향아, 앞의 글, 61쪽.

게 다그치는 것이다. 그 다그침과 "나 두 야 간다"는 동일한 어법에서 연유함을 알 수 있다. "불꺼진 숯"을 가슴에 담고 새벽이 돌아온다는 보장이 없어도 걷고 또 걸어야 하는 시인의 심정에서 떠나감의 단호함을 뚜렷이 읽을 수 있기 때문이다.

박용철의 시나 릴케의 시에서는 공히 떠남의 메타포가 형상화되어 있고 거기에 덧붙여 미래의 불확실성이 노래되고 있다. 시인이 가는 곳은 비록 그 목적지가 불확실하지만 그곳을 향해 떠나가야 함은 분명하다고 노래하는 것이다. 그 길은 고독과 방랑의 길이고 시인은 그것을 숙명으로 받아들인다. 그렇게 해서 건설하는 것은 심미의 왕국이다.

4) 심미의 왕국과 릴케의 유겐트슈틸의 세계

박용철이 1930년대 중반에 김기림의 소위 모더니즘 시론과 임화를 중심으로 한 소위 리얼리즘 시론에 반기를 들고 심미적 순수문학을 전적으로 표방했음은 주지의 사실이다. 김용직은 박용철의 창작시의 경향이 그의 번역시가 지니는 성격과 어느 정도 부합된다는 것을 파악하고 번역시들이 서정시가 아닌 것이 거의 없으며, 거기에는 대對사회적인 관심, 정치성이 배제되었다는 점에서 순수성이 엿보인다고 본다.[20] 이것은 바로 현실세계와 단절된 미적 관조의 세계이다. "분석 불가한 절대의 개성적인 미로서, 시를 느끼는 태도로서 박용철의 존재로서의 시론은 스스로를 내밀하고 폐쇄적인 공간으로 유폐시키는 미의 밀실, 곧 순수 시론의 세계를 마련하는 데 있다."[21]

---

20 김용직, 앞의 책, 230쪽 이하.

이것은 릴케가 초창기에 추구한 유겐트슈틸Jugendstil[22]의 세계와 다르지 않다. 이것을 박용철은 다른 말로 "서정시의 孤高한 길"(《박용철 전집 2》, 3)이라고 표현한다. 고독을 바탕으로 하여 심미적 공간으로 눈길을 돌리는 시인의 자세는 시 〈빛나는 자최〉에서 가장 두드러진다.

> 다숩고 밝은해ㅅ발 이같이 나려흐르느니/숨어있던 어린풀싹 소곤거려 나오고/새로피어 수접은 가지우 분홍 꽃잎들도/어느하나 그의입마춤을 막어보려 안합니다//푸른밤 달비친데서는 이슬이 구슬되고/길ㅅ바닥에 고인물도 호수같이 별을 잠금니다/조그만 반디불은 여름밤버레라도/꼬리로 빛을뿌리고 날아다니는 혜성입니다//오—그대시어 허리가느단 계집애앞에/무릎꿇고 비는 사랑을 버리옵고/몸에서 스사로 빛을 내는 사나이가 되옵소서//고개빠트리고 마음떨리는 사랑을 버리옵고/은비들기같이 가슴내밀고 날아가시어/다만 나의 흐린눈으로 그대의 빛나는 자최를 따르게하옵소서
>
> —《박용철 전집 1》, 73-74.

여기서 박용철은 반짝이는 수정궁 같은 세계를 그리고 있다. 시인의 눈길은 주변의 자연을 황홀한 느낌으로 바라보면서 그 속에다 수정궁과 같은 자신만의 미의 왕국을 세우려 한다. 푸른 밤 달이 비치면 이슬이 구슬이 되고

---

21 김명인, 《한국 근대시의 구조연구》(한샘, 1988), 226쪽.

22 1895년에서 1905년경에 유럽에서 유행했던 조형예술의 한 흐름. 장식적인 선의 현란한 움직임 속에 독특하게 양식화된 식물 및 그 밖의 정선된 자연 형상물들을 묘사했으며, 이를 문학에 받아들인 시인들은 일상에서 격리된 아름다운 삶을 노래했다.

길바닥의 고인 물도 호수처럼 별을 품는가 하면 개똥벌레도 빛을 뿌리는 혜성이 된다. 그러니 무릇 시인은 쓸데없이 속된 사랑에 빠질 것이 아니라 “몸에서 스사로 빛을 내는” 예수와 같은 변용된 모습으로 은비둘기처럼 반짝이며 하늘에 자취를 남기는 존재가 되어야 한다고 스스로에게 다짐한다. 한마디로 속세의 비루한 모습에서 벗어나 한 단계 승화, 변용된 순수한 미의 세계를 좇아야 한다는 것이다. 이러한 요소는 릴케의 유겐트슈틸 풍의 시작품에서도 그대로 나타난다.

> 나 언젠가 너를 다시 보고 싶다,/공원이여, 늙은 보리수 가로숫길을 따라/모든 여인들 중에서 가장 조용한 여인과 함께/성스러운 연못으로 가고 싶다.//뽐내는 몸짓의 은빛 반짝이는 백조들,/매끄러운 수면 위로 조용히 미끄러지고,/연못 깊은 곳에서는 장미들이/물에 잠긴 도시의 전설처럼 떠오른다.//그러면 우리 둘만이 쓸쓸히 정원에 있다,/꽃들이 아이들 모양으로 서 있는 그곳./우리는 미소 지으며 귀 기울여 기다린다./하지만 누구를 기다리는지 서로 묻지 않는다.
> —《릴케 전집 1》, 112-113.

이 시에서는 유겐트슈틸 예술의 대표적 요소인 연못, 백조 그리고 꽃의 모티프가 전개된다. 백조는 세상으로부터 격리되어 자기 침잠 속에 귀족적인 삶의 형식을 구현하는 새로서 깨끗한 천국의 삶을 살다가 아름다운 모습으로 죽는 존재이다.[23] 연못은 울타리나 테를 두른, 섬처럼 폐쇄된 영역을

---

23 Vgl. Dominik Jost, *Literarischer Jugendstil*, 2 Aufl. (Stuttgart, 1980), S. 20.

상징한다. 일상의 잡다한 요구로부터 동떨어진 성스러운 영역이다. 유겐트슈틸의 시인은 거미줄을 치고 테두리를 둘러 스스로를 차폐하여, 마침내는 점점 더 어두운 내면의 왕국으로 침잠한다. 그는 밀폐된 내면 공간을 탐색하고자 한다. 이곳에서는 예술적 상상력이 날개를 활짝 펼칠 수 있다. 이 때 섬이나 연못은 도피의 장소로서 유토피아적인 공동체를 위한 토양의 역할을 한다. 유겐트슈틸에서는 물밑의 세계를 즐겨 다룬다. 신비스러운, 수초가 우거진 물밑 세계로의 잠수가 이 시기 릴케 문학의 특징을 이룬다.[24] 유겐트슈틸의 세계는 잡다한 일상에서 멀리 떨어진 순수의 세계이며 심미적 가상세계이다. 박용철은 자신도 모르는 사이에 릴케가 사용한 유겐트슈틸의 기법을 사용하고 또 그러한 심미적 세계를 추구한 것이다. 그것은 순수예술을 향한 치열한 열정에서 비롯한 것으로 보인다. 그것을 그는 《시문학》 제3호 〈편집후기〉에서 이렇게 말한다.

> 美의 追求… 우리의 감각에 녀릿녀릿한 깃븜을 이르키게하는 刺戟을 傳하는 美, 우리의 心懷에 빈틈업시 폭 드러안기는 感傷, 우리가 이러한 詩를 追求하는것은 現代에잇서 힌거픔 몰려와 부듸치는 바회우의古城에 서 잇는 感이 잇습니다. 우리는 조용히 거러 이나라를 차저볼가 합니다.[25]

현실의 파도가 밀려와도 꿈쩍하지 않는 고성古城처럼 드높은 미의 나라, 그 까마득히 높은 세계를 향해 박용철은 서두름 없이 조용히 한 걸음씩 걸어

24 Vgl. Bert Herzog, "Der Gott des Jugendstils in Rilkes 'Stunden-Buch'," in: Jost Hermand, *Jugendstil*(Darmstadt, 1971), S. 380.

25 박용철 편, 《시문학》, 3호(시문학사, 1931), 32쪽.

가고자 하는 것이다.

릴케에 대한 이해의 정도가 표현상의 모방을 넘어서서 심도 깊은 자기화로 가는 길을 열어준다는 측면에서 보면 박용철은 릴케의 시를 몇 가지 면에서 제대로 이해했다고 할 수 있다. 그 하나는 《말테의 수기》와 《젊은 시인에게 보내는 편지》에서 취해온 시적 변용에 입각한 체험적 시론이다. 박용철은 이 시절의 릴케가 자신의 문학에서 추구하고자 했던 면모를 정확하게 포착하여 하나의 시론으로 제시하고 있다. 다른 하나는 릴케의 삶과 문학에서 테마상으로 가져온 고독과 방랑 그리고 이에 대한 철학적 성찰에서 연유하는 사고의 깊이이다. 이것이 바로 당시 같은 시문학파의 정지용이나 김영랑과 구분되는 점이다. 그의 순수문학 추구 과정의 독특성은 이미지나 음악성을 중시하는 언어의 조탁이라는 면에만 매달리지 않고 삶에 대한 철학적 성찰을 수행한 데서 찾아야 할 것이다. 따라서 〈시적 변용에 대해서〉는 아직 젊은 박용철이 앞으로 자신의 시쓰기 방향을 가늠하고 스스로 문학의 길을 다잡기 위해 한 방편으로 쓴 것으로 보아도 무방할 것 같다. 시인으로서, 평론가로서, 번역가로서 그리고 문예운동가로서 박용철이 추구한 궁극의 목표는 훌륭한 시를 쓰는 것이었다. 그러므로 우리는 그가 릴케의 시와 시론을 소개하고 그것을 자신의 시에 받아들이려 한 것을 이러한 관점에서 바라보아야 할 것이다. 왜냐하면 이러한 그의 노력의 배후에는 특히 초창기의 릴케의 영향을 받아 궁극적으로 심미적 예술세계를 추구하려 한 면모가 엿보이기 때문이다.

실제로 사랑의 모티프와 떠남의 모티프의 생산적 수용 과정은 그에게 있어서 시적 변용이 무엇이었으며 그리고 또 릴케의 존재가 그에게 무엇이었는가를 시사한다. 그것은 체험적 측면에서 출발하여 궁극적으로는 시작품을 누구나 공감할 수 있는 보편성의 차원으로 끌어올린 데서 확인된다.

2장

새로 발굴된 박용철의 원고《라이너 마리아 릴케의 서정시》

— 초벌 번역 원고를 통해 본 박용철의 번역 태도

1. 박용철의 미발표 원고를 받아들고서

박용철의 새로운 원고가 입수되었는데 아마도 릴케의 작품을 번역한 것 같다는 '문학사상사' 쪽의 전화를 받고서 나는 그 원고에 대해 해제를 해줄 수 있느냐는 출판사 측의 제의에 대해 흔쾌히 응했다. 먼저 팩스로 박용철의 원고를 받아 읽어보았다. 모두 10장의 대학노트에 국한문을 섞어가며 상당히 흘린 글씨체로 쓴 그의 문장을 읽어내는 일은 그리 쉬운 일이 아니었다. 원고의 맨 첫머리에는 독일어로 "Vorrede", 즉 "머리말"이라고 적혀 있었고, 이어서 "모토"라는 말 다음에 릴케의 시가 한 구절 우리말로 옮겨져 있었다. 그 시가 릴케의《기도시집》제1부〈수도사 생활의 서書〉에서 따온 구절임은 쉽게 알 수 있었다. "우리는 직공이다. 〔…〕 그래서 너를 建築한다. 너 노픈 中堂(教會의)이여"라는 구절의, 시인의 예술 행위가 갖는 의미를 건축 행위를 통해 스스로에게 부여한 시인의 정체성을 노래한 시였다. 시를 사랑하고 예술을 숭앙한다면 누구나 충분히 "모토"로 내세울 만한 구절이다. 그러나 그 다음에 나온 말은 "R. M. Rilke는 현대의 서정시인 가운대"로 시작되는 그야말로 릴케에 대한 본격적인 평문의 시작이었다. 순간 나는 이것이 릴케의 작품을 번역한 것이 아니라 박용철이 릴케에 대해 쓴 평론이 아닌가 하는 생각을 가졌다.

글은 계속해서 릴케의 작품 일반에 대한 찬사로 이어졌고, 마침내 시인으로서의 릴케의 예술가적 자세에 대한 언급과 더불어 《말테의 수기》 중 예술가의 고독과 그것을 방해하는 명성에의 은밀한 욕망을 이미지가 풍부한 어조로 읊은 대목이 눈에 들어왔다. 이것은 릴케가 《로댕론*Rodin*》에서도 누차 강조했던 것이고 또한 일찍이 《젊은 시인에게 보내는 편지》에서도 젊은 시인 크사버 카푸스를 향해 호소했던 내용이었다. 이 대목에 이르러 나는 박용철이 창작 방식뿐만 아니라 예술가적 태도에 이르기까지 릴케를 하나의 큰 모범으로 삼고자 한 것은 아닌가 하는 추측을 해보았다. 또한 릴케와 릴케의 작품 세계를 어떤 "主義"나 "지도적 이념" 또는 "심미적, 윤리적 또는 종교적 가치관점"도 배제하고 살펴보겠다는 태도에 이르러서는 나는 더 큰 호기심을 느꼈다.

그러나 "이러한 관점에서 이 책 《R. M. Rilke의 서정시》는 씨워젓다. 이것은 한 발전사의 논문이다"라는 구절이 눈에 들어오는 순간 내 머리엔 의심이 들기 시작했고 "이 책을 쓰기 위해 아직 발표되지 않은 릴케의 원고를 접할 수 있게 해준 Inselverlag(인젤 출판사)"라든가 "휘니히 박사Dr. Hünich" 같은 말이 나타나자 이 원고가 박용철의 평론이 아님을 확신하게 되었다. 그 순간 약간의 실망을 느끼긴 했지만 이 책이 독일의 어느 논문을 번역한 것임

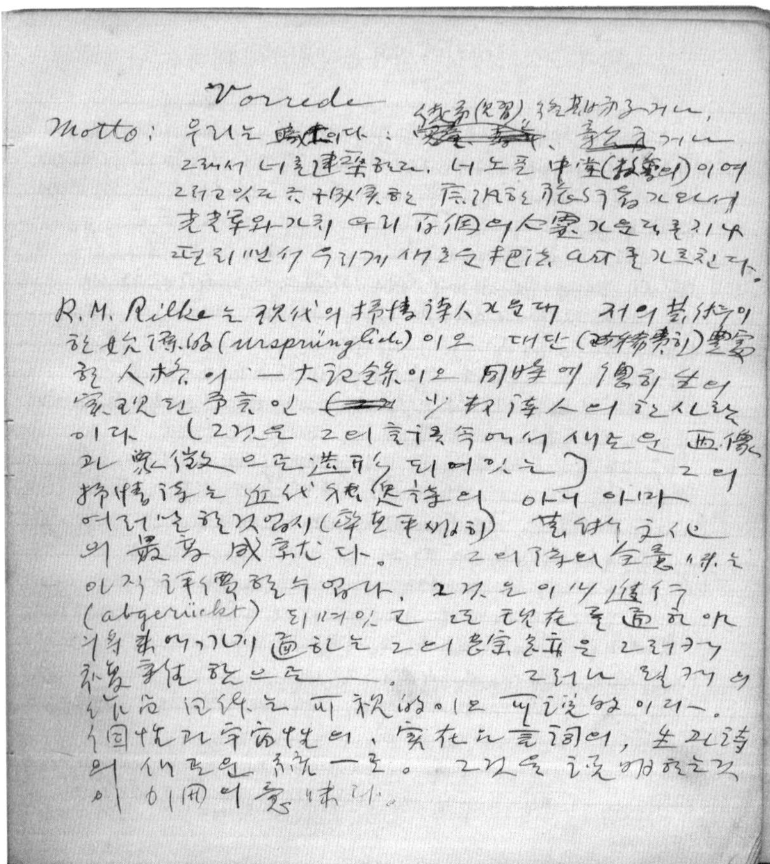

박용철이 번역을 시도한 로베르트 하인츠 하이그로트의《라이너 마리아 릴케의 서정시*Die Lyrik Rainer Maria Rilkes*》(1921)의 첫 페이지 원고. 2004년 12월에 처음으로 공개.

은 분명해졌다.

"머리말"이 끝나자 책의 "제1장"이 시작되었다. "제1장"의 제목은 "生과 愛"였다. 다시 릴케의 초기 시가 한 편 나왔고 그에 대한 약간의 해설이 있었다. 거기서 원고는 끝나 있었다. 나는 원고를 처음부터 끝까지 다시 찬찬히 읽어보았다. 약간 예스러운 문체와 흘려 쓴 한자 때문에 어떤 부분은 파악이 힘들었지만 다 읽고 났을 때 나는 박용철이 번역한 이 책이 내가 15, 6년 전에 학위 논문을 준비하면서 이미 처음부터 끝까지 다 읽어보았던 글임을 깨달았다. 나는 복사해서 가지고 있던 그 책을 서가에서 꺼내서 박용철의 원고와 대조해보았다. 처음부터 내용은 한 치도 틀림없었다. 다만 "머리말" 다음에 그 책을 쓴 원저자의 이름과 책을 쓴 연도만이 빠져 있었을 뿐이다. 그 책의 원작자 이름은 "Robert Heinz Heygrodt"(로베르트 하인츠 하이그로트)이고, 책의 원제는 "Die Lyrik Rainer Maria Rilkes. Versuch einer Entwicklungsgeschichte"(J. Bielefelds Verlag. Freiburg i. Br. 1921) 〔《라이너 마리아 릴케의 서정시—발전사적 시도》(프라이부르크 임 브라이스가우: J. 빌레펠트 출판사, 1921)〕였다. 이제 박용철의 원고를 기초로 해서 독일어 원문을 살펴가며 박용철의 원고를 최대한 복원할 수 있었다.

이 번역 원고가 작성된 시점에 대해서 말하자면 박용철의 이 원고에는 번역 시기를 알려주는 아무런 표시도 없다. 따라서 아직 그의 많은 유고들이 정리되지 않고 있는 상황에서는 이 원고의 내용만 가지고 번역 시기를 추정할 수밖에 없다. 독일어를 익힌 지 얼마 안 된 시점에 이런 수준의 텍스트를 우리말로 옮기려는 시도를 했다고는 보기 어렵다. 그러므로 릴케의 시에 관심을 갖고 이를 우리말로 옮기고 또 릴케의 시론을 기초로 해서 〈시적 변용에 대해서〉를 구상하던 1930년대 중반 즈음에 작성되었을 것으로 추정된다. 박용철이 본격적인 릴케 연구서를 번역할 생각을 했다는 것은 릴케에 대한 관심의 정도가 상당한 수준에 올랐음을 증명하는 것이다.

2. 《라이너 마리아 릴케의 서정시》는 어떤 책인가?

번역가가 어떤 책을 번역하기로 결심하고 그것을 실행에 옮겼다면 그 작업 속엔 그의 마음 속에서 일어난 많은 고민과 애착이 삼투되어 있기 마련이다. 박용철의 마음 속에서 일어난 애착은 무엇보다 릴케 문학세계 속으로 더욱 깊이 침투해보고 싶은 열망에서 비롯한 것일 테고 그의 고민의 내용은 번역상의 작업에서 맞부딪치는 난관으로 채워졌을 것이다.

그렇다면 하이그로트의 《라이너 마리아 릴케의 서정시》는 어떤 책인가? 이 책이 발간된 것은 1921년으로 당시에는 릴케의 대작이라고 할 수 있는 《두이노의 비가*Duineser Elegien*》와 《오르페우스에게 바치는 소네트*Die Sonette an Orpheus*》는 아직 세상에 태어나지 않은 시점이다. 따라서 당시에 릴케는 초기의 몇 권의 시집들과 그의 창작 단계상 전기를 마무리 짓는 《기도시집》과 새로운 내용과 시적 형식의 《신시집*Neue Gedichte*》, 새로운 스타일로 시인의 많은 생각을 담은 《말테의 수기》의 작가로 알려져 있었다. 때문에 하이그로트의 저술은 릴케의 초기 시부터 《신시집》에 이르기까지의 발전과정을 작품 분석을 통해서 세세하게 밝혀내고 있다. 그래서 그는 총 147쪽 분량의 이 책을 총 3개의 장으로 나누어 제1장에서는 "젊은 시절의 서정시"라는 제목 아래 《인생과 노래》, 《치커리》, 《가신에게 바치는 제물》, 《꿈의 왕관을 쓰고》 그리고 《강림절》을, 제2장에서는 "과도기"라는 제목 아래 《나의 축제를 위하여》,

《기도시집》의 제1부 〈수도사 생활의 서〉, 《형상시집》, 《기도시집》의 제2부 〈순례의 서〉, 《기수 크리스토프 릴케의 사랑과 죽음의 노래》, 《기도시집》의 제3부 〈가난과 죽음의 서〉를, 그리고 마지막으로 제3장에서는 "새로운 서정시"라는 이름 아래 《신시집》의 시들을 그야말로 생성 연대별로 차근차근 다루고 있다.

그러므로 시인으로서의 릴케의 발전 과정을 한눈에 알아볼 수 있는 이 책이 박용철의 눈에 들어왔을 때 그에게 매력적으로 느껴졌을 것임은 짐작하기 어렵지 않다. 그리고, 박용철의 사후이긴 하지만, 1943년에는 일본에서 다카야스 쿠니요의 번역으로 릴케가 이 책의 저자인 하이그로트 박사에게 쓴 편지(1921년 12월 24일자)가 잡지에 발표되었다. 물론, 릴케는 이 편지에서 자신이 이미 자신의 것으로 인정하지 않기로 작정한 초기의 작품들을 다시 꺼내서 평을 하고 분석을 가한 데 대해서 불편한 심기를 드러내 보이고 있다. 특히 자신의 전기적 사실과 연관지어 시를 평한 데 대해 질타하는 투의 어투까지 사용하고 있다. 원래 자신에 대해 쓴 어떠한 종류의 글도 읽지 않기로 유명한 릴케가 이 책의 초반부를 읽고 또 자신에게 그 책을 보내준 저자에게 편지까지 쓴 점으로 미루어 릴케가 이 책에 대해 특별한 관심을 가졌음은 틀림없다. 이 책이 나오기 전인 이미 1912년과 1920년에 각각 프라이부르크와 오스트리아의 빈에서 두 편의 릴케에 관한 박사학위 논문이 나왔음에도 유독 하이그로트가 릴케의 특별한 관심을 끌었다는 것은 그의 저술이 갖는 의미를 부각시키기에 부족함이 없다.

이렇게 볼 때 이미 릴케에 대해 지대한 관심을 갖고 있던 박용철의 입장에서는 하이그로트의 저술을 우리말로 옮기고 싶은 심정이 더욱 간절했을 것이다. 특히 이 책의 "머리말"에 적혀 있는 고독에 대한 강조는 그가 평론 〈시적 변용에 대해서〉에서 강조한 내용과 일맥상통하는 것이다. 나아가서 이 책을 통해 릴케에 대한 독자들의 이해를 돕고 또한 안으로는 이론적으로 자신의 내실을 다지려는 의도도 있었다고 여겨진다. 이 책의 "머리말"에서 밝히고 있듯이 이 책은 어떤 주의나 주장, 종교적·윤리적 세계관의 관점에서 릴케를 논한 것이 아니라 릴케와 릴케의 작품 자체에 논의를 집중하고 있기 때문이다. 하이그로트의 표현대로 이 책은 "릴케的 藝術形式의 發展을 그 自體의 獨特한 法則으로부터 遡求(誘出)하고 叙述하랴는 試驗(努力)"이다.

3. 박용철의 초벌 번역의 특징

이제 박용철이 번역한 이 책의 원고 상태에 대해서 말할 차례가 되었다. 한눈에 보아 이 원고는 완전히 초벌 상태임을 알 수 있다. 나중에 손을 대서 수정, 보완하려는 듯 우리말 번역어 뒤에 괄호로 독일어나 영어로 표기를 해 놓거나 아니면 아예 원어로 남겨놓거나, 또한 우리말로 번역한 낱말 뒤에 또 다시 다른 낱말을 써 넣고서 괄호를 쳐둔 부분들이 그것을 말해준다. 이를테면 "始原的(ursprünglich)이오", "進行(abgerückt)되며잇고", "世界의 脈系(Aderbau, 骨組)", "너를 全滅(extermination, root out)시켜려", "저의의 誇負(presumption)", "要求만흔(presumptuous)", "Dilettante", "活動法則이나(working principle)", "遡求(誘出)하고 叙述(아페보인다)하랴는 試驗(努力)이다", "자기의 마음에 드는 것을(what pleases him)", "우리의 遂行(Ausführung)을 爲해서", "우리 所有로 (sich etwas zu eigen machen) 만든", "Unbefangenheit(無偏心 眞率)", "博愛기픈 감정(정서)", "Herz" 등이 그것

이다. 또한 "zart는 優雅"처럼 낱말의 뜻을 달아놓은 경우도 그렇다. 그리고 독일어의 "die Bereitwilligkeit"를 "厚意"로 옮겨놓고 그 뒤에 '남을 돌보아주기를 좋아하다'는 뜻의 일본말인 "世話好"("せわずき")를 적어놓은 것도 마찬가지이다. 또한 원저자가 도움을 받은 사람들의 이름을 철자 하나 빠짐없이 기입해놓은 것을 박용철은 그냥 "W.氏, B.氏, L氏, L.氏"라고만 적어놓고 있다. 그 밖에도 복합문장인 경우 종속절을 그냥 괄호를 열어 뒤에다 수식어처럼 달아놓은 경우도 앞으로 수정 보완하려는 의도의 관점에서 보아야 한다.

그렇다면 박용철은 하이그로트의 책을 번역하면서 독일어 원전을 썼는가, 아니면 일본어판을 썼는가, 아니면 영어판을 썼는가? 일단은 그가 일본어판을 쓴 것이 아닌가 하는 의심을 들게 만드는 대목이 있다. "想像に 惠まれた 쓰기에 巧練한 靑年들"이라든가 "トドロキ, 銳聲ヌ 發スル暴風가치" 같은 구절이 바로 결정적인 단서처럼 보인다. "想像に 惠まれた 쓰기에 巧練한 靑年들"의 독일어 원문은 "phantasiebegabte und schreibgewandte junge Menschen"이다. 우리말로 "타고난 상상력에다 글 솜씨도 좋은 젊은이들"이라고 하면 되지 않을까 하는 생각이 든다. 그리고 또 "トドロキ, 銳聲ヌ 發スル暴風가치"의 독일어 원문은 "wie Sturm, der dröhnt und gellt"이다. 우리말로 옮기면 "굉굉 울리며 찢어질 듯이 소리를 질러대는 폭풍처럼"이다.

그러나 독일에서 1960년에 출간된 《일본에서의 릴케*Rilke in Japan*》라는, 릴케와 관련하여 1957년까지 일본에서 수용된 모든 문헌 자료들을 정리해놓은 책자에 하이그로트의 이 책 이름은 등장하지 않는다. 그렇다면 박용철의 입장에서 번역해가는 과정에서 아직 적절한 우리말이 떠오르지 않아 일단 일본어 낱말을 적어놓았을 가능성이 높다. 왜냐하면 박용철이 당시에 번역하면서 쓴 사전은 독한사전獨韓辭典이 아닌, 독일어를 일본어로 풀어놓은 독화사전獨和辭典이었을 것이기 때문이다. 당시에는 우리나라에 아직 독한사전이 없었다. 우리나라에 독한사전이 출간된 것은 1949년의 《종로 독한사전》이 처음이다. 그러므로 당시 박용철은 독일어 원문을 우리말로 옮기면서 먼저 일본어를 보고 다음에 적당한 우리말을 찾았을 것으로 짐작된다.

그리고 또 곳곳에 영어 부기가 보인다고 해서 박용철이 영어판을 쓴 것은 더더욱 아니다. 왜냐하면 곳곳에 독일어 원문이 등장하기 때문이다. 당시에 하이그로트의 책이 영어로 번역되었다는 증거는 어디에서도 찾을 수 없다. 그렇다면 지인들 사이에 외국어, 특히 영어와 독일어를 잘 한다고 소문이 났던 박용철의 경우 독일어 원본을 가지고 번역하면서 독영사전을 참조했을 개연성이 가장 높다. 앞에서 말했듯이 어떤 번역어 뒤에 영어나 독일어로 표기해두거나, 또는 아예 독일어 원어를 그냥 표기한 부분이 초벌 번역의 흔적을 나타내는 것이기도 하지만 이는 보다 정확한 역어를 찾기 위한 고심의 흔적이기도 하기 때문이다. 특히 외국어 명칭을 가타카나로 표기해놓는 일본 역자들의 경우와 달리 박용철은 "Dr. Hünich"나 "Dr. Schulty"처럼 고유명사를 우리말로도 적지 않고 독일어 그대로 표기해놓았기 때문이다. 따라서 박용철이 하이네나 릴케의 다른 작품을 우리말로 옮겼을 때도 독일어를 원본으로 삼았을 것이라는 거의 확실한 추정이 가능해진다.

4. 박용철의 번역에 대한 몇 가지 고찰

그러면 이제 박용철의 번역문을 텍스트의 성격상 두 가지로 나누어서 고찰해보기로 하자. 그중 먼저 것은 릴케의 작품이다. 그리고 또 하나는 릴케의 문학에 대한 하이그로트의 평문이다. 박용철이 번역한 이 글에는 릴케의 텍스트가 세 가지가 나온다. 그것은 "모토"로 적힌 《기도시집》의 한 구절이고, 다른 하나는 《말테의 수기》의 한 대목이며, 마지막 것은 릴케의 처녀시집인 《인생과 노래》의 한 시작품이다. 먼저 《기도시집》의 구질을 보자.

> 우리는 職工이다. 徒弟(見習), 終期弟子거나, 親方거나
> 그래서 너를 建築한다. 너 노픈 中堂(教會의)이여,
> 그리고 잇다금 誠實한 廣汎한 旅行者가 와서
> 光輝와 가치 우리 百個의 心靈 가운데를 지나
> 떨리면서 우리게 새로운 把法 art를 가르친다.
>
> Werkleute sind wir: Knappen, Jünger, Meister,
> und bauen dich, du hohes Mittelschiff.
> Und manchmal kommt ein ernster Hergereister,
> geht wie ein Glanz durch unsre hundert Geister
> und zeigt uns zitternd einen neuen Griff.
>
> —《릴케 전집 1》, 268.

독일어의 원문과 비교해보면 박용철이 시행의 순서를 되도록 원문과 맞추어 나가려고 노력한 흔적을 발견할 수 있다. 박용철이 외국시의 번역에 임할 때 어떤 자세를 가졌었는지 추측할 수 있는 대목이다. 그러나 몇 가지

우리에게 낯선 표현이 보인다. 그것은 독일의 도제제도에서 나온 직급과 관련된 일본식 명칭과 박용철이 새로 만든 말이다. "徒弟"를 뜻하는 "Knappen"을 "兒童, 靑年"으로 옮겼다가 지우고서 그 위쪽에다 다시 "徒弟"로 고친 것이 이채롭다. "終期弟子"는 독일어의 "Jünger"를 옮긴 것으로 수습기간의 말기에 있는 수제자라는 뜻으로 박용철이 합성하여 만든 말로 보인다. "親方"은 목수, 미장이들의 우두머리나 기예技藝의 스승을 뜻하는 일본어로서 "오야가다"(おやかた)라고 읽기 때문에 우리말 조사가 "거나"가 쓰였다. 반면에 원문의 "ein ernster Hergereister"를 그는 "誠實한 廣汎한 旅行者"로 옮기고 있는데 여기서 "廣汎한 旅行者"는 "ein Hergereister"를 옮긴 것으로 "이리저리 떠도는 여행자"라는 뜻으로 쓴 것으로 여겨진다. 우리말에 없는 것을 우리말로 옮기는 작업이 얼마나 어려운 일인지 또 박용철이 원문의 뜻을 살리려고 얼마나 노력했는지 여기서도 증명된다. 전체적으로 언어의 리듬을 잘 살린 번역이라고 할 수 있다.

그러나 《말테의 수기》 부분의 번역에서는 몇 군데 오역이 눈에 띈다. 먼저 "어느 곳에서나 그 안에서 자기를 떨리게 하는 무엇이 움지기는 靑年은 너를 아는 사람이 업다는 事實을 利用한다"는 첫 문장은 "Junger Mensch irgendwo"를 호격으로 보지 않은 데서 말미암은 실수로 보인다. 제대로 번역하자면 "어디엔가 있을 청년이여"가 맞다. 또한 전체 문장을 명령형으로 보아야 옳다. 박용철의 번역에서는 그러다 보니 "청년"과 "너"가 다른 두 사람으로 비치게 된다. 전체를 다시 한 번 옮겨보면, "가슴속에서 뭔가 치솟는, 어디엔가 있을 젊은이여, 차라리 사람들이 너를 모른다는 사실을 이용하라"가 된다. 다음의 "네가 한 가지 돌아다니는 사람들"은 독일어의 "umgehen"

을 잘못 본 경우로 "네가 사귀는 사람들"로 봐야 옳다. 이것만 빼면 두 번째 문장은 원문을 살려 끊지 않고 그대로 번역했지만 나름대로 맛이 느껴진다. 또한 "소외된 자"라는 뜻의 독일어의 "Abseitiger"를 "비켜선 자"로 번역한 것 역시 멋지다. 이 말에는 스스로 고독을 택한 자라는 적극성과 능동성의 개념이 들어가 릴케의 의도를 잘 살려내고 있기 때문이다. 다만 마지막 문장에서는 "言詞"와 "戰慄할 너의 모든 肉食獸들"이 동격임을 간과한 것 같다. 그러나 "너의 言詞를 저의의 誇負의 鳥籠속에 너가지고 다니면서 곧곧이서 그것을 쓰내보이고"라는 구절은 얼마나 품격이 있는가. 선체적으로 "고독자"의 존재 상황이 뚜렷이 엿보이는 번역이다.

그런데 이상의 《말테의 수기》 대목을 번역한 앞쪽에는 "英譯 76Page"라는 부기가 있어 박용철이 이 초벌 번역에 이어서 영역英譯을 참조하여 번역을 다시 한 번 수정하려 했음을 알 수 있다. 영역을 참조했다는 사실은 몇 개의 번역어 뒤에 달려 있는 "全滅(extermination, root out)"이나 "誇負(presumption)" 같은 영어 낱말들이 증명해준다.

마지막으로 초기 시 〈혹평자酷評者들에게An die Krittler〉를 보자.

> Indeed! 批評家는 裁判한다.
> 자기의 마음에 드는 것을(what pleases him)
> 그러나 抒情詩는
> 모든 批評家로부터 自由다.
>
> 깃븜이던 슬픔이던
> Herz에서 튀여나온 것,

詩人의 自由로운 노래에
잣대와 저울이 使用된다.

그대 봄바람과가치 가볍고 부드럽다.
그대 トドロキ, 銳聲ヌ 發スル暴風가치
詩人의 方法(하는짓은)
妨害바들업시 世界에 自由로히 울린다

오냐 너의는 우리를 듯지안아도 조타
노래가 너의게 바로 울리지 안는다면.
너의는 우리 心臟에게 批評家야
어떠케 鼓動 해야할 것을 가로치려느냐.

勿論: 美의 法則은
正當한 權利로서 너의만이 안다.
그러나 한 노래가 한 가슴에 울린다면
그러면 고만이다.

Ei fürwahr! Der Krittler richte
was ihm nur gefällig sei,
aber lyrische Gedichte
sind von jeder Kritik frei!

Sei es Jubel, sei es Klage,
was dem Herzen sich entrang,
nimmer tauget Maß und Waage
für des Dichters freien Sang.

Bald wie Lenzenluft leicht und leise,
bald wie Sturm, der dröhnt und gellt,
töne *frei* des Dichters Weise
ungehindert durch die Welt.

Wohl, ihr mögt uns nicht mehr hören,
wenn das Lied nicht recht euch scholl.
Wollt ihr unser Herze lehren,
Krittler, wie es schlagen soll?

Freilich! Das Gesetz des Schönen
kennt nur *ihr* nach Recht und Fug; —
kann ein Lied zum Herzen tönen,
dann, dann ist es genug!

—《릴케 전집 3》, 82.

이 시 역시 원문의 흐름을 따라 잘 번역되어 있다. 다만 두 번째 연에서 "詩人의 自由로운 노래에/잣대와 저울이 使用된다"고 했는데 "시인의 자유로운 노래에는/잣대와 저울도 아무 소용없다"로 해야 한다. 박용철이 독일어의 "nimmer", 즉 영어의 "never"를 깜박한 것 같다. 세 번째 연에서는 명령형을 잘못 본 듯하다. 그리고 "시인의 방법"에서 "방법"은 독일어의 "Weise"를 번역한 것인데 여기서는 "방법"이 아니라 "노래" 또는 "선율"을 뜻한다. 박용철의 어투를 살려 제3연 전체를 다시 옮겨보면, "그대 봄바람과가치 가볍고 부드럽게,/그대 トドロキ, 鋭聲ヌ 發スル暴風가치/시인의 노래여/妨害바들업시 世界에 自由로히 울려라"가 된다. 자신의 시에 대한 비평을

멀리한 릴케의 심정이 이 초기 시에서 여과 없이 전개되고 있는데, 박용철은 그런 릴케의 심정을 우리말로 잘 전달해주고 있다. 다만 이 "제1장"이라는 말에 이어서 붙어 있는 제목 "生과 愛"는 박용철이 독일어의 "Leben und Lieder"의 "Lieder"를 잘못 본 결과라고 생각된다. "Lieder"는 "노래"로 번역해야 옳다. 전체 제목은 따라서 "인생과 노래"가 된다. 책으로 펴내기 전의 상태이므로 일부러 제목을 "生과 愛"로 붙일 이유는 없다.

다음은 릴케의 작품이 아닌, 하이그로트의 평론 부분에 대한 박용철의 번역을 살펴보기로 하자. 평론을 비롯한 이론서 번역에서 가장 중요한 것은 원어에서 쓰인 개념어의 정확한 구사이다. 번역에서 한번 개념어의 초점이 어긋나기 시작하면 그 뒤로 오는 말들은 서로 아귀가 맞지 않아 도대체 무슨 뜻인지 헤아리기가 어렵게 되기 십상이다. 이론서는 개념어의 망으로 연결되어 있기 때문에 특히 그렇다. 그리고 또 긴 복합문인 경우 번역자가 말의 흐름을 놓치면 이해상 곤란한 문제가 발생한다. 특히 서양어를 뒤에서부터 거꾸로 번역해 올라가면 원문에서 서로 가까이 있던 지시어가 서로 간에 멀리 떨어지면서 더욱 큰 문제를 일으킨다. 또한 문장의 성분을 잘못 파악하여 긴 문장을 그릇되게 잘라서 수식어가 제 역할을 하지 못할 때도 마찬가지이다. 그러나 박용철의 이 평론 번역문은 대체로 무난하다고 여겨진다. 초벌 번역이기 때문에 번역자에 대한 예의상 많은 부분에 대한 비판적 평론을 한다는 것이 무례하게 여겨지지 않는 것은 아니지만 그가 번역한 이 원고의 의도와 뜻을 새겨보는 의미에서 몇 가지 이야기를 꺼내볼까 한다.

먼저 개념어의 경우다. 가장 먼저 눈에 들어오는 것은 글 초반부의 대비적인 표현이다. 박용철이 "個性과 宇宙性의, 實在와 言詞의, 生과 詩의 새로운

統一로"라고 번역해 놓은 대목에서 "個性과 宇宙性"은 아무래도 대비가 되지 않는다. 왜냐하면 여기서 저자는 릴케가 그와 같은 서로 양립되는 가치를 한 몸에 구현했다고 칭송하고 있는 중이기 때문이다. 독일어 원문을 보면 "Individuum und Universum"으로 되어 있다. 따라서 "개성과 보편성"으로 해야 옳다. 또한 독일어의 "Wissenschaft"를 모두 "科學"이라고 옮겨 놓았는데—물론 "과학"이라는 말 자체로는 아무런 문제가 없지만—이를테면 "과학적 탐구"라는 말은 이 글에서 "論說", "論文", "研究", "讚歌" 등의 표현에 이어 나오면서 구체적으로 "학문적"이라는 뜻으로 쓰이고 있다. 이후에 나오는 "科學"이라는 낱말도 모두 '학문'으로 하는 것이 좋다. 왜냐하면 "科學과 詩"라는 표현을 보면 얼핏 여기서 "科學"이 협의의 자연과학을 지칭하는 듯한 느낌을 주기 때문이다. "講室에서나 科學的 演習科에 잇서서나"라는 표현에 이르면 여기서 "과학"이라는 말이 "학문"으로 쓰여야 함이 더욱 분명해진다. "科學的 演習科"는 독일어의 "wissenschaftlichen Seminaren"을 옮긴 것으로 '여러 학술적 세미나' 정도의 표현이 될 것이다.

가장 문제가 되는 구절은 다음이다.

> 그리고 여기 릴케에 對한 가장 견딜수업는 犯行이 잇다.(1) 講室에서나 科學的 演習科에 잇서서나 言說 或은 文書로 特히 Dilettante 사이에서 流行(慣例) 動作(모양)과 方法이 더욱더욱 볼수 잇게 된다.(2) 科學과 詩를 同一한 方法으로 괴테의 表現을 使用하면: 반죽을 해서 둘을 다 망친다.(3) 바로 그걸로 우리 時代는 感謝해야 한다:(4) 저 常綠한 生活의 情神이 講壇우에서나 그 周圍에서 (具體的인) 風丰와 形姿를 取할 때는 文學者의 入城에 際하야 그러케 確乎한 態度를 取해야 한다.(5) 그것은 科學

의 일홈 밑에서 新鮮하고 맑은 새암물을 받드러지는 대신에 定義할 수 업는 享食할 수 업는 粥을 내여놈을 받는다.(6)

Und da ist gerade an Rilke in der unerträglichsten Art gesündigt worden. Mehr und mehr machen sich in Hörsälen und wissenschaftlichen Seminaren, im vorgetragenen wie geschriebenen Wort, vor allem bei Dilletanten, Gepflogenheiten, Allüren und Methoden bemerkbar, welche Wissenschaft und Dichtung in einer Weise, um Goethes Ausdruck zu brauchen: vermanschen, bei der beides zu kurz kommt. So dankbar gerade unsere heutige Generation ist, wenn der Geist des immergrünen Lebens auch auf dem Katheder und seinen Peripherien Person und Gestalt wird, nehmen müssen, der im Namen der Wissenschft einen undefinierbaren und ungenießbaren Brei vorsetzt, statt frisches, klares Quellwasser zu bieten.[26]

첫 문장을 제외하고는 전체적으로 무슨 뜻인지 이해하기가 무척 힘들다. 먼저 문제되는 것은 (2)번 문장과 (3)번 문장이다. 원래 한 문장이던 것을 번역의 편의상 두 문장으로 나누면서 수식어의 의미가 불분명해졌다. 둘을 다시 합쳐 우리말로 옮기면 "강의실에서나 학술적 세미나에서나, 말이나 글을 통해 우리는 특히 애호가들에게서 학문과 시 둘을―괴테의 표현을 빌리자면―'반죽을 해서 둘을 다 망치는' 습관과 태도 그리고 방식들을 점점 더 많이 목격하게 된다" 정도가 될 것이다. (4)번 문장에서 "그걸로"는 "다음에 대해서"로 지시의 대상을 바꾸어야 한다. 그리고 (6)번 문장에서 "그것은"은 사실 앞 문장에 나오는 "文學者"를 받는다. 여기의 "문학자"는 "과학의

---

26 Robert Heinz Heygrodt, *Die Lyrik Rainer Maria Rilkes: Versuch einer Entwicklungsgeschichte*(Freiburg i. Br., 1921), S. 7.

일홈 밑에서 新鮮하고 맑은 새암물을" 내놓는 대신 "定義할 수 업는 享食할 수 업는 粥을" 내놓은 사람이다. 사실 이 문장도 원문에는 한 문장으로 되어 있기 때문에 원문을 살리는 편이 이해를 위해 도움이 되었을 것이다.

5. 박용철이 우리에게 남긴 것

이처럼 쉽지 않은 내용의 전문적인 릴케 연구서를 박용철이 당시에 이미 번역하려고 시도했음은 릴케에 대해 가졌던 그의 관심의 크기와 깊이를 가늠해볼 수 있는 척도임에 틀림없다. 또 한 가지는 본격적인 평론가로서의 길을 가기로 결심하면서 자신이 관심을 갖고 있던 릴케에 대해 독일 현지에서는 실제로 어떠한 평론 작업이 이루어지고 있는지 직접 확인해보고 싶었던 것 같다.

어쨌든 우리는 이 원고를 통해서 박용철의 관심사와 그의 번역 작업의 특징을 알 수 있었다. 번역 원고가 초고임으로 해서 박용철의 번역 작업 과정을 지켜볼 수 있었고 또 번역에 임하면서 언제나 원문에 충실한 적확한 표현을 찾되 우리말의 향취를 내려고 노력한 자취를 더듬어볼 수 있었다. 더욱 중요한 것은 국내의 서양문학 소개에 있어서 아직 일본어 중역이 주류를 이루던 시기에 그가 독일 작품 번역에 독일어 원본을 사용했다는 점이다. 이것은 그가 수행한 괴테나 하이네 같은 독일의 다른 시인들의 작품 번역에도 해당되는 사항이라고 판단된다. 우리말로 된 독일어 사전이 없던 시절 독화사전과 독영사전을 뒤적거리며 박용철이 이루어낸 번역가로서의 업적은 그의 탄생 100주년을 맞이하여 독일문학 수용 100년의 역사를 다시 한 번 돌아보게 만든다.

3장

'나', 그리고 사물에 대한 사랑

—릴케와 윤동주

지금까지 릴케가 윤동주(1917-1945)의 문학세계에 끼친 영향에 대해서는 윤동주의 시작품 〈별 헤는 밤〉에서 릴케라는 이름이 호명된 것을 근거로 하여 몇몇 학자들에 의하여 논의된 바 있다.[27] 그러나 이들의 비교문학적 연구는 대체로 두 시인 사이의 문학적 주제의 유사성에 토대를 두고 그것을 비교하는 데에 국한되었다. 두 시인의 작품상의 연관관계에 대한 구체적 확인 작업이 결여되었다는 말이다. 따라서 이 장에서는 윤동주가 읽은 혹은 읽었을 가능성이 있는 릴케의 작품들에 근거하여 윤동주의 작품에 대한 비교문학적 해석을 시도하려 한다. 이와 함께 지금까지 윤동주의 문학을

27 두 시인을 비교한 예를 열거해보면 다음과 같다. 고석규, 〈동주와 시인의 역설〉, 《크리스챤 문학》, 5집(1973년); 김열규, 〈윤동주론〉, 《국어국문학》, 27호(1954년); 김윤식, 〈윤동주론〉, 《한국근대작가론고》(일지사, 1981). 고석규는 윤동주의 〈또 다른 고향〉과 《말테의 수기》 중 "시체 공시장"과 "짖는 개"의 의미를, 김열규는 윤동주의 〈바람이 불어〉와 《오르페우스에게 바치는 소네트》를, 김윤식은 윤동주의 〈자화상〉과 릴케의 "변신 가능성으로서의 거울"을 비교하였다.

논할 때 빠짐없이 운위되는, 이른바 "부끄러움의 시학"[28]이라는 테제를 점검해볼 것이다. 이를 통해 민족시인이라는 제한된 평가를 넘어서서 '나'를 시적 테마로 삼아 자기성찰을 추구한 시인의 모습을 살펴보고자 한다. 이러한 각도에서 윤동주가 릴케의 문학세계로부터 받은 영향 관계를 밝혀내고, 나아가서 이 작업이 윤동주의 시 세계를 이해하는 데 도움이 될 때, 비교문학 작업이 그 정당성을 획득할 수 있을 것이다. 이 과정에서 윤동주의 릴케 수용의 모습을 궁극적으로는 주변 세계에 대한 시적 화자의 자세의 측면에서 고찰할 것이다. 그것은 시적 화자가 공간적으로 낮은 곳에서 높은 곳을 향해 무릎을 꿇고 기도하거나, 소녀처럼 세상에 대해 낯설어하며 수줍음을 느끼거나, 식물처럼 성장하는 모습을 보여주는 식의 다양한 양상으로 나타난다. 이른바 저항문학의 관점에서 논의된 윤동주의 "부끄러움의 시학"을 시적 화자의 자세의 관점에서 살펴보고, 이것이 그의 예술창작과 어떤 관련이 있는가를 파악하려는 것이 이 장의 궁극적 목표이다.

1. 릴케와 윤동주의 문학세계의 비교를 위한 전제

사실 윤동주의 시에서 릴케라는 이름이 언급된 것은 〈별 헤는 밤〉의 한 군데뿐이다. 이 시가 쓰여진 것은 윤동주의 나이 25세 때인 1941년 11월 5일이다. 릴케의 문학세계가 한국에 소개된 지 몇 년이 지난 시점이다. 한국에 릴케가 소개된 상황을 보면 1935년 7월에 《조선일보》에 김진섭의 번역으로 "어떤 젊은 문학 지원자에게"라는 제목으로 릴케의 《젊은 시인에게 보내는 편

28 신동욱, 〈하늘과 별에 이르는 詩心〉, 김학동 편, 《윤동주》(서강대출판부, 1997), 53쪽 참고.

지》가, 1936년 6월에는 박용철에 의해 연작시 〈마리아께 드리는 소녀들의 기도〉(《여성》)가, 이어서 1941년에서 1943년에 걸쳐 윤태웅의 번역으로 〈애가〉, 〈엄숙한 시간〉, 〈소녀의 노래 抄〉, 〈위대한 밤〉, 〈가을날〉, 〈가을〉, 〈나의 두 눈을 없애버리신다 하더라도〉 등의 시 작품이 우리 문단에 선을 뵈었다.

윤동주의 동생 윤일주의 회상에 따르면 윤동주는 영어로 원서를 읽을 수 있었지만 프랑스어로 문학작품을 읽을 정도는 못 되었고 독일어는 전혀 못했다고 한다.[29] 물론 윤동주가 일본어로 릴케의 시를 직접 접했을 가능성도 많지만,[30] 당시 릴케의 산문과 시 작품이 우리나라에 본격적으로 소개되던 분위기가 윤동주가 릴케에 대해 관심을 갖는 데 큰 역할을 했을 것으로 보인다. 실제로 윤동주의 유품 중에는 릴케를 우리나라에 소개한 박용철의 《박용철 전집 I》(1937)이 포함되어 있다.[31] 따라서 그의 시에 들어 있는 릴케적 요소를 찾아보려면 적어도 시점상으로 《젊은 시인에게 보내는 편지》가 소개된 1935년 이후의 작품에 국한하는 것이 좋을 듯하다. 또한 일본어를 잘할 줄 알았던 윤동주의 사정을 감안할 때 〈별 헤는 밤〉이 쓰여진 시점 이전에 일본에서 번역된 릴케의 작품을 살펴보는 것도 릴케의 영향을 살펴보는 데 있어 꼭 짚고 넘어가야 할 작업이다.

---

29 오오무라 마스오, 《윤동주와 한국문학》(소명, 2001), 59쪽 참조.

30 오오무라 마스오의 주장에 따르면 제2차 세계대전이 끝나기까지 일본에서는 릴케를 라이너 마리아 릴케가 아닌, 〈별 헤는 밤〉에 표기된 바와 같이 "라이넬 마리아 릴케"라고 부르던 것이 관행이었다고 한다. 위의 책, 60쪽 참조.

31 송우혜, 《윤동주 평전》(푸른역사, 2004), 328쪽.

1927년에서 1941년 사이에 일본에서 번역된 릴케의 작품은 시집 3권과 소설 2권이다. 시집으로는 가야노 쇼쇼가 릴케의 시를 선별하여 초역한 《릴케 시집》(1927년 3월)과 하가 마유미가 번역한 《두이노의 비가》(1940년 3월) 그리고 시오야 다로 역의 산문시 《기수 크리스토프 릴케의 사랑과 죽음의 노래*Die Weise von Liebe und Tod des Cornets Christoph Rilke*》(1941년 4월)가 있고, 소설로는 호시노 신이치에 의해 《사랑하는 신 이야기》(1933년 7월)가, 그리고 오야마 테이이치에 의해 《말테의 수기》(1939년 10월)가 각각 번역 소개되었다.[32] 이 중에서 윤동주가 접했던 작품으로 흔적이 뚜렷이 남아 있는 것은 《기수 크리스토프 릴케의 사랑과 죽음의 노래》이다. 윤동주는 책을 구입하면 책표지 뒷면에다 구입 연월일을 기록해놓는 습관을 갖고 있었는데, 도쿄의 쇼신사에서 1941년 4월 30일에 발행한 이 책을 그는 발행 직후인 5월 4일에 구입한 것으로 책에다 기록해두고 있다.[33] 따라서 윤동주는 이 작품을 읽었음에 틀림이 없다. 윤일주의 증언에 따르면 1940년에 윤동주는 용정에 돌아와 산책을 할 때 릴케나 발레리의 시집, 또는 지드의 책을 옆에 끼는 것을 잊지 않았다고 한다.[34] 따라서 1941년 4월에 《기수 크리스토프 릴케의 사랑과 죽음의 노래》가 일본어로 번역되었으므로 윤동주는 이 작품에서 받은 감명을 1941년 11월에 쓴 〈별 헤는 밤〉에 적었을 가능성이 높다.

---

32 위의 책, 61쪽.

33 위의 책, 62쪽.

34 윤동주, 《하늘과 바람과 별과 詩》(정음사, 1983), 272쪽 참조. 이후 본문 텍스트 인용에 '윤동주, 272'로 표기.

2. 체험적 자아

1) 공간의 문제

윤동주 문학의 특징은 작품의 시적 화자가 대체로 시인 자신과 일치한다는 데 있다. '나'가 시의 중심으로 나타나 '나'의 문제가 항상 전면에 대두한다. 시인의 자기인식 문제가 중심 테마가 되고 있다는 말이다. 이러한 자기인식은 세상과 세상의 사물을 대하는 시인의 눈길과 관련된다. 내면 상태를 드러내기 위해서 주변의 사물들이 동원된다. 이러한 윤동주의 시적 문체는 고백체 또는 일기체 형태를 취하고 있다는 점에서 체험시적 요소를 지닌다. 〈참회록〉에서 말한 "滿 二十四年 一個月"(윤동주, 56)이라는 구절은 정확히 윤동주의 나이와 일치한다. 그만큼 그의 시에서는 자기성찰적 색채가 두드러지게 나타난다.

반면에 릴케는 독일 시문학사상으로 '나'를 처음으로 문제삼은 시인으로 평가된다.[35] 그는 '나'를 관찰의 대상으로 삼아 철저하게 분석하여 보여준다. 초기부터 나타나기 시작한 이런 성향은 《말테의 수기》에서 그 절정에 이른다. 이 작품은 시인의 내면의 의식구조를 외부의 사물들을 빌려 표현한 작품으로 평가된다.[36] 《기수 크리스토프 릴케의 사랑과 죽음의 노래》에 등장하는 "기수"를 릴케의 분신으로 볼 수 있는 것은 바로 이러한 시각에

---

35 Vgl. Alberto Destro, "Ich und Wirklichkeit in Rilkes Lyrik: Etappen einer wechselvollen Entwicklung," in: Ulrich Fülleborn und Manfred Engel(Hg.), *Das neuzeitliche Ich in der Literatur des 18. und 20. Jahrhunderts*(München, 1988), S. 275-288.

36 Vgl. Anthony Stephens, *Rilkes Malte Laurids Brigge: Strukturanalyse des erzählerischen Bewußtseins*(Bern/Frankfurt a. M., 1974).

근거한다. 우리는 "기수"를 릴케의 또 다른 자아로 고찰할 수 있는 것이다.

문제는 세상을 바라보는 이 '나'가 어떤 양상으로 나타나느냐에 있다. 여기서 시적 화자가 세상에 대해서 갖는 자세의 일치 여부는 두 시인의 시 작품을 논의하는 데 중요한 출발점이 된다. 먼저 윤동주의 〈별 헤는 밤〉을 보자.

> 별 하나에 追憶과
> 별 하나에 사랑과
> 별 하나에 쓸쓸함과
> 별 하나에 憧憬과
> 별 하나에 詩와
> 별 하나에 어머니, 어머니,
>
> 어머님, 나는 별 하나에 아름다운 말 한 마디씩 불러봅니다. 小學校 때 冊床을 같이했든 아이들의 이름과 佩, 鏡, 玉 이런 異國 少女들의 이름과, 벌써 애기 어머니 된 계집애들의 이름과, 가난한 이웃 사람들의 이름과, 비둘기, 강아지, 토끼, 노새, 노루, 〈프랑시쓰·짬〉, 〈라이넬·마리아·릴케〉 이런 詩人의 이름을 불러봅니다.
>
> 이네들은 너무나 멀리 있습니다.
> 별이 아슬히 멀듯이,
>
> 어머님,
> 그리고 당신은 멀리 北間島에 계십니다.
> —윤동주, 39-40.

이것을 릴케의 《기수 크리스토프 릴케의 사랑과 죽음의 노래》의 다음 대목과 비교해보자.

> 랑게나우 출신의 사나이는 깊이 생각에 잠겨 편지를 쓴다. 천천히 큼직하고 진지하고 곧은 글씨체로 써 내려간다:
>
> "나의 어진 어머니,
> "자랑스레 여기세요: 제가 깃발을 나릅니다,
> "걱정하지 마세요: 제가 깃발을 나릅니다,
> "저를 사랑해주세요: 제가 깃발을 나릅니다—"
>
> 이어서 그는 편지를 전투복 상의 안쪽 가장 은밀한 곳, 장미 꽃 이파리 옆에 집어넣는다. 그리고 생각한다: 편지에서도 곧 장미 향기가 나겠지. 그리고 생각한다: 훗날 누군가 이 편지를 발견하겠지… 그리고 생각한다: … 적군이 가까이 와 있으니.
> —《릴케 전집 1》, 241.

윤동주의 시적 화자와 릴케의 산문의 주인공인 "기수", 즉 "랑게나우 출신의 사나이"의 자세는 비슷하다. 〈별 헤는 밤〉에서 윤동주는 별을 향해 절실한 마음으로 이국의 소녀들의 이름과 유순한 짐승들의 이름과 함께 릴케의 이름을 부르고 있다. 이들을 시적 화자는 "아름다운" 존재로 생각한다. 따라서 릴케는 윤동주가 무척 아끼는 시인들 중의 하나였음이 드러난다. 릴케는 윤동주가 부른 별 이름 중의 하나이기 때문이다. 그들 이름 앞에 시적 화자는 거의 무릎을 꿇은 듯한 겸허한 태도를 보인다. 편지를 쓰는 행위와 사랑하는 사람의 이름을 부르며 옛날을 추억하는 행위에서 두 텍스트는 상당한 유사성을 보인다. 랑게나우의 사나이는 고향의 어머니에게 편지를 쓴다. 둘 다 고향으로부터 멀리 떨어져 어머니에 대한 그리움을 편지로 대신하는 것이다. 두 텍스트에서 공통되는 정서는 그리움이다. 그리움의 대상은 모두 멀리 떨어져 있다. 그러나 그리운 대상들을 불러봄으로써 화자는 자신의 과거의 존재를 돌이켜본다. 화자는 자신이 아끼는 것들을 사랑하는 마음으로 불러봄으로써 자신의 그리움을 일깨우고 있다. 두 텍스트에서 아직 젊음이 한창인 화자는 자신이 하는 일에 대해 자긍심과 의무감을 갖고 있다. 윤동주가 무언가 알지 못할 사명감에 시인으로서의 의식을 지녔다면, 릴케의 "기수"는 깃발을 끝까지 지킨다는 의무에서 자긍심을 느낀다. 두 텍스트에서 우리는 과거를 회상하며 동경하는 이른바 낭만주의적 분위기를 느낄 수 있다. 둘 다 고향에 두고 온 어머니뿐만 아니라 사랑하는 소녀를 생각하기 때문이다. 그러기에 두 화자는 그리움의 공간 속에서 희망을 감지한다.

> 그렇지만 사실 우리는 여름에 고향을 떠나왔다. 여인들의 옷자락이 신록을 배경으로 오랫동안 반짝였다. 이제 말을 타고 떠난 지 꽤 오래되었다. 지금은 가을이 되었겠지. 적어도, 우리를 아는 여인들이 슬픔에 젖어 있는 그곳에는.
> —《릴케 전집 1》, 235.

랑게나우의 사나이는 슬퍼진다. 그는 같이 놀던 한 금발의 아가씨를 생각하고 있다. 그것은 거친 놀이였다. 그는 한순간만이라도 고향으로 가고 싶다. 가서 그녀에게 이런 말을 잠깐 들려줄 수 있는 짧은 순간만이라도:

> "막달레나, 내가 항상 그렇게밖에 하지 못한 것 용서해줘!"
>
> 내가 어땠었지? 젊은 기사는 생각한다. —그런데 그들은 고향에서 너무나 멀리 있다.
>
> —《릴케 전집 1》, 238.

윤동주와 릴케의 텍스트에서 화자에게 중요한 것은 자기 존재의 확인이다. 〈별 헤는 밤〉에서 호명되거나 명명되는 사물들은 릴케의 《기도시집》에서도 발견된다. 《기도시집》에서 명명 행위는 시적 화자의 중심 행위를 형성한다. 그것 역시 그리움의 소산이다. 명명 행위가 신을 향한 시적 화자의 그리움에서 이루어지기 때문이다. 또한 〈별 헤는 밤〉에서 호명되는 시인들, 즉 릴케와 프랑시스 잠은 자아의 문제를 성찰하는 데 주력하는 인물들이다. 내면을 성찰하는 시인들의 세계가 윤동주의 기질과 일치하고 있음을 보여주는 대목이다.[37]

〈별 헤는 밤〉에서 별을 '헤는' 행위는 마당에 멍석을 깔고 누워 밤하늘을 바라보며 별마다 한 가지씩 이름을 붙여주던 추억을 연상시킨다. 이러한 전통은 우리의 한시에서도 발견된다. 조선조 17세기의 문사였던 최성대崔成大(1671-?)는 별을 헤는 계집아이들의 모습을 다음과 같이 서경적으로 묘사하고 있다.

---

37 "라이너 마리아 릴케"와 "프랑시스 잠"의 이름은 1941년 4월에 발표된 백석(1912-1995)의 시 〈흰 바람벽이 있어〉에서도 발견된다. 시의 내용상으로도 윤동주의 〈별 헤는 밤〉처럼 어머니를 향한 그리움과 가난과 외로움, 슬픔 그리고 사랑의 정조를 담고 있다. 당시에 릴케와 잠이 우리 시인들에게 상당한 호소력을 지녔음을 보여주는 사실이다.

初月上中閨　규방 지붕 위에 초승달 뜨자
女兒連袂出　계집아이들 어울려 나와
擧頭數天星　머리 들어 하늘의 별을 센다
星七儂亦七　별 일곱 나 일곱[38]

어린 동심의 세계를 정감 있게 노래한 이 한시는 당시 항간에 떠돌던 〈별 하나 나 하나〉에서 착상을 얻은 것으로 보인다. 그러므로 윤동주의 〈별 헤는 밤〉에서도 별을 헤는 화자의 모습은 전통적인 우리의 정서를 확인해주는 역할을 한다. 별을 헤는 아이들의 평범한 모습이 윤동주의 시에 자연스럽게 반영되었다는 뜻이다. 따라서 윤동주의 문학에 등장하는 별을 지나치게 작품 외적으로 항일 정신과 연결시키는 것은 무리라고 생각된다. 윤동주는 별 하나하나에 자신의 삶에서 중요한 이름들을 붙임으로써 자신의 내면의 풍경을 하늘에다 펼쳐 보이고 있다. 물론 별은 성경에서도 큰 의미를 갖는다. 그렇지만 윤동주의 시에 나타난 별을 성경의 〈이사야서〉와 연결시켜 하느님의 오묘한 섭리로 보는 것 역시 지나친 해석으로 보인다.[39] 시적 자아의 정서 상태를 평범하게 표현한 릴케의 초기 시 중에도 시적 화자와 별과의 관계를 공간적 거리를 통해 드러낸 다음과 같은 작품이 있다.

낮이 고요히 잠에 빠지면
나는 사람들 멀리 거닌다.

---

38 崔成大, 《杜機詩集選》, 卷1-7, 1741(국립중앙도서관 소장).
39 구약성경, 〈이사야서〉, 제40장 ; 〈시편〉, 제147편 참조. 박이도, 《한국 현대시와 기독교》(예전사, 1994), 82쪽 참조.

넓은 들판에 깨어 있는 건
나와 창백한 별뿐이다.

빛으로 짜인 별의 눈동자가
나의 머리 위에서 반짝인다.
저 하늘 높이 저 별은
여기 나처럼 외롭구나…
—《릴케 전집 1》, 115.

별을 보면서 들판을 거니는 시적 화자는 외로움에 휩싸여 있다. 주변 사람들로부터 멀리 떨어져 있기 때문이다. 고적함을 강조하는 어법에서 우리는 시적 화자가 현실에서 멀리 떨어져 있음을 짐작할 수 있다. 시적 화자는 하늘에서 외롭게 반짝이는 별을 올려다보며 거기서 자신과의 동질성을 느낀다. 이렇게 윤동주의 〈별 헤는 밤〉의 시적 화자나 릴케의 시적 화자나 주변세계로부터 멀리 떨어져 실존적 고독감에 휩싸여 있다. 릴케의 "기수" 역시 고향에서 멀리 떠나와 있다. 릴케의 "기수"는 젊은 나이에 전쟁터에 나와 있지만 앞으로 많은 가능성을 지닌 젊은이다. 앞으로 그의 앞날에 어떤 일이 펼쳐질지는 텍스트의 이 부분까지는 미지의 상태로 남아 있다. "이네들은 너무나 멀리 있습니다./별이 아슬이 멀듯이"라는 구절에서 보듯 모든 것을 멀리 위치시키는 윤동주의 낭만주의적 태도 역시 자신의 인생의 길과 관련해서 앞으로 많은 가능성을 열어놓고 있음을 보여준다. 윤동주는 객관적인 사물에 대해 해석을 가하면서 거기에 주관적이고도 적극적인 방법으로 의미를 부여하고 있다. 상상력의 개입과 여기에 자신의 미래를 실어 보여주는 솜씨에 있어서 두 시인 사이의 유사성을 찾을 수 있다. 여기서 다시 〈별 헤는 밤〉을 보자.

> 그러나 겨울이 지나고 나의 별에도 봄이 오면
> 무덤우에 파란 잔디가 피어나듯이
> 내 이름자 묻힌 언덕우에도
> 자랑처럼 풀이 무성할게외다.
> —윤동주, 41.

자신을 낮추는 겸손함이 자신의 이름을 덮어버릴 무성한 풀에 대한 기대감과 극명한 대비를 이룬다. 이 구절 속에는 또한 신약성경의 계시록적인 생각이 담겨 있다. 자신이 죽어 사라져도 무덤 위에 피어나는 풀포기마다 자신의 이름이 아로새겨져 나타나리라는 것이다. 이처럼 윤동주와 릴케의 작품에서 공히 다루어지고 있는 테마는 사랑과 죽음의 문제이다. 자신의 묘비 주위로 무성하게 피어날 풀들에게서 윤동주는 자신이 훗날 세상에 남긴 이름을 생각한다. 여기에는 기독교적 부활 의식이 분명하게 개입되고 있다. 기수 크리스토프 릴케처럼 윤동주 역시 사랑과 죽음을 격렬하게 경험하고 싶어한다. 릴케의 "기수"는 전쟁터에서 하룻밤을 쉬게 된 어느 성에서 성주의 미망인과 밤새 은밀한 사랑을 경험한 뒤 새벽에 기습해오는 터키군을 맞아 장렬한 최후를 맞기 때문이다. 윤동주 역시 그런 사랑과 죽음을 겪은 뒤 자신의 이름이 사람들의 머리 속에 기억되기를 바란다. 그것이 윤동주에게는 바로 풀을 통한 자기 부활이다. 이런 면에서 윤동주의 이 시구절은 "장미여, 오 순수한 모순이여/그토록 많은 눈꺼풀 아래/누구의 것도 아닌 잠이고픈 마음이여"(《릴케 전집 2》, 185)라고 노래한 릴케의 〈묘비명〉과 무척 닮아 있다. 릴케 역시 죽기 일년 전(1925년)에 쓴 〈묘비명〉에서 이처럼 영원한 존재를 꿈꾸고 있기 때문이다. 릴케는 자신의 문학을 통해 영원한 장미 같은 존재가 되기를 희망한다.

그렇지만 역설적이게도 윤동주의 머리 속에는 늘 '부끄러움'이 자리잡고 있다. 〈별 헤는 밤〉에서 그의 '부끄러움'은 이름과 결합되어 나타난다.

나는 무엇인지 그리워
이 많은 별빛이 내린 언덕우에
내 이름자를 써 보고,
흙으로 덮어 버리었습니다.

따는 밤을 새워 우는 버레는
부끄러운 이름을 슬퍼하는 까닭입니다.
—윤동주, 40-41.

윤동주의 문학에서 자주 언급되는 '부끄러움'은 바로 그 뒤에 자리잡고 있는 고백의 내용의 측면에서 고찰해야 한다. 그는 무언가를 그리워하면서도 그것을 해내지 못하는 데에서 자신의 이름의 부끄러움을 느낀다. 그의 부끄러움은 자신의 삶에 직접 개입하지 못하는 데서 오는 나르시스적인 자기도취의 결과이기도 하지만, 시인은 시 〈십자가〉에서는 공간적 메타포를 사용하여 자신의 꿈을 전개해 보이고 있다.

쫓아오든 햇빛인데
지금 敎會堂 꼭대기

十字架에 걸리었읍니다.

尖塔이 저렇게도 높은데
어떻게 올라갈 수 있을까요.

鐘소리도 들려오지 않는데
휘파람이나 불며 서성거리다가,

괴로웠든 사나이,
幸福한 예수·그리스도에게
처럼
十字架가 許諾된다면

목아지를 드리우고
꽃처럼 피어나는 피를
어두어가는 하늘 밑에
조용히 흘리겠읍니다.
—윤동주, 28-29.

시적 화자가 무엇을 위해 자신의 목숨을 희생하려는지 텍스트상으로는 분명하게 규명할 수 없다. 대부분의 연구자들은 당시의 암울했던 일제하의 시대 상황과 관련하여 그것을 저항 정신의 발로로 해석한다. 그렇지만 이런 해석에는 지나치게 자의적인 감이 없지 않다. 시의 해석을 시대적 상황과 너무 직접적으로 연결시키고 있기 때문이다. 오히려 이 시는 시인의 고양된 내면 상태를 형상화한 작품이라고 보는 편이 옳을 것 같다. 평소에 시인이 마음속으로 생각하고 있던 내용이 별다른 설명 없이 갑자기 전개된 것이다. 전후 관계에 대한 설명 없이 순교의 의지가 나타난 것으로 볼 수 있다. 시적 화자는 높은 교회의 첨탑에까지 올라간 햇살을 보면서 자신의 이상을 키우고, 그것의 완수를 위해 기꺼이 죽음을 죽겠다고 단언한다. 죽음을 죽되 그가 원하는 죽음은 "꽃처럼 피어나는" 죽음이다. "꽃처럼 피어나는 피"는 젊음의 순교를 상징하며, 이것은 릴케가 〈마리아께 드리는 소녀들의 기도〉에서 사용한 어법과 상당히 유사하다. 속죄양과 같은 자기희생은 삶과 죽음을 초월할 수 있는 계기를 부여한다. 윤동주의 시적 화자는 늘 낮은 곳에 있다. 그렇지만 그의 그리움의 대상은 높은 곳에 자리잡고 있다. 공간적으로 아래쪽에 위치하여 위쪽을 올려다보는 것은 겸허한 자세의 표현이다. 이것은 나아가 시인이 언제나 가슴속에 이상을 품고 있음을 말해주는 사실이다. 그의 이상은 그의 머리 속에서 구상된 미래적 유토피아이다. 그렇기 때문에 그는 예수를 모범으로 삼고 있다. 시제상으로 볼 때 생전에는 과거 형태로 "괴로웠든" 예수이지만 지금의 입장에서 보면 "행복한" 예수이기 때문이다. 예수는 윤동주의 입장에서 보면 그의 삶에서 좇아야 할 모범으로 항상 첨탑처럼 높은 곳에 위치하고 있다. 윤동주의 "부끄러움" 내지 겸허한 자세는 이 같은 공간적 상상력에 의해 뒷받침을 받고 있다.

2) 식물 메타포

윤동주와 릴케의 시학은 또한 식물 메타포와 관련된 부분에서도 많은 공통점을 보인다. 그것은 시에 등장하는 "소녀들"의 모습을 통해 확인된다. 먼저 릴케의 〈마리아께 드리는 소녀들의 기도〉를 보자.

우리에게 무언가 이루어지게 해주소서!
삶을 향해 바르르 떨고 있는 우리를 보소서.
이제 우리는 일어서고 싶습니다,
한 줄기 빛살처럼, 한 곡의 노래처럼.
—《릴케 전집 1》, 182.

시적 화자인 소녀들은 성모 마리아를 향해 자신들의 소망을 기도한다. 마리아에게 기도를 함으로써 소녀들은 자기 자신의 목표에 이르려고 한다. 그것을 그들은 "한 줄기 빛살처럼, 한 곡의 노래처럼" "일어서고" 싶다고 표현한다. 일어선다는 것은 자기의 정체성을 찾는 일이다. 릴케의 초기 작품의 시적 화자는 이렇게 여성의 형태를 띠면서 자신의 삶의 정체성을 이야기하는 경우가 많다.

소녀들이 갖는 기본 속성은 외부 세계에 대한 낯섦 혹은 '부끄러움'과 성장 가능성, 혹은 자기실현의 가능성이다. 이것은 아직 생소한 듯 "삶을 향해 바르르 떨고 있는" 그들의 모습에서 잘 드러난다. 이는 마리아가 천사 가브리엘의 수태고지 직후 바르르 떨었던 것과 같다. 소녀들은 무언가 다가오는 위대한 것을 향해 그들의 소망을 말하고 그것을 향해 두 팔을 펼친다. 소녀들의 자기실현은 소녀의 존재에서 성숙한 여성이 되어 아이를 낳는 것으로써 마무리된다. 소녀들은 아직 삶 속으로 깊이 들어가지 못한 상태에 있다. 그러기에 그들은 세상에 대해 낯설어하며 또한 어색해한다. 그것이 독일어로는 'scheu', 즉 '어색하게' 또는 '부끄럽게'라고 표현된다. 이 'scheu'라는 표현이 윤동주의 문학에서는 '부끄럽다'는 말로 나타난다.

윤동주의 '부끄러움' 역시 성숙한 삶과 미래를 앞에 둔 젊은이가 "소녀"처럼 느끼는 겸허함 혹은 낯설음이라고 할 것이다. 이 같은 "소녀"의 속성과 기도체 또는 "-습니다" 같은 존칭 서술어 역시 시인의 경건한 자세를 잘 반영하고 있다. 그의 내면이 종교성에 많이 기대고 있음을 반증해주는 대목이다. 그것은 젊은이로서 아직 살아야 할 삶을 앞에 둔 겸허한 종교성이다. 윤동주 역시 릴케의 〈마리아께 드리는 소녀들의 기도〉의 소녀들처럼 그 어떤 초월적 존재를 통하여 자신의 길을 완수하려고 한다. 소녀들에게 마리아는 가장 거룩한 이상이요 모범이다. 그래서 소녀들은 "마리아여, 당신은 우리에게 자비로워야 합니다./우리는 당신의 피로 인하여 꽃피니까요"(《릴케 전집 1》, 183)라고 말한다. 여기서 식물 메타포와 시적 화자의 성숙의 관계를 살펴보기 위해 윤동주의 시 〈봄〉을 보자.

> 봄이 血管 속에 시내처럼 흘러
> 돌, 돌, 시내 가차운 언덕에
> 개나리, 진달래, 노오란 배추꽃
>
> 三冬을 참어온 나는
> 풀포기처럼 피여난다.
>
> 즐거운 종달새야
> 어느 이랑에서나 즐거웁게 솟쳐라.
> 푸르른 하늘은
> 아른아른 높기도 한데…
> —윤동주, 53-54.

"봄이 血管 속에 시내처럼 흘러" "三冬을 참아온 나는/풀포기처럼 피여난다"는 구절이 보여주듯이 자연의 변화에 따라 시적 화자는 긴 겨울잠으로부터 깨어나 높은 하늘을 향해 자신의 포부를 봄을 맞아 자라나는 "풀포기"처럼 펼쳐보고자 한다. 자연과의 일치된 감정 속에서 시적 화자는 동화된 느낌을 받고 자신도 봄을 맞아 새롭게 자라날 것임을 감지한다. 이것은 시적 화자의 영혼이 느낀 식물 같은 움직임이다. 릴케의 〈마리아께 드리는 소녀들의 기도〉에서 쓰인 식물 메타포와 유사하다. 소녀들은 정원에서 마치 나무가 가지를 뻗듯이 두 손을 뻗는다. "그래서 저는 되는대로 모든 힘을 모아,/눈처럼 흰 속옷 사이로 곧고 가냘픈/사지를 쭉 뻗었습니다. 그랬더니 갑자기/피어나는 일이 내게 고통을 주었습니다"(《릴케 전집 1》, 186). 소녀들은 스스로 나무가 되어 하늘을 향해 쑥쑥 자라나는 듯한 느낌을 갖고 있다. 거기에는 고통이 수반된다. 성장의 아픔이다.

식물 메타포에도 역시 공간 의식이 반영되고 있다. 식물처럼 자라나는 화자의 모습은 늘 드높은 하늘을 배경으로 전개된다. 유동주의 글 〈별똥떨어진 데〉에서는 "나무"의 모습이 시인 자신과 중첩되어 묘사되고 있다.

> 나무가 있다.
>
> 그는 나의 오랜 이웃이요, 벗이다. 〔…〕
>
> 나는 처음 그를 퍽 不幸한 存在로 가소롭게 여겼다. 그의 앞에 설때 슬퍼지고 惻隱한 마음이 앞을 가리군 하였다. 마는 돌이켜 생각컨대 나무처럼 幸福한 生物은 다시 없을듯 하다. 굳음에는 이루 비길데 없는 바위에도 그리 탐탁치는 못할망정 滋養分이 있다 하거늘 어디로 간들 生의 뿌리

를 박지 못하며 어디로 간들 生活의 不平이 있을소냐. 칙칙하면 솔솔 솔바람이 불어오고, 심심하면 새가 와서 노래를 부르다 가고, 촐촐하면 한줄기 비가 오고, 밤이면 數많은 별들과 오손도손 이야기 할수 있고—보다 나무는 行動의 方向이란 거추장스런 課題에 逢着하지 않고 人爲的으로든 偶然으로서든 誕生시켜 준 자리를 지켜 無盡無窮한 營養素를 吸取하고 玲瓏한 햇빛을 받아들여 손쉽게 生活을 營爲하고 오로지 하늘만 바라고 뻗어질 수 있는것이 무엇보다 幸福스럽지 않느냐.

이밤도 課題를 풀지 못하야 안타까운 나의 마음에 나무의 마음이 漸漸 옮아오는 듯 하고, 行動할수 있는 자랑을 자랑치 못함에 뼈저리듯 하나 나의 젊은 先輩의 웅변에 曰 先輩도 믿지 못할 것이라니 그러면 怜悧한 나무에게 나의 方向을 물어야 할것인가.

—윤동주, 211-213.

자세히 보면 화자는 나무와 같은 존재가 되기를 꿈꾸고 있다. 나무에게서 인간의 모범을 읽고 있기 때문이다. 그는 풀지 못할 자신의 삶의 "과제"를 풀기 위해 나무를 닮으려고 노력한다. 그것은 자신의 생래적 상황을 받아들이고 거기서 행복감을 느끼면서 하늘을 향해 가지를 뻗는 일이다. 릴케 역시 《젊은 시인에게 보내는 편지》에서 나무가 갖는 인내심을 칭송하고 있다. 윤동주는 이미 1935년 7월에 김진섭의 번역으로 소개된 릴케의 이 글을 읽었을 가능성이 크다.

무릇 예술가라고 하는 존재는 세지도 헤아리지도 않아야 합니다. 예술가는 나무처럼 성장해가는 존재입니다. 수액樹液을 재촉하지도 않고 봄 폭풍의 한가운데에 의연하게 서서 혹시 여름이 오지 않으면 어쩌나 하고 걱정하는 일도 없는 나무처럼 말입니다. 걱정하지 않아도 여름은 오니까요. 그러나 여름은 마치 자신들 앞에 영원의 시간이 놓여 있는 듯 아무 걱정도 없이 조용히 그리고 여유 있게 기다리는 참을성 있는 사람들에게만 찾아오는 것입니다. 저는 그것을 날마다 배우고 있습니다. 나는 오히려 내게 고맙기만 한 고통 속에서 그것을 배우고 있습니다. 인내가 모든 것이라고![40]

예술가와 나무를 묘사한 두 텍스트에서 공히 강조되는 것은 인내다. 인내는 인식의 성장을 의미한다. 화자의 자기성찰이 나무가 수액을 내면으로 모으듯 내면에서 성장하는 것이다. 식물 메타포를 통해서 릴케와 윤동주는 자신의 예술가적·인간적 성장을 효과적으로 암시하고 그것의 성취 가능성을 희구하고 있다. 그러면서 겸손함의 한 양태로서 "인내"를 강조한다. "나무"나 "소녀"나 공통되는 특징은 기다리는 존재로서 인내를 미덕으로 삼고 있다는 점이다. 행동에 앞서 자기 성찰을 중요시한 두 시인의 공통분모이다.

3. 사물에 대한 사랑

1) 윤동주의 〈序詩〉와 릴케의 序詩 〈강림절Advent〉

죽는 날까지 하늘을 우러러

한점 부끄럼이 없기를,

40 라이너 마리아 릴케, 《젊은 시인에게 보내는 편지》, 김재혁 옮김(고려대학교출판부, 2006), 31-32쪽.

잎새에 이는 바람에도
나는 괴로와했다.
별을 노래하는 마음으로
모든 죽어가는 것을 사랑해야지
그리고 나한테 주어진 길을
걸어가야겠다.

오늘밤에도 별이 바람에 스치운다.
—윤동주, 1.

윤동주가 자신의 유고 시집 원고의 첫머리에 놓은 〈序詩〉에서 말한 "모든 죽어가는 것을 사랑해야지"라는 표현은 스스로 다지는 도덕적 결의를 넘어서서 종교적인 신앙 고백의 차원으로까지 상승된다. "모든 죽어가는 것"에 대한 사랑은 자신의 삶의 유한성에 대한 인식에서 출발한다. 그것은 릴케의 《기도시집》 3부 〈가난과 죽음의 서〉에서 성 프란체스코가 보여준 세상의 모든 보잘것없고 눈에 띄지 않는 사물들에 대한 사랑에 다름 아니다. 〈별 헤는 밤〉에 등장하는 인물이나 동물들은 타자를 해칠 수 있는 거친 존재들이 아니라 모두 힘없고 양순한 존재들이다. 다시 말해 시인의 애정어린 눈길과 따뜻한 가슴을 필요로 하는 것들만이 윤동주의 시적 대상이 된다. "코스모스는/귀또리 울음에도 수집어지고,//코스모스 앞에 선 나는/어렸을 적처럼 부끄러워지나니,//내 마음은 코스모스의 마음이오/코스모스의 마음은 내 마음이다"(윤동주, 178-179)라는 구절에서 우리는 윤동주가 사물에 대한 사랑에서 부끄러움을 느끼는 것을 알 수 있다. 윤동주의 '부끄러움'

에는 세속적 의미의 어떤 죄의식 같은 것이 깃들여 있지는 않다. 물론 '부끄러움'을 기독교적인 관점에서 아담과 이브의 원죄 의식의 측면에서 이야기할 수도 있다. 그렇지만 윤동주의 '부끄러움'은 기독교적 원죄 의식만으로 이야기할 수 없다. 대상에 대한 겸허한 애정이 담긴 자세가 곧 부끄러움의 표현이기 때문이다. 윤동주는 하늘을 우러르기도 하지만 겸허한 자세로 이 세상의 보잘것없는 사물들을 향해 허리를 구부리기도 한다. 그는 이러한 겸허한 마음을 바탕으로 자신의 인생행로를 가려고 한다. 이때 그의 문학에서 무수히 등장하는 "별"은 그의 앞날을 이끌어주는 이상향 또는 유토피아의 역할을 한다. 그렇기 때문에 그는 〈별 헤는 밤〉에서 "나의 별에도 봄이 오면"이라는 가정문을 내세우는 것이다. 이러한 경건성과 유토피아 그리고 길의 개념은 릴케의 초기 시에서도 많이 발견된다. 성숙한 삶을 앞에 둔 두 젊은 시인은 공통적인 특징을 보인다. 릴케의 시 〈강림절〉을 보자.

> 겨울 숲에 바람이 휘몰아쳐
> 목동처럼 눈꽃송이를 몰아댄다,
> 전나무들은 모두들 저희들이 곧
> 경건하게 촛불로 밝혀질 것임을 예감하고
> 바깥쪽을 향해 귀 기울인다. 하얀 길을 향해
> 나뭇가지를 힘껏 뻗고
> 바람을 맞아, 영광의
> 그 한 밤을 향해 자라 오른다.
> —《릴케 전집 1》, 101.

〈강림절〉 역시 릴케의 같은 제목의 시집 《강림절》의 '서시'이다. 바람이 휘몰아치는 풍경 속으로 나 있는 "길"은 각각의 문학청년이 구도자적으로 따라가야 할 인생행로이다. 윤동주의 시에서는 "나"가 시적 화자로 등장하지만, 릴케의 시에서는 시적 화자가 묘사 대상인 "전나무"에게 자신의 감정을 불어넣고 있다. 그렇지만 둘 다 성장과 희망을 앞에 둔 존재이다. 릴케는 그것을 예수 그리스도의 탄생에 빗대어 "영광의 그 한 밤"이라고 표현한다. 시인은 자신의 내면에서 새로운 형상화를 향한 힘이 솟는 것을 느낀다. "강림절"은 시인 자신의 앞날에 대한 예감을 상징한다. 그것은 고독한 길에 대한 예감이다.

윤동주나 릴케나 똑같이 자신의 앞날의 방향을 '서시'를 통해 밝혀놓고 있다. "별을 노래하는 마음으로/모든 죽어가는 것을 사랑해야지"라는 윤동주의 다짐은 예술가로서의 자신의 앞으로의 삶의 역정을 단적으로 드러낸 말이다. "전나무"에 자신의 감정을 실어 보인 젊은 릴케 역시 자신의 앞날을 예수 그리스도와 같은 구도자의 길로 파악하고 있다.

2) 시 〈또 다른 고향〉— 삶과 예술, 마음 닦기

윤동주의 '부끄러움'은 삶과 예술 사이에서 방황한 그의 궤적과도 관련이 있다. 릴케의 시 역시 이와 같은 실존적 방황의 기록이라고 할 수 있다.[41] 여기서 윤동주가 꿈꾼 유토피아의 구체적 모습은 어떤 것인지 1941년 9월에 쓰여진 시 〈또 다른 고향〉에서 살펴보기로 하자.

---

41 Vgl. Reiner Max, *"Hab ich nicht recht?"*(Frankfurt a. M., 1984). 이 책은 릴케 전체 작품의 자기변명적 구조를 실존적 차원에서 증명하고 있다.

故鄕에 돌아온 날 밤에
내 白骨이 따라와 한방에 누웠다.

어둔 房은 宇宙로 通하고
하늘에선가 소리처럼 바람이 불어온다.

어둠 속에서 곱게 風化作用하는
白骨을 들여다 보며
눈물 짓는 것이 내가 우는 것이냐
白骨이 우는 것이냐
아름다운 魂이 우는 것이냐.

志操 높은 개는
밤을 새워 어둠을 짖는다.

어둠을 짖는 개는
나를 쫓는 것일게다.

가자 가자
쫓기우는 사람처럼 가자
白骨 몰래
아름다운 또 다른 故鄕에 가자
—윤동주, 34-35.

이 시의 해석을 둘러싸고 늘 문제시되는 것은 "나"와 "백골"과 "아름다운 혼"의 세 가지 존재 사이의 관계이다. 시적 화자인 "나"가 고향에 돌아오자

어김없이 "백골"도 "나"를 뒤따라온다. "백골"은 시적 화자의 뒤를 그림자처럼 좇아다닌다. 그러나 "우주로 통하는" "어둔 방"으로 불어닥치는 바람 소리에 "백골"은 "풍화작용"을 한다. "하늘에선가 소리처럼" 불어오는 "바람"을 맞아 "백골"은 존재가 퇴색해가고 있다. 퇴색해가는 백골을 들여다보며 우는 것이 "백골" 자신인지 아니면 "나"인지 아니면 "아름다운 혼"인지 모르겠다고 시적 화자는 말한다. 그렇지만 시적 화자는 "쫓기우는" 사람처럼 "백골 몰래/아름다운 또 다른 고향에 가자"고 다짐함으로써 "백골"로부터 도망치고 싶은 욕망을 분명하게 밝힌다. 시적 화자는 동네 어귀에서 "어둠"을 몰아내며 짖어대는 개들의 울부짖음을 뒤로 하고 "또 다른 새로운 고향"으로 떠나가고 싶어한다. 이렇게 본다면 "나"는 중립적 입장의 존재이고 "백골"은 부정적 존재, 그리고 "아름다운 혼"은 윤동주가 그의 문학에서 언제나 그리움의 대상으로 삼은 "별"의 세계로 향해 가는 길을 안내하는 존재임이 드러난다. 이상의 내용을 종합해볼 때 백골은 일상성과 일상의 삶을 끌어가야 하는 남성성을 상징하는 것으로 볼 수 있다. 백골의 속성은 뼈이고, 뼈는 일상에서 시적 화자를 지켜주는 힘이기 때문이다. 반면에 "아름다운 혼"은 여성성과 감정 그리고 시적 화자의 이상을 상징한다. "혼"이나 "또 다른 고향"이나 "아름다운"이라는 속성을 공통분모로 하고 있기 때문이다. "나"는 바로 이 두 존재 사이에서 갈등하고 있는 것이다. "백골"을 풍화하도록, 다시 말해 쓰지 않는 신체기관처럼 버려두는 데서 시적 화자는 양심의 가책을 느낀다. 릴케가 《로댕론》에서 칭송한 로댕의 예술가로서의 삶을 연상시키는 대목이다. 그럼에도 불구하고 시적 화자는 "백골"을 버리고 자신의 이상향을 찾아가겠다고 스스로에게 다짐한다. 그 세계는 우주로 통하는 열린 세상이다. 진정한 혼을 맞이할 수 있도록 마음을 닦기 위해 시인은 모든 세상의 잡념을 버릴 수 있는 자세를 갖추어야 한다. 이것이 이 시에서는 두 개의 존재 사이에서 하나를 버리고 다른 하나를 취하는 방향으로 이루어지고 있다.

이와 같이 현실적 삶과 예술 사이에서 방황한 흔적은 윤동주와 릴케의 작품에서 공히 찾아볼 수 있다. 먼저 윤동주의 〈무서운 時間〉을 보자.

> 거 나를 부르는것이 누구요,
>
> 가랑잎 잎파리 푸르러 나오는 그늘인데,
> 나 아직 여기 呼吸이 남아 있소.
>
> 한번도 손들어 보지못한 나를
> 손들어 표할 하늘도 없는 나를
>
> 어디에 내 한몸 둘 하늘이 있어
> 나를 부르는 것이오.
>
> 일을 마치고 내 죽는날 아츰에는
> 서럽지도 않은 가랑잎이 떨어질텐데…
>
> 나를 부르지마오
> —윤동주, 26-27.

이 작품을 릴케의 시 〈엄숙한 시간Ernste Stunde〉과 비교해보자. 이 시는 이미 1927년에 출간된 일어판 릴케 시집에 실려 있다.[42]

지금 이 세상 어디선가 울고 있는 사람은,
　이 세상에서 까닭 없이 울고 있는 그 사람은,
　나를 위해 우는 것이다.

지금 한밤중에 어디선가 웃고 있는 사람은,
　한밤중에 까닭 없이 웃고 있는 그 사람은,
　나를 두고 웃는 것이다.

지금 이 세상 어디선가 걷고 있는 사람은,
　까닭 없이 걷고 있는 그 사람은,
　나를 향해 오는 것이다.

지금 이 세상 어디선가 죽어가고 있는 사람은,
　까닭 없이 이 세상에서 죽어가고 있는 그 사람은,
　나를 응시하고 있다.

—《릴케 전집 1》, 405-406.

이 두 시작품은 제목에서 유사성을 보일 뿐만 아니라 구문상으로도 비슷하다. 릴케와 윤동주 모두 자기 성찰적인 어조로 세상을 바라보고 있다. 세상의 모든 일이 자신으로 인해 혹은 자신과의 관련하에 일어난다고 보는 것이다. "엄숙한"이나 "무서운"이나 시적 화자의 감정 상태를 보여주는 표현이다. 왜 릴케의 작품에서 시적 화자는 모든 것을 "엄숙하게" 자신과 연결시켜 생각하는 것일까? 그것은 세상을 바라보는 자기 성찰적 눈길 때문이

---

42 リルケ, 《リルケ詩集》, 茅野 蕭蕭 譯(第一 書房, 1927).

다. 이것은 윤동주의 시에서도 마찬가지이다. 자신이 인생을 살아가면서 의당 해야 할 일을 마치지 못한 상태에서 맞이해야 할 죽음에 대한 괴로움이 "나를 부르지 마오"라는 마지막 행의 절규를 낳는 것이다. 두 시 작품 모두 궁극적으로는 죽음 앞의 두려움을 노래하고 있다. 윤동주의 경우는 현실 앞에서 힘없는 "나"를 이야기하면서 오히려 그것을 극복하고자 "나를 부르지 마오"라고 역설적인 절규를 퍼붓는 것으로 보인다. 이러한 윤동주의 자세는 내면화 과정으로 이어진다. 윤동주와 릴케의 시에서 물과 거울의 이미지가 많이 등장하는 것도 우리는 이 각도에서 해석할 수 있다. 그것은 윤동주의 시 〈自畵像〉의 마지막 대목에 잘 표현되어 있다.

> 우물속에는 달이 밝고 구름이 흐르고 하늘이
> 펼치고 파아란 바람이 불고 가을이 있고
> 追憶처럼 사나이가 있읍니다.
> —윤동주, 6-7.

이것을 릴케의 〈장미의 꽃받침Die Rosenschale〉과 비교해보자.

> 그리고 모두가 그런 것은 아니다, 스스로만을 담고 있으면서,
> 만약에 담는다는 것이: 저 바깥의 세계를,
> 바람과 비와 봄의 인내와
> 죄와 불안과 복면을 한 운명과
> 저녁 대지의 어둠과
> 구름의 변화와 도주와 떠감과

먼 별들의 영향까지를
한줌의 내면적인 것으로 바꾸는 것을 뜻한다면.
—《릴케 전집 1》, 554.

윤동주의 "우물"이나 릴케의 "장미의 꽃받침"이나 외부의 사물들을 담아서 되비쳐주는 거울의 역할을 한다. 그러나 사실 세상의 모든 것을 포괄하는 이 사물들은 시적 화자의 내면의 모습에 다름 아니다. 윤동주는 이미 1936년 20세 때에 쓴 시 〈가슴 2〉에서 "불 꺼진 火독을/안고 도는 겨울밤은 깊었다.//재(灰)만 남은 가슴이/문풍지 소리에 떤다"(윤동주, 113)고 말함으로써 "독"이 자신의 가슴을 지칭함을 밝히고 있다. 따라서 〈자화상〉의 시적 화자는 우물을 봄으로써 자신의 내면의 모습을 관찰하는 것이다. 릴케의 "장미의 꽃받침" 역시 시인의 내면을 상징하며 외부의 사물들을 내면으로 끌어들여 그것들을 시적인 형상화의 과정 속에 몰입시킨다. "장미의 꽃받침" 역시 하나의 방이다. 윤동주 역시 〈또 다른 고향〉에서 "어둔 방은 우주로 통하고/하늘에선가 소리처럼 바람이 불어온다"고 노래한다. 시인의 내면은 이렇게 외부 세계와 교류하는 가운데 자신을 돌이켜본다. 시점상으로 그것은 과거와 현재, 미래의 것까지를 포괄한다. 그래서 윤동주 역시 "추억처럼 사나이가 있읍니다"라고 말한다. 이렇듯 릴케와 윤동주는 외부 세계에 대해 깊은 관심을 가지면서도 그것을 내면화하여 그려냄으로써 자기 성찰적 면모를 보여준다는 점에서 공통된 일면을 가지고 있다. 그 과정에서 두 시인은 외부 현실의 부정성에 대한 자기 극복을 이루어내고 있다.

지금까지 윤동주의 문학은 이른바 '부끄러움의 시학'이라는 표현으로 규정되어 왔다. 그리고 이를 학계에서는 대개의 경우 항일 정신의 소산으로 고찰한 경향이 많았다. 이 장에서는 윤동주의 문학세계를 릴케의 세계관과 비교하여 논의하는 가운데 윤동주의 문학에 나타나는 '부끄러움'이 아직 세상에 정식으로 발을 들여놓지 않은 젊은이로서 세상에 대해 갖는 겸허한 자세와 이것의 구체적 표현으로서 세상의 보잘것없는 사물들에 대해 갖는 사랑의 개념에 기반을 두고 있음을 확인할 수 있었다. 이를 위해 윤동주의 시 작품 중에서 몇몇 중요 작품을 한국에 번역 소개된 릴케의 작품들과 비교하면서 분석해보았다. 당시에는 외국 문학작품의 번역이 흔치 않던 때였으므로 윤동주는 한국에 소개된 릴케의 얼마 되지 않는 작품을 모두 읽었을 가능성이 높기 때문이다. 물론 일본인 학자 오오무라 마스오의 주장대로 윤동주가 릴케를 주로 일본어판으로 읽었을 확률도 높지만 윤동주의 입장에서 당시에 모국어로 번역된 릴케의 작품에 더 많은 관심을 가졌을 것으로 짐작된다.

윤동주의 작품에서 "릴케"라는 이름이 구체적으로 거명된 것이 〈별 헤는 밤〉 한 군데뿐이기 때문에 릴케와 윤동주의 직접적인 실증적 연관성을 찾기는 힘들다. 그렇지만 윤동주가 릴케의 작품 중 일본어판 《기수 크리스토프 릴케의 사랑과 죽음의 노래》를 읽었음은 분명하다. 윤동주가 자신의 소유임을 밝히는 이름을 써놓은 이 책의 일본어판본이 보존되어 있기 때문이다. 〈별 헤는 밤〉에 나타나는 시적 화자의 모습과 《기수 크리스토프 릴케의 사랑과 죽음의 노래》에 등장하는 주인공의 모습은 여러 점에서 유사하다. 가장 큰 특징은 화자가 사랑하는 대상을 향하여 편지 투의 형태를 취한다는 점이고, 주제상으로 둘 다 사랑과 죽음을 노래한다는 점이다. 젊은이로서 삶을 불태우고 죽겠다는 의지는 두 작품의 공통점이다.

윤동주와 릴케의 비교는 윤동주를 저항시인이 아닌 순수 서정시인으로서 자신의 내면의 목소리에 귀를 기울인 인물로 볼 때 유효하다. 다시 말해 윤동주를 일제의 강점 시기에 민족의 목소리를 드높인 시인으로만 고찰하는 것은 윤동주가 겪은 예술가적 고뇌를 협소하게 해석하는 결과를 낳는다. 그러므로 그의 문학에 나타나는 '부끄러움'은 자신의 삶에 대한 겸허함의 소산이라고 보아야 한다. 윤동주의 '부끄러움'은 죄책감보다는 무언가 자신의 이상을 앞에 둔 소녀들의 수줍음에 가깝다고 할 것이다. 이런 소녀들의 모습은 릴케 자신이 젊었을 적에 그렸던 시적 화자의 모습이다. 〈마리아께 드리는 소녀들의 기도〉의 소녀들처럼 윤동주의 시적 화자는 공간적으로 늘 낮은 곳에 위치하여 높은 곳을 향하여 기도를 하고 자신의 소망을 기원한다. 윤동주의 시에서 젊음을 나타내는 수많은 식물 메타포들은 또한 릴케의 시에 나타나는 소녀의 성장과 같은 의미를 담고 있다. 이상을 종합해볼 때 우리는 윤동주의 문학이 릴케의 문학으로부터 영향을 받고 있다고 분명하게 말할 수 있다.

2부

김춘수의 시 세계에 반영된 릴케

4장
시적 변용의 문제

우리나라에 릴케의 문학세계가 번역을 통해 정식으로 소개된 것은 1930년대 중반 박용철에 의해서이다. 물론 그 전에 백대진에 의해 《신세계》(1916년 5월)라는 잡지에 별 다른 내용 소개 없이 릴케의 이름이 우리 문단에 처음으로 오른 바 있다. 일본에서 독문학을 공부하고 돌아온 박용철은 《삼천리 문학》 창간호에 《말테의 수기》 중 말테가 시인으로서 자신의 창작 방식에 대해 고백한 글을 소개한다. 글의 제목을 박용철은 〈시적 변용에 대해서〉라고 정하고 부제를 "서정시의 孤高한 길"이라고 하여 글의 범위를 시쓰기와 관련한 체험의 문제로 제한한다. 박용철은 또한 같은 글의 초두에서 릴케의 《젊은 시인에게 보내는 편지》 중 시인으로서의 소명과 관련된 구절을 인용한다. 이렇게 박용철은 릴케의 시론을 체험이라는 측면에서 이해하고 그것을 당시 30년대 한국문단을 주도하던 주지주의적, 카프적 흐름에 반대하여 체험적 주체가 있는 시를 쓰자는 자신의 견해와 융합하여 제시해놓고 있다. "시는 시인이 느려놓는 이야기가 아니라, 말을 재료 삼은 꽃이나 나무로 어느 순간의 시인의 한쪽이 혹은 왼통이 변용하는 것"[43]이라고 박용철은 말한다.

그 후 박희진 같은 시인은 시 〈릴케에게〉에서 "오 라이너 마리아 릴케,/ 당신의 이름이 이젠 하나의 영감입니다"[44]라고 말하면서 릴케가 자신의 시 세계에 끼친 커다란 영향을 시 전체의 테마로 삼아서 보여준다. 또한 이성복은 릴케가 《기도시집》에서 보여준 '말하기 기법' 중에서 신의 본질을 규정하기 위한 표현 행위로 쓴 이른바 '명명 행위命名行爲'를 차용한 시를 여러 편 선뵌다. 그 밖에도 김소영, 박성룡, 진봉긴 같은 한국의 시인들이 릴케의 영향을 받아가며 시쓰기를 해왔고, 지금도 그런 흐름은 이어지고 있다.

그렇지만 릴케로부터 가장 큰 영향을 받은 시인을 들라면 김춘수를 빼놓을 수 없다. 그의 시를 읽어보면 릴케가 강조한 여러 가지 시적 성향이 골고루 들어 있음을 알 수 있다. 외적으로 드러나는 것은 릴케가 썼던 명칭들, 이를테면 시집 제목이나 시 제목을 그대로 차용하고 있다는 점이다. "제1시집"이라든가, 예수의 삶을 형상화한 "겟세마네"라든가, "가나에서의 혼인", 그리고 "장미"를 비롯한 꽃에 대한 집착 등이 그것이다. 그는 릴케라는 이름을 곳곳에서 직접 언급하기도 하고 시적 변용이라든가 천사 또는 인간 존재의 문제 같은 테마를 그대로 수용하고 있기도 하다. 그만큼 김춘수는 릴케의 문학을 자신의 문학세계에 깊숙이 받아들이려고 노력했던 한 사람이다.

그러나 지금까지 릴케와 한국 시인들과의 비교는 외견상으로 드러나는 강렬한 영향 관계에도 불구하고 본격적인 연구 단계에 들어서지 못했다고

---

43 박용철, 《박용철 전집 2—평론집》(깊은샘, 1986년), 9쪽.

44 박희진, 《꿈꾸는 빛바다》(고려원, 1986년), 119쪽.

말할 수 있다. 릴케와 한국 시인들의 비교는 주로 릴케 전문가가 아닌 국문학 전공자들에 의해 이루어졌다.[45] 이때의 가장 큰 문제점은 작품뿐만 아니라 시인 그리고 그의 예술적 관점에 대한 이해를 번역서를 통해서 얻을 수밖에 없다는 것이다. 그로 인해 그들은 릴케에 대한 제한된 지식의 범위 안에서 표면적인 연구에 그칠 수밖에 없었다. 이를테면 김윤식은 릴케가 한국시에 끼친 영향을 말하면서 그의 주장을 대체로 피상적인 수준에서 마무리 짓고 있다. 릴케의 시가 지닌 난해성 때문에 한국 시인들이 릴케의 문학세계를 제대로 수용할 수 있겠느냐는 것이다. 하이데거, 볼노프 등 당시 릴케의 시를 바탕으로 철학적 논리를 편 실존주의 철학자들로 인해 형성된 편견이 이런 주장을 하게 만든 것으로 보인다. 박호영은 그의 논문에서 독일어를 모르는 상태에서 소개하는 릴케의 수용 또는 영향 연구의 한계를 고백하고 있다. 박호영은 논시 선개상 '사물시'에 대한 그릇된 이해를 바탕으로 릴케와 윤동주의 시를 비교하고 있다. 그는 윤동주의 시에 나타난 자연을 릴케의 사물 개념과 직접 연결시키는 오류를 범하고 있다. 두 시인 사이의 가장 큰 차이점은 릴케의 '사물시'의 경우 시적 화자가 완전히 뒤로 물러나 있어 작품 속에 모습을 드러내지 않지만 윤동주의 시의 경우에는 이와 달리 시적 화자로서 체험적 자아인 '나'가 대부분의 시에서 명확히 등장하고, 그리고 릴케의 '사물시'의 경우엔 구체적인 하나의 사물 혹은 대상에 집중하나 윤동주의 경우엔 자연이 다양한 형태로 등장한다는 점이다. 그러나 박호영은 사물이

45 이재선, 앞의 글, 49-62쪽; 박호영, 〈릴케의 이식과 그 수용 양상〉, 《강릉대 논문집》(1984), 6-27쪽; 김윤식, 〈한국시에 미친 릴케의 영향〉, 《한국문학의 논리》(일지사, 1974), 207-212쪽 참조

라는 개념을 사용하면서 일반적인 자연 사물과 '사물시'를 혼동하고 있는 것이다.

우리가 이제 살펴보려는 김춘수는 〈릴케와 천사〉(《文藝》, 1949년 12월), 〈릴케적 실존〉(《文藝》, 1952년 1월), 〈릴케와 나의 시〉라는 글에서 릴케로부터 받은 영향에 대해 직접적으로 언급하고 있다. 그러나 이 장에서는 김춘수가 릴케에게서 받은 영향을 개략적으로 다루는 것을 지양하고 구체적인 측면에 집중하고자 한다. 김춘수의 시에 나타나는 존재의 문제는 시적 변용과 어떤 관련이 있으며, 나아가서 이것이 릴케의 시에 등장하는 변용 및 인간 존재의 의미와는 어떠한 영향 관계에 있는가를, 김춘수 자신이 릴케의 영향권 아래 있었다고 고백한 시집 《꽃의 소묘》에 등장하는 몇 편의 시들에 대한 분석을 통해 밝혀내는 것이 이 장의 목표이다. 이 장에서 김춘수와 릴케의 관계를 시적 변용의 문제를 중심으로 해서 다루려는 까닭은 두 시인에게 있어서 이 문제가 창작의 중심점에 자리잡고 있다는 판단 때문이다.

1. 시적 변용에 대하여

릴케에게 변용은 시적 사명과 일치한다. 시인의 내면에서 하나의 사물이 탄생하기까지의 과정이 시적 변용의 과정이 된다. 외부의 위태로운 상황 속에서 시인은 사물을 자신의 마음 속으로 받아들여 사물을 구함으로써 거기서 존재의 모범을 읽고 자신의 위기를 극복하기에 이른다. 따라서 변용에서 가장 중요한 것은 외부 세계와 내면의 문제이다. 다시 말해 내면의 세계와 외부 세계가 상호 넘나드는 작용 관계가 중요하다. 릴케는 《두이노의 비가》의 〈제9비가〉에서 변용을 다음 같이 노래한다.

천사를 향해 이 세상을 찬미하라, 말로 할 수 없는 세상은 말고.
호화로운 감정으로는 너는 천사를 감동시킬 수 없다; 천사가
모든 것을 절실하게 느끼는 우주 공간에서 너는 초심자일 뿐이다.
그러니 천사에게 소박한 것을 보여주어라, 몇 세대에 걸쳐 만들어져
우리 것이 되어 우리의 손 옆에 그리고 눈길 속에 살아 있는 것을.
그에게 사물들에 대해 말하라. 그는 놀라워하며 서 있으리라; 네가
로마의 밧줄 제조공 옆에, 나일강의 도공 옆에 서 있었듯이.
사물이 얼마나 행복할 수 있는지, 얼마나 순수한지 그리고 얼마나 우리
편인지,
구슬픈 고통조차 어떻게 순수하게 제 모습을 갖추어, 사물로서 봉사하거나
죽어서 사물 속으로 들어가는지, 바이올린조차 다시 불러들일 수 없는
공간으로 넘어가는지 천사에게 보여주어라. —그리고 이들 무상함을
먹고사는 사물들은 알고 있다, 네가 그들을 칭송한다는 것을; 죽어가면서,
이들은 가장 덧없는 존재인 우리에게서 구원을 기대한다.
이들은 우리가 자신들을 우리의 보이지 않는 마음속에서—오 끊임없이—
완전히 우리 자신으로 변용시켜주기를 바란다! 우리들이 누구이든지 간에.

Preise dem Engel die Welt, nicht die unsägliche, *ihm*
kannst du nicht großtun mit herrlich Erfühltem; im Weltall,
wo er fühlender fühlt, bist du ein Neuling. Drum zeig
ihm das Einfache, das, von Geschlecht zu Geschlechtern gestaltet,
als ein Unsriges lebt, neben der Hand und im Blick.
Sag ihm die Dinge. Er wird staunender stehn; wie du standest
bei dem Seiler in Rom, oder beim Töpfer am Nil.
Zeig ihm, wie glücklich ein Ding sein kann, wie schuldlos und unser,
wie selbst das klagende Leid rein zur Gestalt sich entschließt,

dient als ein Ding, oder stirbt in ein Ding—, und jenseits
selig der Geige entgeht. —Und diese, von Hingang
lebenden Dinge verstehn, daß du sie rühmst; vergänglich,
traun sie ein Rettendes uns, den Vergänglichsten, zu.
Wollen, wir sollen sie ganz im unsichtbarn Herzen verwandeln
in—o unendlich—in uns! Wer wir am Ende auch seien.
—《릴케 전집 1》, 719.

이 시에서 중요한 것은 보이지 않는 것과 보이는 것의 대비이다. 보이는 것을 보이지 않는 것으로 구원하는 것이 중요하다. 사물이 보이지 않는 것으로 된다는 말은 그것이 우리의 마음 속에서 구원됨을 뜻한다. 그런데 릴케는 모든 사물을 다 구원하는 것이 아니라 수천 년간 우리 인류의 숨결이 깃든 것들만을 구원의 대상으로 삼는다. 따라서 나일강의 도공이나 로마의 밧줄 제조공 등 근대 이전의 직업에 대한 릴케의 호감은 문명 비판적인 그의 자세를 반영한다. 김춘수 역시 그의 시론 《시의 위상》에서 릴케가 《말테의 수기》에서 피력했던 생각, 즉 현대의 부르주아 사회는 속물화되고 규격화된 상식이 판을 치는 사회이며, 오히려 옛날의 가재도구에는 그것을 만든 이들의 넋이 깃들어 있다는 생각에 전적인 동의를 보낸다.[46] 문제는 이때 시인이 사물을 어떻게 자신의 것으로 만드느냐 하는 것이다. 시인의 작업은 단순히 외계의 사물이 망막에 맺히는 것을 묘사하는 수동적인 방식이 아니라 인식 작업을 통한 적극적인 영혼의 행위이다.[47] 이것을 릴케는 "마음으로 받아들

46 김춘수, 《시의 위상》(둥지, 1991), 209쪽.

47 Vgl. Herman Meyer, "Die Verwandlung des Sichtbaren. Die Bedeutung der

인 형상erkannte Gestalt"(《릴케 전집 1》, 712)이라고 말한다. 이러한 과정을 통해 예술작품에 진정한 생동감이 돌게 된다. 이것이 제대로 수행될 때 그는 "변용"이라는 말을 사용한다. 릴케는 변용을 《두이노의 비가》에서 시적 사명과 관련하여 이렇게 정의한다.

> 대지여, 그대가 원하는 것은 이것이 아닌가? 우리의 마음 속에서
> 보이지 않게 다시 한 번 살아나는 것. —언젠가 눈에 보이지
> 않게 되는 그것이 그대의 꿈이 아니던가? —대지여! 보이지 않음이여!
> 변용이 아니라면, 무엇이 너의 절박한 사명이랴?
>
> Erde, ist es nicht dies, was du willst: *unsichtbar*
> in uns erstehn? —Ist es dein Traum nicht,
> einmal unsichtbar zu sein? —Erde! unsichtbar!
> Was, wenn Verwandlung nicht, ist dein drängender Auftrag?
> —《릴케 전집 1》, 720.

여기서 대지는 저승과 대비되는 이승의 사물 전체를 이른다. 시인의 사명은 무상하게 사라져 가는 이러한 모든 사물들을 마음속에 영원히 담아두는 데 있다. 릴케는 자신의 변용의 개념을 《두이노의 비가》의 번역과 관련하여 자신에게 몇 가지 질문을 던져온 폴란드의 번역자에게 답한 1925년 11월 13일자 편지에서 보다 명쾌하게 다음 같이 정의한다.

> 자연은, 그러니까 우리가 늘 대하고 사용하는 사물들은 일시적이고 무상

---

modernen bildenden Kunst für Rilkes späte Dichtung," in: Rüdiger Görner(Hg.), *Rainer Maria Rilke*(Darmstadt, 1987), S. 136.

한 존재들입니다. 그러나 그것들은 우리가 이곳에 살고 있는 한 우리 것이며, 우리와 정을 나누는 사이이며, 그것들이 우리의 선조들과 친숙한 관계에 있었듯이, 우리의 고통과 기쁨을 잘 아는 존재들입니다. 그러므로 우리는 이승의 모든 사물들을 헐뜯거나 업신여기지 말아야 하며, 그것들이 우리와 함께 나누어 가진 바로 그 무상성을 위해서라도 이러한 현상들과 사물들을 마음속 깊이 이해하여 변용시켜야 합니다. 변용시킨다고요? 그렇습니다. 왜냐하면, 이 일시적이고 덧없는 대지를 우리 마음 속 깊이 받아들여 고통스럽더라도 열정적으로 마음에 새겨 그것들의 본질이 우리의 내면에서 '보이지 않게' 다시 부활하도록 만드는 것이 우리의 임무이기 때문입니다. 우리는 보이지 않는 것을 모아들이는 꿀벌들입니다.

Die Natur, die Dinge unseres Umgangs und Gebrauchs, sind Vorläufigkeiten und Hinfälligkeiten; aber sie sind, solang wir hier sind, unser Besitz und unsere Freundschaft, Mitwisser unserer Not und Froheit, wie sie schon die Vertrauten unserer Vorfahren gewesen sind. So gilt es, alles Hiesige nicht nur nicht schlecht zu machen und herabzusetzen, sondern gerade, um seiner Vorläufigkeit willen, die es mit uns teilt, sollen diese Erscheinungen und Dinge von uns in einem innigsten Verstande begriffen und verwandelt werden. Verwandelt? Ja, denn unsere Aufgabe ist es, diese vorläufige, hinfällige Erde uns so tief, so leidend und leidenschaftlich einzuprägen, daß ihr Wesen in uns "unsichtbar" wieder aufersteht. Wir sind die Bienen des Unsichtbaren.[48]

변용과 "보이지 않는 것"은 어떠한 관계에 있는가? 실제로 우리의 마음은

48 Rainer Maria Rilke, *Briefe*, 1 Band, hsrg. v. Rilke-Archiv in Weimar, in Verbindung mit Ruth Sieber-Rilke, besorgt durch Karl Altheim(Wiesbaden, 1950), S. 898.

보이지 않는다. 사물들의 구원이 이루어지는 공간인 우리의 영혼은 눈에 보이지 않는다. 볼노프 같은 사람은 릴케의 변용을, "육체적인 것을 정신적인 존재로, 즉 이상적인 존재로 변환시키는 것"[49]이라고 정의한다. 그러므로 릴케의 보이지 않는 것의 영역은 볼노프의 입장에서는 플라톤적인 의미로 이데아의 공간이 된다. 그러나 자세히 따져보면 플라톤의 경우엔 이 세상의 감각적 현실이 저편에 존재하는 이데아의 반영인 반면, 릴케의 경우에는 이 세상의 사물들을 형상화하는 가운데 보이지 않는 세계의 의미를 드러내 보이고자 한다. 이는 결정적인 차이로서, 릴케는 저편이 아닌 이승에 모든 존재의 의미를 두고 있다는 말이다. 릴케의 경우 변용은 순수하게 정신적인 것만을 추구하지 않고 언제나 이승의 것과 관련을 맺는다. 시인의 마음속에서 사물들이 물질적 특성을 던져버림으로써, 즉 "보이지 않게" 변용됨으로써 그 존재의 형태가 영원화되는 것이다. 릴케의 이런 관점은 이미 초기의 《기도시집》에서 그 맹아를 찾아볼 수 있다.

> 그리고 당신은 흘러간 정원의 푸르름과
> 허물어진 하늘의 잔잔한
> 파란빛을 상속받습니다.
> 수많은 나날들의 이슬과
> 태양을 말하는 많은 여름과
> 젊은 여인의 쌓이고 쌓인 편지처럼
> 환희와 비탄을 품은 그 맑은 봄을.

---

49 Otto Friedrich Bollnow, *Rilke*, 2 Aufl. (Stuttgart, 1965), S. 135.

울긋불긋한 나들이옷처럼
시인들의 기억 속에 물들어 있는 가을들을 상속합니다,
그리고 모든 겨울은 버려진 땅처럼
고요히 당신 곁에 깃들이는 듯합니다.

Und du erbst das Grün
vergangner Gärten und das stille Blau
zerfallner Himmel.
Tau aus tausend Tagen,
die vielen Sommer, die die Sonnen sagen,
und lauter Frühlinge mit Glanz und Klagen
wie viele Briefe einer jungen Frau.
Du erbst die Herbste, die wie Prunkgewänder
in der Erinnerung von Dichtern liegen,
und alle Winter, wie verwaiste Länder,
scheinen sich leise an dich anzuschmiegen.

—《릴케 전집 1》, 314.

여기서 시인의 변용의 결과인 시적 성취를 받아들이는 존재는 바로 "당신", 즉 신이다. "상속"의 내용은 구체적으로 릴케의 전기적 체험과 관련해서 볼 때 이탈리아 여행, 러시아 여행 그리고 그 밖의 일반적으로 알려진 교양 체험 등을 이른다. 릴케가 《말테의 수기》에서 말한 "체험"이 곧 시적 변용의 대상이 된다는 사실이 드러난다. "상속한다"는 말은 그 어느 것도 사라지지 않고, 모든 것이 신의 내면에서 시대를 넘어서 존재하게 된다는 말이다. "상속"이 곧 시적 변용과 관련을 맺는다. 결국 시적 변용은 릴케에게 있어서는 그 최종적인 목표로 신이라든가 천사 같은 초월적 존재를 향한다.

후기에 접어들면 시인의 변용이 지향하는 최종적인 방향은 "천사"로 확정된다. 모든 변용된 형상들이 모이는 곳이 곧 천사라는 공간이다.

그러면 여기서 김춘수가 노래한 천사의 개념을 그의 시 〈릴케의 章〉을 통해서 파악해보고 그것이 시적 변용과 어떤 관계에 있는지 살펴보자.

> 世界의 무슨 火焰에도 데이지 않는
> 天使들의 純金의 팔에 이끌리어
> 자라가는 神들,
> 어떤 神은
> 입에서 코에서 눈에서
> 돋쳐나는 暗黑의 밤의 손톱으로
> 제 살을 핡아서 피를 내지만
> 살점에서 흐르는 피의 한 방울이
> 다른 神에 있어서는
> 다시없는 意味의 香料가 되는 것을,
> 라이너어·마리아·릴케,
> 당신의 눈은 보고 있다.
> 天使들이 겨울에도 얼지 않는 손으로
> 나무에 꽃을 피우고 있는 것을,
> 죽어간 少年의 등뒤에서
> 또 하나의 작은 心臟이 살아나는 것을,
> 라이너어·마리아·릴케
> 당신의 눈은 보고 있다.
> 하늘에서

죽음의 재는 떨어지는데,
이제사 열리는 채롱의 門으로
믿음이 없는 새는
어떤 몸짓의 날개를 치며 날아야 하는가를,[50]

이 시는 라이너 마리아 릴케를 직접적으로 향하고 있다. 시의 중심 소재가 된 것은 릴케의 만년의 대작 《두이노의 비가》에 나타나는 천사와 신이다. 천사와 신, 두 축을 중심으로 시가 전개되고 있다. 암흑, 피 등이 신들의 음료가 되어 또 다른 의미의 향료를 만들어낸다. 중요한 것은 시인이 지상의 것을 노래한다는 데 있다. 그것을 위해서는 제 살을 깎는 작업이 전제가 된다. 천사들이 신의 작업을 돕는 하위 계급의 존재로 묘사된다. 나무에 꽃을 피우는 일을 도와주는 것이 천사이다. 이승의 것을 노래함으로써 불멸의 것으로 만든다. 시적 변용을 수행하는 천사들은 "세계의 무슨 화염에도 데이지 않는" 존재로 그려지고 있다. 현실적인 고통을 넘어서는 초세속성이 그러므로 천사의 속성이다. 그러나 릴케의 세계관에서는 신과 천사 사이의 위계질서가 김춘수의 시에서처럼 그렇게 분명하지 않다. 초기 《기도시집》의 단계에서는 신과 천사의 위계질서가 어느 정도 언급되지만, 후기로 들면서부터는 신의 역할을 천사가 전적으로 떠맡는 경우가 많다. 후기에 들면 천사는 인간의 한계를 더욱 뚜렷하게 보여주는 하나의 대비적 배경으로 등장한다.

김춘수의 천사 역시 예술과 많은 관련을 맺고 있다. 그러기에 신의 밑에서 봉사하면서 신을 완성시켜 간다. 이것은 어쩌면 릴케가 《기도시집》에서

---

50 김춘수, 《김춘수 전집 1—시》(문장사, 1982), 157쪽.

말한 생성되어 가는 신, 즉 미래에 당도할 예술가 신을 염두에 둔 것 같다. 그 일을 돕는 존재가 이 시에서는 천사로 등장한다.

그리고 또 이 시에서는 두 가지 신이 등장한다. 하나는 피의 신으로 욕망의 화신이지만, 또 하나의 신은 이것을 정화하여 새로운 예술품으로 만드는 예술의 신이다. 피의 신으로 이야기되는 신은 〈제3비가〉에 등장하는 넵투누스이다. "오 피의 넵투누스여, 오 그의 무시무시한 삼지창이여"(《릴케 전집 1》, 693). 피의 신 넵투누스는 강물의 신으로 삼지창을 가지고 있으며 인간의 무의식 속에 자리잡은 욕망을 뜻한다. 에로틱한 무의식의 힘을 나타내기 때문에 속성상 암흑의 밤으로 나타난다. 이것을 정화한 것이 김춘수의 시에서는 "다시없는 의미의 향료"이다. 죽어간 소년의 심장을 다시 살리는 것 역시 예술의 힘이다. "죽어간 소년"은 〈제1비가〉에 등장하는 일찍 세상을 뜬 소년들을 연상시킨다. 이들의 구원은 시인이 시로 노래함으로써 가능한 것이다. 그래서 반복적으로 언급되는 말이 "라이너어 · 마리아 · 릴케,/ 당신의 눈은 보고 있다"이다. 김춘수는 릴케를 향해 사모하는 듯한, 구원을 바라는 듯한 음조로 말을 걸고 있다.

마지막으로 "이제사 열리는 채롱의 문"은 릴케의 〈제10비가〉 첫머리를 장식하는 환호의 외침과 닮아 있다: "언젠가 나 이 무서운 인식의 끝마당에서 서서/ 화답하는 천사들을 향해 환호와 찬양의 노래를 부르리라"(《릴케 전집 1》, 721). "죽음의 재"가 떨어질 즈음에서야 시인은 비로소 개안의 상태에 접어들고, 자신의 의식을 어떻게 간수해야 하는가를 깨닫는다. "믿음이 없는 새", 즉 시인은 이 세상에서 자기 자신에게만 의지하여 날 수밖에 없다. 그 몸짓을 깨닫기까지 수많은 방황의 길을 걷지 않을 수 없다. 이 모든 것을,

김춘수는 "라이너어 · 마리아 · 릴케,/ 당신의 눈은 보고 있다"는 표현이 보여주듯이 릴케의 시각에서 기술하고 있다.

2. 예술작품의 창작과정—'에로틱', 언어와 명명 행위

시적 변용의 실제적인 실행은 시적인 명명하기를 통해서 이루어진다. 그 전에 전제되어야 할 작업은 바로 사물에 대한 인식이다. 이 과정을 김춘수의 시 〈꽃을 위한 서시〉를 통해서 알아보자. 이 시에 대한 분석을 통해 릴케와 김춘수 사이의 유사성을 도출해보려 한다.

> 나는 시방 危險한 짐승이다.
> 나의 손이 닿으면 너는
> 未知의 까마득한 어둠이 된다.
>
> 存在의 흔들리는 가지 끝에서
> 너는 이름도 없이 피었다 진다.
> 눈시울에 젖어드는 이 無名의 어둠에
> 追億의 한 접시 불을 밝히고
> 나는 한밤내 운다.
>
> 나의 울음은 차츰 아닌 밤 돌개바람이 되어
> 塔을 흔들다가
> 돌에까지 스미면 金이 될 것이다.
>
> …얼굴을 가리운 나의 新婦여,[51]

김춘수는 자작시 해설에서 〈꽃을 위한 서시〉를 두고 "릴케가 《두이노의 비가》에서 노래한 인간 존재 양식의 비극성을 주제로 하고 있다"[52]고 말한다. 그렇다면 그가 말한 인간 존재의 비극성은 우리가 이 글에서 테마로 삼은 시적 변용과는 관련이 없을까? 인간 존재의 비극성과 시적 변용 과정은 두 시인에게 있어서 가장 중심적인 문제로 떠오르고 있다. 왜냐하면 시적 변용의 과정에는 이를 통한 시인의 실존적 변용의 뜻까지 뒤따르기 때문이다. 그것은 이 시에서 창작과 관련되는 낱말들과 시작에서 종말로의 전환을 나타내는 낱말들의 사용에 의해 뒷받침을 받는다. 이를 파악하기 위해 먼저 릴케가 자신의 예술과 종교를 고백한 연작시 《기도시집》의 첫 시 작품을 읽어보자.

지금 시간이 기울어가며 나를
맑은 금속성 울림으로 가볍게 톡 칩니다.
나의 감각이 바르르 떱니다. 나는 느낍니다, 할 수 있음을,
그리하여 나는 조형造形의 날을 손에 쥡니다.

내가 바라보기 전에는 완성된 것은 아무것도 없었습니다.
모든 생성은 멎어 있었습니다.
나의 시선은 이제 무르익어, 보내는 눈길마다
원하는 사물이 마치 신부新婦처럼 다가옵니다.

내게 하찮은 것이란 없으며, 하찮은 것이라 해도 나는 사랑합니다.

51 김춘수, 《김춘수 전집 1—시》, 153쪽.
52 김춘수, 〈릴케와 나의 시〉, 김주연 편, 《릴케》(문학과지성사, 1981), 244쪽.

그것을 나는 황금빛 바탕에다 크게 그려서
높이 들어올립니다, 그러면 그것이
누구의 영혼을 풀어줄는지 나는 알지 못합니다…

Da neigt sich die Stunde und rührt mich an
mit klarem, metallenem Schlag:
mir zittern die Sinne. Ich fühle: ich kann—
und ich fasse den plastischen Tag.

Nichts war noch vollendet, eh ich es erschaut,
ein jedes Werden stand still.
Meine Blicke sind reif, und wie eine Braut
kommt jedem das Ding, das er will.

Nichts ist mir zu klein und ich lieb es trotzdem
und mal es auf Goldgrund und groß,
und halte es hoch, und ich weiß nicht wem
löst es die Seele los…

—《릴케 전집 1》, 253.

시적 화자는 지금 예술적 형상화를 앞두고 극도로 긴장에 차 있는 모습을 보여준다. 저녁 시간을 맞아 시계의 종소리에도 모든 감각이 바르르 떨려올 정도이다. 그러나 그 전에 전제되는 작업이 있다. 그것은 바로 바라보기이다. 그는 바라보기를 통해 외부의 사물을 예술 사물로 변용시킨다. 그의 눈길 앞에 사물은 "신부"처럼 다가온다. 이것을 사랑으로 감싸 작품으로 만들고 나면, 즉 "높이 들어올리면" 그것은 누군가의 영혼에 감동적으로 작용한다. 종교화를 그리는 러시아 수도사를 시적 화자로 내세워 '사물'과 화자의 관계를 '나'와 '너'의 관계로 제시하며 시적 변용의 과정을 이야기하고 있는 릴케의 이 시에서처럼, 김춘수의 〈꽃을 위한 서시〉에서도 '나'와 '너'의 관계가 시의 전개 과정에서 기본적인 두 축을 이룬다. 제1연에서 시적 자아는 '나'에 대한 부정적인 생각을 토로하고 있다. "짐승"이라는 낱말은 마지막 연의 "신부"라는 말에서 명시된 여성적인 "꽃"에 대응한 남성적 표현이다. "짐승"이라는 말에 내포된 야수성이, 강한 남성적 에너지를 느끼게 해준다. 인간인 "나"를 "짐승"으로 정의하는 데에는 "신부"라는 말과 결부하여 해석해볼 때, 시인의 본능적인 성적 욕구에 대한 표현의 희구가 시적으로 깃들여 있음을 알 수 있다. 시 창작 과정상의 체험이 성적 결합과 유사하게 전개되고 있는 것이다. 따라서 이때의 "짐승"은 대상을 앞에 두고 명상에 잠겨 있는 예술가를 지칭한다고 볼 수 있다. 시인은 첫 연에 "짐승"으로서의 예술가를 놓고, 마지막 연에 "신부"로서의 "꽃"을 위치시킴으로써 양성의 대비에서 두드러지는 성적 추구 노력을 제시한다. 여기서 우리는 릴케가 《피렌체 일기*Das Florenzer Tagebuch*》에서 말한, "예술가의 열렬한 눈길에 모든 사물들은 가슴을 열고 울면서 호소한다"[53]라는 구절에서 엿보이는 사물에 대한 시인의 사랑 또는 성적 결합 관계와의 유사성을 간파할 수 있다. "사물"은 식물과 같은 연약함을 지니고 있기 때문에 '사랑'으로 접근하는 아주 끈기있는 예술가의 '눈'을 향해서만 마음을 연다는 것이다. 이러한 결합은 다른 말로 표현하면 시적 대상에 대한 '인식認識'을 말한다. '인식'이라는 말은 원래 성경을 통해서 볼 때 '지각하여 알다'는 뜻뿐만 아니라 남녀가 서로의 몸을 알게

53 Vgl. Rainer Maria Rilke, *Tagebücher aus der Frühzeit*, 2 Ausg., hrsg. v. Ruth Sieber-Rilke und Carl Sieber(Frankfurt a. M., 1973), S. 70.

되는 것, 즉 동침하는 것을 의미하는데, 성적인 모티프를 통해서 사물과의 친밀한 관계 설정의 의도가 가시화되는 것이다. 실제로 성교는 성경에서도 육체관계인 동시에 정신적 상호 교류작용을 뜻한다.

여기서 시적 자아가 "위험한 짐승"인 이유를 살펴보자. 그것은 시의 전후 문맥을 살펴볼 때, 순수하지 못한 존재가 이데아든 고독이든 순수한 존재를 향해 갈 때 스스로 느끼는 한계성이 바로 "위험한 짐승"이라는 표현을 낳게 한 것이라 하겠다. 이 세상에서 한계적 존재이기 때문에 시적 자아는 이 세상에 존재하는 한 "위험한 짐승"일 수밖에 없다.

논자에 따라서는 김춘수의 '꽃'의 표상을 "단순한 현상적 존재로서의 꽃이 아니고 현상학적인 현상으로 나타난 존재자의 표상으로서의 꽃"[54]으로 정의하는데, 김춘수의 초기 시 〈꽃〉의 초고의 "내가 그의 이름을 불러주기 전에는/ 그는 다만/ 하나의 物象에 지나지 않았다"는 구절을 떠올려보면, 시인의 '꽃'이 사물 그 자체 또는 모든 사물의 대명사적 형태를 이름을 알 수 있다. 이 시에서도 "꽃"은 시인의 손길이 닿기 전에는 "이름도 없이 피었다 진다". 꽃은 이승의 모든 사물을 아우르는 또 다른 표현인 것이다.

제2행의 "닿으면"이라는 표현은 사물에 대한 예술가의 형상화 의지를 말하나, 인간으로서의 한계에 있는 그 손길이 아직 서투르기 때문에, 혹은 인간의 존재적 한계 상황으로 인해서 '꽃'은 이 손길에 닿으면 "미지의 까마득한 어둠"이 될 수밖에 없다. 이와 관련해서 '울다'라는 행위에 대한 고찰이 필요하다. 제9행의 "운다"는 현실적인 슬픔의 토로吐露라기보다는 대상에

54 박철희 · 김시태 편, 《현대시의 이해》(문학과비평사, 1990), 256쪽.

대한 시인의 내면의 성찰 과정, 혹은 내적 성숙을 위한 '인식' 노력의 하나로 보아야 할 것이다. 특히 '운다'라는 동작과 '눈물'에 깃들여 있는 카타르시스적 자기 정화의 기능을 떠올리면, 이러한 해석은 보다 타당성을 얻는다. 이렇게 '우는' 과정을 통해서 "짐승"의 야수성이 정화될 때, 그 순수성을 향해 대상이 부드럽게 손을 내미는 것이다. "눈시울"이라든가 "운다"라는 말은 얼핏 감상적 뉘앙스를 풍기지만 이것이 심화와 융화 과정을 거치면서 영혼의 흐름으로 뒤바뀐다. "눈시울"이라는 말은 릴케가 의도하는 사물에 대한 시각적 작업에 다름 아니다. 대상은 시인의 눈에 의해 포착되어 그의 마음 속으로 들어오기 때문이다.

"나의 손이 닿으면"을 좀더 살펴보면, '손'은 전통적으로 신의 다른 이름으로 나타난다. 고대 이집트에서는 태양의 빛살을 '손'으로 표현하고 있는데, 이때의 '손'은 신의 가시적 형태이다. 성경의 상면을 묘사한 성화에서도 12세기까지는 구름 사이로 뻗쳐 나오는 '손'이 신을 상징했다. 러시아 성화에서도 하느님 아버지는 '손'으로 상징된다. 힌두교의 종교예술과 신화에서는 전지전능한 신들이 여러 개의 팔로 표현되는데, 이는 '손'이 곧 힘을 나타내기 때문이다. 이것이 예술가에게 전이되면, 손은 곧 예술을 형상화하는 기본적인 힘 또는 영감을 뜻한다.

여기서 '손'에 대한 김춘수의 릴케 독서 체험을 보자. 김춘수는 릴케의 《말테의 수기》를 읽은 기억을 그의 자서전 《꽃과 여우》에서 다음과 같이 더듬고 있다.

말테가 어릴 때 겪은 일이다. 구슬인가 뭔가 그런 따위 장난감을 방바닥에 떨어뜨렸다. 그것이 굴러가서 책상 밑으로 자취를 감췄다. 방 안은 저녁이라 어둑어둑했다. 굴러간 그 장난감을 좇아 말테는 책상 밑으로 기어들었다. 손을 뻗었다. 손은 어둠 속을 더듬었다. 좀처럼 달아난 장난감은 잡히지 않았다. 더듬거리는 동안 말테는 이상한 감정에 사로잡혔다. 손이 하나 거기 이 세상의 무엇과도 상관없이 홀로 살아서 움직이고 있었다. 그 손은 이미 말테 자신의 것이라고는 할 수 없었다. 그 손은 어디서 왔을까? 왜 지금 거기서 그러고 있는가?[55]

이 글에서 보면 김춘수는 릴케의 세계에서 존재의 고독 내지는 소외의 감정을 그대로 받아들인 것으로 보인다. 이것을 그는 "왜 나는 여기서 이러고 있는가"[56]라는 말로 표현하고 있다. 김춘수에게서도 역시 존재의 문제가 그의 시학에서 중심에 위치하고 있음을 알 수 있다. 그의 "손"은 어쩔 수 없이 주위 세계와 조화될 수 없는 고독의 길을 갈 수밖에 없는 것이다. 그것은 다름 아닌 시인의 길이다. 이 대목에서 우리는 릴케와 김춘수 사이의 유사관계를 발견하게 된다. 김춘수는 이 글에서 물론 릴케의 텍스트를 잘못 기억하고 있다. 말테가 떨어뜨린 것은 구슬이 아니라 연필이다. 장난감이 아닌 연필이기에 말테에게는 더욱 큰 의미로 다가온다. 글쓰기 작업이 그것이다. 김춘수 역시 《말테의 수기》의 이 대목에서 깊은 감명을 받은 데서 알 수 있듯이 두 시인은 어딘지 알지 못할 곳에서 다가온 시적 사명의 길에 스스로의 삶을 던진 것이다. 《말테의 수기》에 등장하는 그 손은 원래의 손이 아니

55 김춘수, 《꽃과 여우》(민음사, 1997), 94쪽.

56 위의 책, 67쪽.

라 컴컴한 책상 밑에서 나온 마치 수서동물水棲動物 같이 생긴 것이었다. 그러기에 자신의 손이 아닌 외부에서 다가온 그 무엇에게 두 시인은 자신의 모든 존재를 던진 것이다.

다시 시로 돌아가서, 제2연 첫 행의 "존재의 흔들리는 가지"는 이 지상, 즉 신의 피조물 세계에 있어서 '꽃'이라는 존재의 위상을 가엾음으로 웅변하는 대목이다. 같은 연 제5행의 "추억의 한 접시"는 시적 자아의 체험을 이른다. 박용철이 처음 소개한 《말테의 수기》의 체험 이야기가 이와 관련이 있을 것 같다. 박용철은 그의 시론 〈시적 변용에 대해서〉에서 릴케의 《말테의 수기》 중 시적 변용 대목을 소개하고 있다. 다름 아닌 '시란 감정이 아닌 체험이다'라는 견해가 그것이다. 《말테의 수기》 중의 "시는 언제까지나 끈기 있게 기다려야만 될 것이다. 사람은 일생을 두고, 가능하면 아주 오래오래 살아서 우선 꿀벌처럼 꿀과 의미를 모아들여야 할 것이고, 그래서 최후에 가서는 아마 열 줄쯤 되는 좋은 시를 쓸 수 있을지 모르겠다. 시라는 것은 사람들이 생각하고 있다시피 감정이 아닌 것이다(감정이라면 젊었을 때에도 충분히 지니고 있다고 생각할 수 있다). 사실은 시는 경험인 것이다"(《릴케 전집 6》, 724)라는 대목을 잘 살펴보면, 릴케가 말하는 "체험"은 곧 지상地上의 여러 가지 일에 대한 "추억"과 같은 것이다. 이러한 "추억"이 시인의 내면에서 푹 썩었다가 어느 날 향기를 피운다는 말이다. 이것이 시인의 손길에 닿음으로써 변용의 과정을 겪는다. 이것을 맡은 존재는 다름 아닌 "돌개바람"이다. '바람'은 원형적으로 릴케의 시 〈바다의 노래Lied vom Meer〉에서도 시적 창조를 가능케 해주는 신의 호흡으로 등장한다. 이 점에서도 김춘수는 릴케의 시어에 상당히 접근하고 있다. "돌개바람"은 영혼의 몸짓으로 끝내는 석탑의 주위를 맴돌다가 그 본질에 이르러 승화된다. 이것은 《기도시집》의 두 번째 시작품의 "나는 신의 둘레를 돕니다, 그 오래된 탑 주위를/ 그리고 나는 수 천 년 동안 돕니다/ 나 아직 모릅니다, 내가 한 마리 매인지, 폭풍인지/ 아니면 위대한 노래인지를"(《릴케 전집 1》, 253)이라는, 대상 인식을 위한 노력을 표현한 시 구절을 참조하면 이해가 쉬울 것이다. "흔들다가"라는 말은 시적 자아 내지 예술가의 의지를 그대로 반영한다. "금이 될 것이다"에서 이 의지는 보다 뚜렷해진다.

"나의 울음"이 결국에는 "금"이 된다는 말은 《말테의 수기》와 내용상 유사한 면이 있다. 《말테의 수기》는 한 감수성 많은 젊은이의 체험세계로부터 시작되고 있다. 그는 고통스런 현실에 직면해서 인간 현존재의 인식 불가능성을 경험하고, 내적 변용의 초두에 서서 새로운 세계관과 새로운 정체성의 의식을 전개하고 있다. 다시 말해 말테는 지금 "어둠" 속에 서 있으면서 환한 빛을 찾아 암중모색하고 있다. 〈꽃을 위한 서시〉에서도 가장 두드러지는 시각적 대비는 "어둠"과 "金"이다. 의식의 손길이 닿지 않는 "미지의 까마득한 어둠"이 되었던 '꽃'에 접근할 수 있는 날 시인 스스로는 반짝반짝 빛나는 "금"으로 화하는 것이다. 예술가의 언어의 작업으로 새로운 사물이 탄생하는 것이다. 이는 "이름도 없"던 사물에 새로운 이름이 부여됨을 뜻한다.

이 시의 가장 큰 묘미는 마지막 행의 "얼굴을 가리운 나의 신부여"라는 구절에 있다. 앞서 말했듯이 사물을 '여인'으로 파악하는 릴케의 사고에다가, "얼굴을 가리운"이라는 동양적 사고방식이 독특하게 결합되어 '꽃'에 대한 연민과 사랑의 감정이 드러난다. 이 "가리운" "얼굴"을 펼쳐 본래의 모습을 드러내 보이는 것이 시인의 사명이라 할 수 있다. 이는 시인 자신이

"금"으로 화한 다음에야 가능하다는 것이다. 이것은 언어적 형상화의 문제와 직결된다.

시인으로서의 릴케는 《말테의 수기》에서 언어라는 재료의 문제에 사로잡혀, 그에게 무의식적인 제스처로 다가오는 완벽한 은총이 시여될 날을 학수고대한다. 이렇게 '손'이 자신이 의도하지 않은 말들을 받아 적을 수 있는 날에 도달하기 위해서는 말테는 여러 가지 고통을 감내해야 한다. 그 첫째가는 고통은 곧 '고독'이다. "오 내게는 단지 조그만 것이 결여되어 있을 뿐이다. 그렇지 않으면 나는 그 모든 것을 파악하고 시인할 수 있으련만. 한 걸음만 떼어놓으면 나의 깊은 고통이 지복이 될 수 있으련만"(《릴케 전집 6》, 756). 그렇지만 급변急變을 가져다 줄 그 한 발자국을 말테는 떼어놓지 못한다. 그는 고독을 감당해낼 만큼의 용기가 없는 것이다. 그럼에도 불구하고 그는 '고독'이 필수불가결함을 알고 있다. "나의 신이여 그중의 몫을 나눈다면, 그러면 어떻게 될까요, 어떻게 될까요? 아닙니다, 그것은 오로지 고독의 대가로만 가능합니다"(《릴케 전집 6》, 776). 《젊은 시인에게 보내는 편지》 중 여덟 번째 편지에서 릴케는 '우리의 용감한 인내로 극도의 순간에 우리의 용들이 공주로 바뀐다'[57]라고 말한다. 따라서 이것은 시인 자신의 변용 없이는 대상에 대한 실질적인 인식이 불가능함을 말한다.

김춘수의 시에서 "나의 울음"이 "돌에까지 스미면"이라는 구절에서 "돌"은 현재의 의식의 담벼락, 즉 한계 상황을 의미한다. 《말테의 수기》에서 "담"이 무너지고 계시록적 사건이 일어나는 것 역시 말테가 예술 행위에

57 릴케, 《젊은 시인에게 보내는 편지》, 김재혁 옮김(고려대학교출판부, 2006), 87-88쪽 참조.

저해가 되는 현재 의식의 한계를 벗어나는 것을 의미한다. 또한 "마지막 벽 앞"(《릴케 전집 6》, 710)의 구역질나는 현실은 이 소설 제1장의 고통스럽고, 도리 없는 자기 관찰의 유추로서 이해할 수 있다.

김춘수가 〈꽃을 위한 서시〉를 두고, 이 시 작품은 "존재의 비밀과 그 선험적 깊이를 캐내지 못하는 절망감을 드러내려고 한 것이지만, 한편 이 시의 배후에는 그런 절망감을 딛고 있으면서도 그것들을 캐내려고 하는 인간의 존재 탐구에의 어쩔 수 없는 열정을 감추어두고 있다"[58]라고 말한다면, 그는 말테와 거의 비슷한 방향으로 발걸음을 옮긴 것이 된다. 그것은 고통을 극복하고 자신의 예술가적 위상을 정립하려는 의지와 맞아떨어진다. 존재의 비밀을 캐는 과정이 시적 변용과 어우러지면서 시인은 실존적 변용의 과정까지 몸으로 이루어내고 있다. 〈꽃을 위한 서시〉는 의식적으로 힘을 주지 않은 가운데 시인의 용트림하는 듯한 기운이 내면에서 느껴지는 힘있는 시이다. 본격적으로 꽃을 노래하기 전에 갖추어야 할 자세에 대한 노래로서 시인은 이 시의 제목을 "꽃을 위한 서시"로 붙인 것이 아닌가 싶다.

3. 실존적 변용—시와 구원, 그리고 조화造花 만들기

김춘수는 좋은 시의 척도를 알아내기 위해 릴케의 《로댕론》을 열심히 읽었다고 고백하고 있다.[59] 《로댕론》은 무명 시절의 로댕이 사물을 보는 눈을 익히기 위해서 파리의 궁전들을 찾아가 빗물을 받아내는 홈통이라든가

58 김춘수, 〈릴케와 나의 시〉, 김주연 편, 《릴케》(문학과지성사, 1981), 244쪽.
59 김춘수, 《김춘수 전집 2—시론》(문장사, 1986), 176쪽 참조.

지붕의 모양을 살피는 과정을 담고 있다. 또한 로댕이 주목한 사물의 표면에 대한 이야기도 중심을 이룬다. 김춘수 역시 그만큼 사물을 보는 눈을 기르는 일에 열중했음을 뜻한다. 시인에 의한 사물의 변용 다음에 오는 것은 무엇인가?

변용의 전제가 되는 것은 삶의 고통이다. 다른 말로 고뇌 또는 고독이다. 변용은 최종적으로는 시적 창작 단계로 넘어간다. 김춘수가 시 〈꽃을 위한 서시〉에서 외치는 존재의 불안은 이와 관련된다. 여기서 김춘수는 그의 시론에서 이렇게 말한다: "시는 구원이다."[60] 릴케에게서 그렇듯이 그의 시쓰기에는 실존적 성격이 가미되어 있는 것이다. 그렇기 때문에 그의 변용은 단순한 시적 변용에 그치지 않고 실존적 구원으로까지 급변한다. 그의 대표시 〈꽃〉을 보자.

> 내가 그의 이름을 불러 주기 전에는
> 그는 다만
> 하나의 몸짓에 지나지 않았다.
>
> 내가 그의 이름을 불러 주었을 때
> 그는 나에게로 와서
> 꽃이 되었다.
>
> 내가 그의 이름을 불러 준 것처럼
> 나의 이 빛깔과 香氣에 알맞는
> 누가 나의 이름을 불러다오.

---

60 위의 책, 357쪽.

그에게로 가서 나도
그의 꽃이 되고 싶다.

우리들은 모두
무엇이 되고 싶다.
너는 나에게 나는 너에게
잊혀지지 않는 하나의 눈짓이 되고 싶다.[61]

위 시는 사물과의 관계에 있어서 시적 화자의 우월성에서 출발한다. 대상에 대한 유미주의적 관점이라는 점에서 릴케의 《기도시집》의 첫 시의 세계를 그대로 담고 있다. 초기의 이러한 사고과정은 김춘수와 릴케의 긴밀한 공통점을 형성한다.

시인은 "하나의 몸짓에" 불과한 사물에게 이름을 붙여줌으로써 사물의 존재를 확립시켜준다. 앞서 살펴본 〈꽃을 위한 서시〉의 사물에 대한 인식 과정이 이를 위한 전제가 된다. 이름 없는 사물이 시인의 입김을 통해 하나의 "꽃"으로 탄생하는 것이다. 사물에 대한 인식 과정은 결국 그것을 파악하기 위한 시인 자신에 대한 인식 과정으로 이어진다. 그것을 시인은 "너는 나에게 나는 너에게/ 잊혀지지 않는 하나의 눈짓이 되고 싶다"는 원망형願望形으로 표현한다. 결국 김춘수는 릴케가 말하는 시적 변용의 과정을 몸소 체현體現하고 있다고 할 수 있다. 사물의 변용은 결국 시인 자신의 존재 확인을 목표로 한다. 현실적인 난관의 극복 방법으로서 창작 활동을 한 것도 두 시인 간의 일치점이다. 이 시가 쓰여진 장소가 김춘수가 중학교 교사로 근무하던

---

61 김춘수, 《김춘수 전집 1—시》, 142쪽.

1950년대 초 한국전쟁 중의 한 간이 교사校舍였다는 것, 즉 전시라는 상황이 시가 시인에게 갖는 의미를 설명해준다.[62] 앞에서 인용한 시 〈릴케의 章〉의 초고에서 "敗北와 殺傷의 戰場에서/한 개의 心臟이 살아나는 것을/라이너어·마리아·릴케,/당신의 눈은 보고 있다"[63]고 말할 때 김춘수는 현실의 고난 속에서 시가 갖는 구원의 기능을 염두에 두고 있었던 것이다.

김춘수는 사물에 이름을 붙이는 명명 행위를 통해서 이 세상에서의 자신의 존재 이유를 찾고 있다. 이것은 릴케가 《두이노의 비가》에서 추구한 세계와 전혀 다를 것이 없다. 명명 행위에 의한 시적 변용 과정을 김춘수는 조화造花 만들기에다 비유하고 있다. "완성된 조화는 이리하여 창작이 되고 거기에는 꽃의 이데아가 깃들이게 된다."[64] 시인은 말을 통해 조화를 만든다. 사물을 변용시키면 거기에는 나름대로의 의미 또는 김춘수의 말대로 이데아가 개입된다. 릴케식으로 말한다면 보이는 것을 보이지 않는 것으로 만든다는 뜻이다. 이 과정 속에서 하나의 이념이 제시되는 것이다.

김춘수의 관점에서는 현실이란 예술에서는 찾을 수 없다. 오히려 쉽게 시들어버리는 생화生花와 달리 조화를 만듦으로써 현실을 영원히 보존할 수 있다는 것이다. 조화는 시간을 초월한다. "흐르는 시간을 멈추게 하는 것이 예술"[65]이라는 그의 말은 릴케가 말한 "변용"과 다름없다. 시인은 심미안을 통해서 현실을 이상화하는데, 이것이 바로 예술의 한 특징이다. 이 과

---

62 김춘수, 《꽃과 여우》, 233쪽.

63 김춘수, 《김춘수 전집 1—시》, 158쪽.

64 김춘수, 《시의 위상》, 27쪽.

65 김춘수, 《시의 위상》, 29쪽.

정에는 만드는 기쁨과 고통이 교차한다고 김춘수는 말한다. 시인은 시들 줄 모르는 조화를 만드는 장인匠人인 것이다. 그의 조화는 생화에서 물기를 빼고 말로 만들어낸 조화이다. 시인은 현실의 무상한 사물에서 무상의 물기를 제거하여 영원화함으로써 자신의 구원을 얻는다. 김춘수의 조화 속에는 그 자신의 숨결이 살아 있다. 릴케가 노래한 오르페우스가 바코스의 무녀들에 의해 발기발기 찢긴 다음 산천초목에 깃들여 노래를 불렀듯이.

〈꽃을 위한 서시〉에서 시인은 자신이 돌개바람이 되어 탑을 흔들다가 "금"이 될 것이라고 단언하고 있는데, 이것이 시 작품 〈꽃〉에서는 "잊혀지지 않는 눈짓"으로 나타나고, 여기에는 시인 자신의 실존적 변용이 개입되고 있는 것이다. "금"과 "잊혀지지 않는 눈짓"이 시인이 노리는 '조화'의 세계이다.

릴케의 문학세계가 김춘수에게 미친 영향에 대해서는 지금까지 막연하게만 언급이 되어 왔다. 또한 직접적인 비교연구의 경우에도 릴케의 작품 세계를, 한국어로 번역된 텍스트를 통해 고찰하는 경우가 많았다. 여기서 이러한 막연함과 간접성을 덜어보려는 의도에서 두 시인을 직접적으로, 특히 비교적 난해한 시로 알려진 김춘수의 〈꽃을 위한 서시〉에 나타난 시적 변용의 문제를 릴케의 세계관과 연관시키면서 분석해보았다.

김춘수가 〈꽃을 위한 서시〉에 대한 자작시 해설에서 릴케가 《두이노의 비가》에서 말한 인간 존재의 불가능성을 형상화해보려 했다는 말에 근거하여 릴케의 세계관과 김춘수의 작품 세계를 직접적으로 타당성 있게 분석할 수 있었다. 또한 모두冒頭에서 제기한 질문, 즉 시적 변용과 인간 존재의 관련 문제는 〈꽃을 위한 서시〉의 분석 과정에서 명확하게 그 연관성을 확인할 수 있었다. 시인은 먼저 시적 대상을 향해 마음을 열어 그것을 자신의 내부로 받아들임으로써 제1단계의 변용 작업에 들어가게 된다. 그것은 대상에 대한 체험이다. 이것은 박용철이 소개한 릴케의 체험시론과 맥을 같이 한다. 대상에 대한 인식의 전제로 시인 자신의 변용이 전제되기도 한다. 그것은 뼈를 깎는 듯한 고독의 대가로 가능하다. 이것이 제2단계에 접어들면 인식한 대상을 형상화하는 쪽으로 넘어간다. 그런데 바로 이 두 과정을 〈꽃을 위한 서시〉는 보여주고 있다. 제3단계의 시적 변용은 시인의 실존적 변용이다. 이때 바로 인간 존재의 문제가 대두된다. 예술적 변용을 통해 시인은 이 덧없는 지상에서 구원을 받는다. 이때 시인의 작업의 성과는 두 시인의 경우 똑같이 '천사'라는 초월적 존재를 위한 제물로 바쳐진다. '천사'라는 존재가 두 시인의 시쓰기 작업을 정당화시켜주는 배경의 역할을 하는 것이다. 궁극적으로 이 실존적 변용은 그리스 신화에 등장하는 오르페우스가 죽어서도 이 세상의 사물들 속에 깃들여 노래했다는 대목과 일맥상통한다. 이것이 김춘수의 시 〈꽃〉에서 잘 표현되고 있다.

김춘수는 릴케와 마찬가지로 사물에 대한 명명과 시적 변용을 통해 자신의 존재 의의를 모색한 것으로 보인다. 시 작품 〈꽃〉이라든가 〈꽃을 위한 서시〉, 그리고 〈릴케의 章〉 등은 시적 변용 과정을 다루는 가운데 인간 존재의 의미에 대해서 말하고 있다. 인간 존재의 가능성에 대한 숙고가 김춘수 시인의 경우에도 릴케와 마찬가지로 시적 변용을 통한 자기실현의 과정으로 넘어가고 있는 것이다. 그 과정의 일환으로 김춘수는 '조화 만들기'라는 모토 아래 시적 변용 과정을 자신의 시 창작의 테마로 삼고 있다고 할 수 있다.

5장

릴케와 김춘수에게 있어서 '천사'

김춘수의 시나 산문에서 릴케라는 이름을 찾는 것은 어려운 일이 아니다. 이를테면 〈가을에〉라는 4·19의거와 관련하여 쓴 시에서는 "가을에 나의 시는/女性的인 虛榮을 모두 벗기고/뼈를 굵게 하라./가을에 나의 詩는/두이노 古城의/라이너·마리아·릴케의 悲痛으로/더욱 나를 壓倒하라./壓倒하라"[66]라는 구절로 자신의 마음가짐을 다그치기도 한다. 이럴 때의 그는 릴케에게서 현실의 고통을 인식할 수 있게 해주는 하나의 모범을, 정신적 형극의 길을 간 시인의 모습을 읽고 있다. 그는 여기서 릴케에 대한 지금까지의 이해가 초기의 여성적인 것에 치우쳤음을 반성하면서 "두이노 古城의 라이너·마리아·릴케"라는 이름을 통해 자신의 시가 성숙함을 결하고 감상적인 수준에 머물고 있었음을 고백한다. 자신의 시쓰기의 경향까지 릴케를 통해 다잡으려는 것으로 보아 릴케가 김춘수의 정신세계에서 얼마나

66 김춘수, 《김춘수 전집 1—시》, 23쪽

중요한 역할을 했는지 짐작할 수 있는 대목이다. 김춘수는 "자전소설"이라는 부제를 붙인 그의 책 《꽃과 여우》에서 릴케의 문학세계에 경도되었던 자신의 모습을 이렇게 기록하고 있다.

> 릴케는 대학에 들어가서 더욱 내 관심을 끌게 됐다. 나는 릴케 문헌을 샅샅이 섭렵할 작정이었다. 학교는 자주 까먹고 헌책방을 찾아다녔다. 릴케의 초기로부터 만년에 이르기까지의 시집과 소설 《말테의 수기》와 기행문 《사랑하는 하느님의 이야기》와 《로댕론》을 구해 읽었고, 루 안드레아스 살로메의 릴케 전기를 구해 읽었다. 그의 만년의 시, 이를테면 《두이노의 비가》는 나에게는 너무 난해했다. 《오르포이스에게 바치는 14행시》까지는 그런대로(나대로) 읽어내기는 했다. 나는 릴케의 시집들을 되풀이 읽으면서 한편 《말테의 수기》와 《사랑하는 하느님의 이야기》를 충격을 받아가며 읽었다. 《말테의 수기》에 나오는 개의 이야기, 스페인 수녀의 이야기, 《사랑하는 하느님의 이야기》에 나오는 천사의 이야기는 특히 충격적이었다.[67]

위 글을 보면 김춘수가 릴케의 시에서보다 산문에서 훨씬 직접적인 감명을 받았음을 추측할 수 있다. 그것은 《두이노의 비가》가 그에게 준 난해한 느낌 때문이었던 것으로 보인다. 대신 그는 《말테의 수기》라든가 《사랑하는 하느님 이야기》 그리고 《로댕론》 같은 산문에서 릴케의 메시지를 직접적으로 전해 들었다. 그가 받은 충격의 방향은 《말테의 수기》에서 받은 "개의 이야기"와 "스페인 수녀의 이야기" 그리고 《사랑하는 하느님의 이야

67 김춘수, 《꽃과 여우》, 29쪽.

기》의 "천사의 이야기" 쪽으로 수렴되는데, "개의 이야기"는 죽은 잉게보르크가 다가오는 것을 보고 좋아서 껑충껑충 뛰던 개의 야릇한 동작과 관련된, 이승과 저승의 구별이 없어진 세계관을 반영하며, "스페인 수녀의 이야기"는 마리아나 알코푸라도의 불행했던, 그렇지만 릴케의 해석에 따르면 사랑하는 남자로부터 버림을 받고도 그 사랑의 대상을 넘어 사랑을 함으로써 더 큰 사랑을 이룬 행동에 대한 칭송을 이른다. 포르투갈 출신의 수녀 알코푸라도를 "스페인 수녀"라고 한 것은 김춘수의 착각으로 보인다. 어쨌든 "개의 이야기"와 "스페인의 수녀 이야기" 두 경우 다 세속의 제한적인 척도를 넘어섬으로써 통합적 사고를 지향했던 릴케의 세계관의 반영이다. 이러한 것이 김춘수에게 새롭고 충격적으로 다가왔음에 틀림없다. 그렇다면 김춘수가 《사랑하는 하느님의 이야기*Geschichten vom lieben Gott*》의 "천사의 이야기"에서 느낀 충격의 내용은 무엇인가? 〈신의 두 손에 관한 동화Das Märchen von den Händen Gottes〉에 나오는, 신이 천지창조를 할 때 거짓말을 한 대가로 목소리를 잃어버린 천사 이야기이다. 그런데도 입 모양새로 미루어 여전히 노래를 멈추지 않는 그 천사의 모습에서 김춘수는 충격을 느낀 듯하다. 김춘수의 입장에서 어릴 적부터 자신의 그리움과 선망의 대상으로 여겨왔던 천사의 목청이 잘렸다는 것이 하나의 충격이었을 것이요 그럼에도 불구하고 계속해서 노래하는 천사의 모습은 또 다른 충격의 요인이었을 것이다.

이렇게 릴케에 대한 김춘수의 관심은 당연히 '천사'라는 릴케 나름의 개념에 대한 이해 추구와 관련을 맺는다. 릴케의 작품에서 '천사'는 중요한 역할을 한다. 따라서 이 개념에 대한 이해는 두 시인의 작품 세계를 열어주는 중요한 열쇠가 될 수 있을 것이다. '천사'가 갖는 의미와 기능의 기본 카테고리는 무엇인가? 이것을 알아보고 두 시인의 '천사'에 대한 이해의 공통점과 차이점을 추적해보는 것이 이 장의 목표이다.

1. 김춘수가 이해한 릴케의 천사

김춘수가 이해한 릴케의 천사의 전모는 그의 글 〈릴케와 천사〉에 잘 나타나 있다. 이를 통해 그가 어느 면에서 어느 정도의 심정적 이해심을 가지고 릴케의 천사에 접근하였는지, 그가 이해한 릴케의 천사가 릴케가 말하고자 했던 것과 일치하는지 여부를 알 수 있을 것이다.

릴케의 천사상 역시 자연스런 모습을 띠는 경우가 있다. 이것을 김춘수는 인용하고 있다. 릴케의 프랑스어 시집 《과수원》에 나오는 시다. "조용히, 조용히, 만약 별안간/천사가 너의 식탁에 내려오시겠다고 하시면/너의 빵 밑에 있는 나푸킹의 주름살을/살짝이 펴 놓음이 좋으리라.//가난한 너의 식사 그대로를 권함이 좋으리라./천사 몸소 맛보시고/그 정한 입술에/평소의 가난한 너의 잔을 들으시도록/천사는 어디에도 있었다."[68] 여기의 천사는 우리가 보통 성경에서 접할 수 있는 천사의 모습이다. 릴케의 천사가 기독교의 천사에 바탕을 두고 있음을 알 수 있다. 천사의 거처는 하늘로 나타난다. 이 천사는 인간과 교통하고 싶어한다. 인간의 가난한 음식을 함께 하고 싶어하는 천사의 모습을 보여주는 것은 "천사는 어디에도 있었다"라는 구절을 강조하기 위한 것임이 드러난다. 김춘수 역시 "동자, 처녀, 전원과 같은, 생겨난 그대로의 순결은 모두가 릴케의 천사였다"[69]라고 말함으로써 릴케

68 김춘수, 〈릴케와 천사〉, 《문예》, 1권 5호(1949년 12월), 147쪽.

의 천사가 어디에나 존재함을 말하려고 한다.

이 같은 편재의 개념은 궁극적으로 변용의 개념과 연관을 맺는다. 김춘수가 이해한 릴케의 변용은 이렇다.

> 천사와의 희롱. 남의 눈에는 그렇게도 보였다. 왜냐하면, 천사를 발견한 릴케는 외계에 대한 관심이 멀어지고, 점차로 세계를 상실하여 가면서 있었기 때문에, 말하자면 그는 천사를 가진 대가로 세계를 잃으면서 있었다.[70]

이 글에서 김춘수는 릴케가 천사를 만난 뒤로 세상에서 눈을 돌려 천사의 세계로 넘어간 걸로 기술하고 있다. 그 결과 외계에 대한 관심이 멀어지고 세상을 이른바 정신화하여 가슴속에 지니는 것으로 읽고 있다. 이것을 그는 "세계를 잃으면서 있었다"라고 표현한다. 이것은 시적 변용에 대한 김춘수의 이해를 말한다. "점차로 세계를 상실하여 가면서 있었기 때문에"라는 구절은 《두이노의 비가》 중 〈제7비가〉에 나오는 다음 시구를 바탕으로 하여 나온 말인 듯하다. "세계는, 사랑하는 이여, 우리의 마음 속 말고는 어디에도 없다./우리의 인생은 변용 속에 흘러간다. 그리고 외부 세계는 점점/더 적게 사라진다"(《릴케 전집 1》, 711). 릴케는 이 구절에서 시적 변용이라는 것을 외부의 사물들을 마음속에 집적시키는 것으로 이해한다. 인생은 많은 외부 사물들을 변용하는 가운데 흘러간다. 그러나 이젠 그 변용의 속도가

---

69 위의 글.

70 위의 글.

점점 더 느려지고 있다고 릴케는 말한다. 그것은 현대의 생활환경에서는 변용을 위한 시적인 상관물이 거의 없다는 말에 다름 아니다. 그 이유는 《두이노의 비가》의 다음 구절에서 자세히 밝혀진다. "시대정신은 사원을 더 이상 모른다. 우리는 이 같은 마음의/낭비를 은밀하게 아끼려 한다"(《릴케 전집 1》, 711). 김춘수는 외계의 내면화 과정을 염두에 두고 거기에 시각을 맞추어 자신의 생각을 전개한 것으로 보인다. 이 모든 것의 발단을 그는 "천사와의 희롱"의 결과로 판단한다. 릴케는 오로지 천사에게 몰입하였음을 뜻한다. 이렇게 본다면 김춘수의 릴케 이해는 좀 과장된 면은 있지만 릴케가 말하고자 했던 방향에 시선을 맞춘 듯이 여겨진다. 그러나 다음 구절에 이르면 릴케의 천사에 대한 그의 이해는 다른 방향으로 갑작스레 궤도를 바꾼다.

> 독일 민족에 있어서도 또한 "라인, 메르헨, 카도릭"은 영원히 사라질 수 없는 자기 자신의 근원적 모습이었으니, 시인인 릴케의 안에서 형성된 "천사"는 릴케 자신의 "영원한 모습"인 동시에, 독일 민족 자체의 "영원의 모습"이기도 하였다.[71]

이러한 극단적인 말이 나오기에 앞서 김춘수는 "횡포한 세계" 운운하며 릴케의 예술에의 경도가 세상의 횡포에 맞서는 행위이며 "복수"라고 주장한다. 그리고 "릴케에 있어서 천사는 聲火의 衛士이며, 유일의 '존재자'였다"[72]고 단언한다. 따라서 그는 릴케의 천사에게서 어두운 세계를 밝혀줄 "유일

71 위의 글, 148쪽.
72 위의 글, 147쪽.

의 존재자"를, 즉 혼돈의 세계에서 안내자의 역할을 해줄 유일의 지표를 본 것이다. 슈테판 게오르게의 말을 빌려 "聲火의 衛士"라는 말을 하면서 김춘수는 릴케의 천사가 게오르게와 같은 "힘과 사명"을 가졌다고 말한다. 여기서 한 걸음 나아가 그는 게오르게가 말한 "민족의 정신"[73]을 인용하면서 "시인인 릴케의 안에서 형성된 '천사'는 릴케 자신의 '영원한 모습'인 동시에 독일 민족 자체의 '영원의 모습'이기도 하였다"는 결론을 끌어내고 있다. 앞에서와 달리 김춘수는 여기서 릴케의 천사를 그 자체로 보지 않고 나름의 시각에서 보고 있다. 슈테판 게오르게의 애국적인 발언을 인용한 것이 그렇고 나아가서 릴케의 천사를 "독일 민족 자체의 '영원의 모습'"으로 본 것이 그렇다. 이 글 〈릴케와 천사〉는 김춘수가 1949년 《문예》지에 발표한 것으로 제2차 세계대전의 발발 및 종전과 우리나라의 광복이라는 시대적 배경을 갖고 있다. 따라서 그의 이 글은 전반부의 릴케의 시적 변용에 대한 이해와, 시대적 배경을 바탕으로 한 지나친 감정적인 해석으로 인한 오해의 흔적을 보인다. 그리하여 독문학자 임승기는 이 글에서 김춘수가 "릴케 시에 나타난 '천사'의 본질을 제대로 파악치 못했을 뿐만 아니라, 민망스러울 만큼 릴케를 곡해하고 있다"[74]고 보는 것이다. 수용에 있어서 지나치게 감상적인 논리적 비약이 낳은 결과라고 할 수 있다. 릴케의 '천사'라는 현상적인 모습 배후에 어떤 의미가 들어 있는지를 파악하려 하지 않은 데서 온 결과이다. 여기서 김춘수의 '천사' 이해의 가장 큰 특징은 릴케의 천사를 인격적인 천사로 보았다는 데 있다.

---

73 위의 글.

74 임승기, 〈릴케 文學 수용의 문제점〉, 《성균관대 인문과학》, 11집(1982), 136쪽.

2. 릴케의 문학에서 천사는 무엇인가

릴케는 1925년 폴란드의 번역자 훌레비츠에게 보낸 편지에서 자신이 말하는 천사가 유대교나 기독교에서 말하는 천사와는 어떤 관계도 없다고 밝힌다.

> 죽음이라든가 저승 또는 영원 같은 가톨릭의 개념을 《비가》나 《소네트》에 연관시키려는 실수를 저지르면 이 작품들의 출발점에서 완전히 멀어지게 되며 점점 더 큰 오해를 불러일으킬 따름입니다. 《비가》의 '천사'는 기독교의 천국에서 말하는 천사와는 아무런 관련이 없습니다. 〔…〕 《비가》의 천사는 우리가 행하는, 보이는 것의 보이지 않는 것으로의 변용을 이미 다 이루어낸 존재라 할 수 있습니다. 〔…〕 《비가》의 천사는 보이지 않는 것에서 더 높은 차원의 현실을 인식하기를 바라는 존재입니다. 그래서 천사는 우리에게 '무섭게' 보이는 것입니다. 그를 사랑하고 변용을 행하는 우리는 아직도 보이는 것에 집착하고 있으니까요.[75]

여기의 문맥으로 보면 '천사'는 순전히 릴케의 머리에서 나온 표상임이 드러난다. 먼저 릴케는 "《비가》의 천사"는 죽음이나 저승세계를 다루는 기독교와 관련이 없다고 말한다. 이것은 그의 천사가 기존의 일체의 종교적인 것과는 관련이 없다는 사실을 말하는 것임에 동시에 다음의 자기 고유의 논리를 펴기 위한 전제이다. 즉 그의 천사는 예술의 측면에서 보아야 한다는 말이다. 그런데 여기서 그의 논의의 무게 중심은 우리가 보통 예술에 있어서

75 Rainer Maria Rilke, *Briefe*, 1 Band, hrsg. v. Rilke-Archiv in Weimar, in Verbindung mit Ruth Sieber-Rilke, besorgt durch Karl Altheim(Wiesbaden, 1950), S. 899f.

생각하듯이 "보이지 않는 것", 즉 관념적인 것을 "보이는 것"—이를테면 그림과 같은 시각적인 것—으로 변용시키는 것에 있지 않고, "보이는 것"을 "보이지 않는 것"으로 바꾸는 데 있다. 그렇다면 여기서 몇 가지 의문이 생긴다. 먼저 "보이지 않는 것"의 정체는 무엇인가? 릴케는 무엇을 염두에 두고 "보이지 않는 것"이라는 말을 하고 있는가? 아니면 "변용"이라는 과정 자체가 릴케에게 있어서 더 중요한 말인가? 잘 보면, 우선 문제시되는 것은 "보이는 것"임을 알 수 있다. "보이는 것" 없이는 "보이지 않는 것"으로의 "변용"은 불가능하기 때문이다. 여기서 "보이는 것"은 지상의 사물들이다. 이것들을 "보이지 않는 것"으로 바꾸는 것이 예술의 사명이라는 말이다. 그러나 이 과정이 인간에게는 쉽지 않다. 그 과정에서 인간은 자신의 한계를 느낀다. 인간은 겉으로 보이는 것, 즉 현상적인 것에 사로잡혀 있기 때문이다. 바로 이러한 것에서 벗어나야 하는데, 천사는 그러한 변용을 완전히 이루어낸 존재로 나타난다. 이러한 완벽한 존재로서의 천사를 릴케는 〈제1비가〉와 〈제2비가〉에서 보듯 역설적으로 성경에 나오는 천사의 모습을 빌려서 설명하고 있다. 우리의 한계를 뛰어넘는 존재를 묘사하기 위해서는 어쩔 수 없는 메타포의 사용이라 할 수 있다. "무섭지 않은 천사는 없다. 하지만, 슬프게도,/너희들, 영혼의 거의 치명적인 새들을, 알면서도,/나 노래로 찬양했다. 토비아의 시절은 어디로 갔는가"(《릴케 전집 1》, 689). "무섭지 않은 천사는 없다"는 구절과 "토비아의 시절은 어디로 갔는가"라는 구절은 서로 대비를 이루는 말이다. 성경 외경의 〈토비트서〉에는 인간과 신의 사도 즉 천사 사이의 절친한 교우 관계 이야기가 나온다. 토비아는 아버지의 심부름을 위해 막 길을 떠나려던 중에 믿을 만한 길동무를 찾고 있었다. 그때 그는 이미 옷을 차려 입고 여행을 떠날 준비를 마친 한 젊은이를 발견했는데, 그는 그 젊은이가 신이 보낸 천사인 줄 모르고서 그에게 인사를 하고 이렇게 물었다고 한다. "언제부터 여기 있었지, 멋진 친구?"(5장 5-6절) 따라서 모든 것을 뚜렷하게 구분하여 보는 '해석된 세계'인 현재와 달리 세계상이 아직 분열되지 않았던 신화의 시대에는 약간만 변장을 해도, 우리 인간에게 낯설고 이질적인 것이 금방 친숙하고 다정하게 보였다는 것이다. 그러나 이러한 "토비아의 시절"은 지나가버렸다.

그리고 이어서 릴케는 천사가 우리의 상상을 뛰어넘는 존재임을 알리기 위해 〈제2비가〉에서 이렇게 말한다.

> 일찍 성취된 것들, 너희들 창조의 응석꾸러기들,
> 모든 창조의 산맥들, 아침노을 드리운
> 산마루, 꽃피는 신성神性의 꽃가루,
> 빛의 뼈마디, 복도들, 계단들, 왕좌들,
> 본질의 공간들, 환희의 방패들, 폭풍처럼
> 날뛰는 감정의 붐빔, 그리고 갑자기 하나씩 나타나는
> 거울들: 제 몸 속에서 흘러나간 아름다움을
> 다시 제 얼굴에 퍼 담는.
> —《릴케 전집 1》, 689.

여기의 천사는 전 우주를 다 포괄하는 존재로 등장한다. 어쩌면 그 차원에 있어서 우주와 동일하다고 할 수 있다. 천사는 현재의 인간의 의식으로 생각할 수 있는 차원을 넘어서는 존재이다. 반면 모든 것을 통합하여 안에 지닌

이러한 존재 앞에서 인간은 소멸할 운명으로서 자신의 존재의 무력감을 느낄 수밖에 없다. 이런 것을 반영하듯 천사를 묘사하기 위해 위 시에 쓰인 시어들은 긍정적인 이미지들로 가득하다. 천사는 아름다움 자체의 구현자로 등장한다. 반면 인간 개인은 그 앞에 두려움을 느낄 수밖에 없다. 여기의 개인은 이와 같은 것을 느낄 수 있는 창조적 개인 즉 시인을 말한다. 천사 앞에서 시인은 자신의 왜소함과 마음의 분열만을, 세계와 자신 사이의, 주체와 객체 사이의 균열만을 느낄 뿐이다. 하나의 완벽한 미의 이상으로서의 천사는 어디 하나 흠잡을 데 없는, 그 자체로서 존재하며 상상으로나 가능한 예술작품과 같다.[76] 천사의 그러한 자족적인 상태를 시인은 "거울들 : 제 몸 속에서 흘러나간 아름다움을/다시 제 얼굴에 퍼 담는"이라고 표현한다. 천사의 이 같은 완벽한 영역에 발을 들여놓을 수 없는 《두이노의 비가》의 화자는 이렇게 두려운 질문을 던진다. "천사들은/정말로 저희들 것만, 제 몸에서 흘러나간 것만 붙잡나,/아니면, 가끔 실수로라도 우리의 본질도 약간/거기에 묻혀 들어갈까?"(《릴케 전집 1》, 690) 그러나 그러한 가능성은 배제된다.

그렇다고 《두이노의 비가》의 화자는 천사를 향해 외치는 일을 그만두지 않는다. 그와 같이 천사를 향해 계속해서 말을 거는 것은 시적 화자가 자기 자신에 대해 알아가는 과정으로서 그에 따라 초반부에서 천사 앞에서, 천사의 완벽한 아름다움 앞에서 느꼈던 두려움은 점점 더 극복되어 간다. 앞에서 거리를 두고 전혀 상대할 수 없는 대상으로만 느꼈던 천사를 향해 화자는

---

76 Friedmar Apel, *Himmelssehnsucht: Die Sichtbarkeit der Engel*(Paderbon, 1994), S. 161.

이제 〈제7비가〉에 이르면 이런 말을 하기에까지 이른다. “천사여, 내가 구애를 한다고 해도! 그대는 오지 않는다. 나의 부름은/언제나 사라짐으로 가득 차 있기 때문이다. 그토록 강렬한/흐름을 거슬러서는 그대는 올 수가 없다”(《릴케전집1》, 713). 천사가 두려운 존재이지만 어쨌든 천사를 향해 “구애” 운운할 수 있다는 것은 비탄의 과정 중에 자기 안에 있는 힘을 자각해 가고 있음을 증명해주는 것이다.[77]

그러나 그렇다고 이것이 긍정의 상태로 직결되지는 않는다. 《두이노의 비가》의 화자는 〈제8비가〉와 〈제9비가〉에서 다시 한 번 비탄을 토로한다. 〈제8비가〉에서 말하는 중요한 개념은 이른바 “열린 세계”이다. “생물들은 온 눈으로 열린 세계를 바라본다./우리들의 눈만이 거꾸로 된 듯하며/생물들 주변에 빙 둘러 덫처럼 설치되어/생물들의 자유로운 출입을 막는다”(《릴케 전집 1》, 714). 인간만은 다른 생물들처럼 “열린 세계”를 바라보지 못한다. “열린 세계”를 바라본다는 것은 분열된 의식의 한계를 벗어나 사물의 참된 모습을 인식할 수 있는 능력을 의미한다. 이것은 과거에 얽매이지도 혹시 앞으로 뭔가를 잃게 될까봐 노심초사하지도 않는 상태이다.

〈제9비가〉 역시 “왜”라는 물음으로 시작하며 인간 존재에 대해 회의적인 자세를 보인다. “행복이란 다가오는 상실에 한발 앞선 한시적인 누림일 뿐”(《릴케 전집 1》, 717)이기 때문이다. 그러나 여기서 급변이 일어난다. 화자는 “한번뿐”인 이곳, 이 대지, 여기에 있음의 의미를 깨닫는 것이다. 자기가 살고 있는 이곳의 대지를 향해 결단을 내리는 것은 자아의 정신적

---

77 *Ibid.*, S. 162.

성숙에의 결단에 다름 아니다. 이와 함께 천사의 세계에 대한 두려움과 멀리 떨어져 있는 신들에 대한 비탄은 《두이노의 비가》에서 사라진다.[78] 이에 드디어 시적 화자의 목소리에 전환이 이루어진다.

> 천사를 향해 이 세상을 찬미하라, 말로 할 수 없는 세상은 말고,
> 호화로운 감정으로는 너는 천사를 감동시킬 수 없다; 천사가
> 모든 것을 절실하게 느끼는 우주 공간에서 너는 초심자일 뿐이다.
> 그러니 천사에게 소박한 것을 보여주어라, 몇 세대에 걸쳐 만들어져
> 우리 것이 되어 우리의 손 옆에 그리고 눈길 속에 살아 있는 것을.
> 그에게 사물들에 대해 말하라. 그는 놀라워하며 서 있으리라; 네가
> 로마의 밧줄 제조공 옆에, 나일 강의 도공 옆에 서 있었듯이.
> ―《릴케 전집 1》, 719.

화자는 "천사를 향해 이 세상을 찬미하라"라고 외친다. "찬미하라" 함은 말하라는 뜻이다. 무엇을 찬미하는가. 바로 화자가 살고 있는 "이 세상"이다. "말로 할 수 없는 세상"이 아닌 '말로 표현할 수 있는 세상'을 말하라는 것이다. 그러므로 "이 세상"을 찬미함에 있어서 중요한 것은 언어이다. "이 세상"은 시인에 의해 말해지고 읽혀져야 비로소 의미를 갖는다. 여기서 바로 사물의 구원이 이루어진다. 그것을 릴케는 '보이는 것'을 '보이지 않는 것'으로 변용시키는 것이라고 말한 바 있다. 여기서 바로 우리가 앞에서 던졌던 질문들, 즉 '보이지 않는 것'의 정체는 무엇인가? 릴케는 무엇을 염두에

78 *Ibid.*

두고 '보이지 않는 것'이라는 말을 하고 있는가? 아니면 "변용"이라는 과정 자체가 릴케에게 있어서 더 중요한 말인가에 대한 답이 나온다. "대지여, 그대가 원하는 것은 이것이 아닌가? 우리의 마음에서/보이지 않게 다시 한 번 살아나는 것"(《릴케 전집 1》, 720). 이 대목이 우리에게 해결의 열쇠를 준다. '보이는 것'을 '보이지 않는 것'으로 변용시킨다는 것은 시인이 대지를 읽고 마음속에 새겨두는 것을 말하며, 여기서 중요한 것은 바로 인식 작업 자체이다. 다시 말해 사물들을 모든 사회적인 억압에서 해방시켜 본래의 존재 상태로 되돌려주는 것을 뜻한다. 그러므로 '보이는 것'은 우리의 눈에 비치거나 이데올로기의 망에 갇혀 있는 사물들의 세계를 말하며, 이것들을 '보이지 않는 것'으로 변용시키는 것은 궁극적으로 인식과 예술적 형상화 과정을 통해 사물이 타자의 마음 속으로 들어가는 것을 이른다. 그러므로 강력한 자율적·통합적 존재인 천사와 달리 시인이 할 수 있는 일이란 이러한 매개를 위한 예술 행위이다. 릴케의 예술은 더 이상 자율적 법칙성을 지닌 완벽한 세계에 머물지 않고 하나의 사회적 사실이자 상징적 매체로서 인간이 나아갈 방향을 알려주는 정신적 행동의 역할을 떠맡는다. 그러므로 예술이 모사하여 보여주는 것은 사물들이 아니라 변용의 과정이다.[79] 그렇다면 변용의 과정이란 무엇인가? 그것은 앞에서 한 이야기를 반복하는 것이 된다. 시인이 사물들을 인식하고 그것을 언어를 통해 예술작품으로 만들고 그것이 다시 사람들의 마음 속에 파장을, 다른 말로 마음의 눈으로 볼 수 있는 하나의 그림을 그려놓는 일련의 과정이다. 그러한 과정을 릴케는 이미

79 *Ibid.*, S. 164.

초기의 《형상시집》의 〈서시Eingang〉에서 이렇게 말한 바 있다.

> 네가 누구라도, 저녁이 되면
> 네 눈에 익은 것들로 들어찬 방에서 나와 보라.
> 먼 곳을 배경으로 너의 집은 마지막 집인 듯 고즈넉하다,
> 네가 누구라도.
> 지칠 대로 지쳐, 닳고 닳은 문지방에서
> 벗어날 줄 모르는 너의 두 눈으로
> 아주 천천히 너는 한 그루 검은 나무를 일으켜
> 하늘에다 세운다, 쭉 뻗은 고독한 모습. 그리하여
> 너는 세계 하나를 만들었으니, 그 세계는 크고,
> 침묵 속에서도 익어가는 한 마디 말과 같다.
> 그리고 네 의지가 그 세계의 뜻을 파악하면,
> 너의 두 눈은 그 세계를 살며시 풀어준다…
> —《릴케 전집 1》, 371.

시적 화자는 자기 자신에게 말을 건다. 현실의 옥죄는 한계의 상징인 문지방을 넘어서 밖으로 나온 화자가 나무를 바라보는 것으로 이 시는 시작한다. 나무를 어디에다 세우는가. 시가 진행될수록 시적 화자의 내면과 외부 세계의 구분이 상대화되고 끝내는 지양된다. 화자가 눈으로 본 나무는 결국 그의 마음속에 가서 우람하게 자리 잡는다. 외부의 나무가 내면의 나무로 변해가는 일련의 과정이 '바라보기'라는 감각적 행위를 거치면서 일목요연하게 잘 표현되어 있다. 물론 그 전제는 현실의 어지러운 일상을 벗어나는 것이

다. 화자가 고개를 들어 바라본 나무는 잠시 하늘 속에 위치하였다가 곧 "하나의 세계"가 된다. 그 하나의 세계는 곧 "침묵 속에서도 익어가는 한마디 말"로 시로써 표현된다. 나무에 대한 인식이 결국엔 하나의 말로 시 속으로 들어가는 것이다. 그것은 "풀어준다"라는 말에서 잘 드러난다. 나무는 시인의 인식 작업을 거쳐 하나의 독립된 사물로 언어로서 존재한다. 따라서 이 시는 시인의 시적 창조력이 외부의 사물을 포착하여 작품으로 만드는 과정을 형상화한 것이라고 하겠다.

이것이 바로 릴케가 《두이노의 비가》에서 말하고자 한 '보이는 것'의 '보이지 않는 것'으로의 '변용'의 과정의 단초라고 할 수 있다. 그러므로 앞서 던졌던 질문 중 하나에 답하자면, 변용에서 중요한 것은 하나의 의식에서 다른 의식으로 전달되는 운동성이라고 하겠다. 변용이란 궁극적으로 시인이 바라보기를 통해 세상의 모든 것을 읽어내 참된 인식을 바탕으로 시를 창작하고 그가 쓴 작품을 읽는 독자의 마음 속에서 일단은 모든 것이 시간적 순서에 따라 수용되지만 일단 한 번 수용되고 나면 모든 것이 시대를 초월하여 동시적으로 존재하는 상태를 나타내는 것으로 이해된다.[80]

지금까지의 논의를 정리해보면, 《두이노의 비가》 초반부에서 구약성경의 무서운 모습으로 등장한 천사는 구약성경의 종교적 성격과 달리 미적인 것의 이상으로 등장하여 창조적 개인으로서의 시적 화자에게 놀라움과 두려움을 준다. 급기야 그러한 천사의 존재는 모든 것을 통합하는 우주의 차원으로 상승되고 부분적으로는 제 몸에서 나간 것을 다시 쓸어 담는 그

80 Vgl. Jacob Steiner, *Rilke*(Karlsruhe, 1986), S. 160.

자체로서 완벽한 거울과 같은 존재로서 상상 속에서나 가능한 완벽한 예술 작품의 총체로서 칭송된다. 그러나 화자는 몇 번의 번뇌와 좌절과 한탄 속에서도 계속해서 천사를 향해 말을 거는 과정에서 자신의 정체성을 찾아가고 또 천사에 대한 두려움을 극복해간다. 이때 화자가 확인한 자신의 정체성은 '한 번뿐'인 이 지상의 사물들을 노래하는 데 있다. 그것은 '보이는 것'을 '보이지 않는 것'으로 변용하여 이 지상의 사물들을 구원하는 사명을 말한다. 완벽한 존재로서의 천사를 바라보기만 하는 것보다는 자신의 사명을 깨닫는 것이 더 중요하다는 깨달음이다. 변용을 완벽하게 수행해낸 존재로서의 천사는 이제 모범으로 작용하고, 화자도 나름의 사명의식에 불탄다. 그것은 대상을 인식하고 그것을 언어로써 작품화하여 '보이지 않는 것'으로서 독자의 의식에 보편적 영향을 끼치는 일이다. 여기서 보편적이라 함은 하나의 체험이나 그것의 형상화 결과인 시 작품이 하나의 개인의 것이라는 창조의 한계를 벗어나 그것을 수용하는 존재의 의식에 전반적으로 작용함을 뜻한다. 두려운 존재로서의 천사에서 이제는 자신을 돌아보게 만드는 존재로서 천사의 위치가 전향됨으로써 화자는 자신감을 느낀다. 이만큼 릴케의 문학에서 천사는 그의 문학행위의 창조적 동인으로서 작용하였음을 알 수 있다.

3. 김춘수는 왜 천사를 말했는가

김춘수가 릴케의 '천사'를 이해하기 위해 얼마나 애를 썼는가는 그가 말년에 남긴 시집 《쉰한 편의 悲歌》의 〈제1번 비가〉를 보면 어느 정도 이해가 간다.

> 여보, 하는 소리에는

서열이 없다.
서열보다 더 아련하고 더 그윽한
句配가 있다. 조심조심
나는 발을 디딘다. 아니
발을 놓는다.
왠일일까 하늘이 모자를 벗고
물끄럼 말끄럼 나를 본다.
눈이 부신 듯
나를 본다. 새삼
엊그제의 일인 듯이 그렇게
나를 본다.
오지랖에 귀를 묻고
누가 들을라.
사람들은 다 가고 그 소리 울려오는
여보, 하는 그 소리
그 소리 들으면 어디서
낯선 천사 한 분이 나에게로 오는 듯한.[81]

이 시에서 천사를 향한 시적 화자의 진정성을 발견하기는 어렵다. 그 원인을 우리는 이 시집 뒤에 밝힌 시인의 말에서 찾아볼 수 있다. "내가 쓴 〈悲歌〉 연작시는 릴케의 《두이노의 비가》의 패러디라고 할 수 있으리라. 나는 젊어서 릴케의 〈비가〉를 읽고 무슨 말인지 이해할 수가 없었다. 지금은 그

81 김춘수, 《쉰한 편의 悲歌》(현대문학, 2002), 11쪽.

의 범신론이 낳은 그의 독특한 천사상(像)을 겨우 짐작하고 있다. 그러나 나의 〈悲歌〉는 물론 릴케의 그것과는 사뭇 다르다."[82] 패러디를 하고 싶을 정도로 김춘수는 릴케의 《두이노의 비가》에 대해 난해성을 느낀다. 그러한 난감함이 오히려 그것을 한 번 패러디해보고 싶은 생각을 낳았는데, 패러디를 한다는 것은 그 대상에 대해 어느 정도 이해하고 있음을 전제로 한다. 그가 이해한 릴케의 천사는 "그의 범신론이 낳은 그의 독특한 천사상"이라는 말에서 드러난다. 이어서 그는 릴케의 천사를 이해하기가 어려웠듯이 자신의 시도 예전에는 비의적인 요소를 가득 담아 썼었는데 이제는 풀어쓰기로 했다고 밝히고 있다. 릴케의 천사를 바라보는 그의 눈길과 자신의 시를 보는 눈길에는 어딘가 연관성이 있다는 말로 들린다. 파악할 수 없는 릴케의 천사처럼 《두이노의 비가》 역시 이해하기 힘든 대상이었고 따라서 그런 몸짓을 따라하다보니 그 자신의 시도 어려워졌다는 듯한 뉘앙스를 풍긴다.

김춘수는 자신의 시집 제목까지도 릴케의 《두이노의 비가》를 따서 《쉰한 편의 비가》라고 지었다. 릴케의 세계를 추적하고자 한 그의 고민이 여기서도 엿보인다. 그렇다면 '비가'란 무엇인가? 비가란 테마상으로 지금 여기에 없는 것에 대한 아쉬움을 표현할 때 사용하는 고대의 시 형식이다. 비가는 본디 6강격의 헥사메터Hexameter 한 행과 5강격의 펜타메터Pentameter 한 행이 번갈아가면서 이어지는 형식이다. 우리말로는 이 형식을 그대로 따라할 수가 없다. 그러므로 김춘수는 "비가"라는 형식보다는 그 의미상의 문제, 즉 지금 여기에 없는 것을 아쉬워하고 그리워한다는 측면을 차용하고 있는

---

82 위의 책, 74쪽.

것이다. 얼마 전에 세상을 뜬 아내를 그리워하며 쓴 시가 바로 이 《쉰한 편의 비가》이다.

먼저 위에 인용한 시에서 릴케의 《두이노의 비가》를 연상시키는 대목을 찾아보면 이렇다. "여보, 하는 소리에는/서열이 없다", "오지랖에 귀를 묻고/누가 들을라./사람들은 다 가고 그 소리 울려오는/여보, 하는 그 소리/그 소리 들으면 어디서/낯선 천사 한 분이 나에게로 오는 듯한." 이 구절엔 분명 비가적인 분위기가 배어 있다. 그것은 먼저 세상을 뜬 아내를 향한 그리움의 정조와 맞닿아 있다. 아내가 평소에 자신을 불렀던 "여보"라는 환청 속에서 김춘수는 릴케의 천사의 목소리를 듣고 있다. 이것은 분명 릴케가 아드리아 해안에 있는 두이노 성의 비탈길을 산책하다가 들었다는 천사의 목소리에 대한 패러디이다. "내가 이렇게 울부짖은들 천사의 서열 중 누가 내 목소리를 들어줄까?"(《릴케 전집 1》, 685) 바로 이 말을 릴케는 아드리아 해안에서 세차게 불어오는 바람결에서 들었다고 한다. 릴케는 여기서 "천사의 서열"이라는 말을 하고 있다. 그런데 "천사의 서열"이라는 말과 관련하여 천사들의 지위에 대한 언급은 이미 릴케의 초기 시 〈천사의 노래Engellieder〉에도 나온다. "많은 성모 마리아 상 주위에는/영원의 천사들이 모여 있다./신이 시작되는 정원이/그들의 약속의 땅이며 고향인 천사들./지위에 따라 각기 모습이 다른 그들,/그들은 황금빛 바이올린을 손에 들고 있다"(《릴케 전집 1》, 158). 릴케의 천사 개념이 기독교적인 바탕 위에서 형성되었음을 증거하는 구절이다.

그렇다면 왜 김춘수는 "여보, 하는 소리에는/서열이 없다"라고 했을까? 대신 그는 "서열보다 더 아련하고 더 그윽한/句配가 있다"고 말한다. 그는

"서열"이라는 말에서 어떤 위압감 같은 것을 느끼고 있는 것 같다. 그 반대 개념으로 그는 "구배"라는 말을 내세운다. "구배"란 무엇인가? "구배"는 순우리말로는 물매라고 한다. 물매는 사물의 기울기를 말하는데, 김춘수가 "서열"이라는 말을 피하고 "구배"라는 말을 쓴 것은 "서열"이라는 말이 갖는 단절성과 엄격성을 패러디하면서 자신의 아내의 목소리의 다정함과 친근함을 나타내기 위한 의도로 보인다. 그래서 그는 "서열보다 더 아련하고 그윽한 구배"라고 말한다. 그의 관심은 맑은 하늘로 쏠려 있다. 그곳에서 "여보"하며 다정하게 부르는 목소리가 들려올 것이기 때문이다. 이렇게 보면 그의 〈비가〉 패러디는 엄격함과 진지함 그리고 무거움에 대한 도전이요 차가움을 따스함으로 변화시키려는 의지의 반영이라 할 수 있다. 특히 세상을 떠난 아내에 대한 그리움을 바탕으로 해서.

그렇다면 천사를 말하는 두 시인 사이에는 일정한 간극이 존재함을 알 수 있다. 그 나름의 의미 부여의 과정을 파악해보기로 하자.

4. 천사의 모티프의 심화 과정

1) 릴케의 경우

릴케의 '천사' 개념이 우리가 《두이노의 비가》에서 보는 모습으로 처음부터 등장한 것은 아니다. 릴케가 초기에 말한 천사는 우리가 보통 기독교의 성화에서 보는 날개를 단 어린 천사상과 다르지 않다.

릴케가 기독교적 세계의 용어들을 많이 사용한 것은 자신의 문학적 모티프를 절실하게 표현하기 위해서는 어쩔 수 없는 선택이었다고 할 것이다.

이와 관련하여서는 그가 《젊은 시인에게 보내는 편지》에서 말한 다음 대목을 눈여겨볼 필요가 있다.

> 당신의 일상이 너무 보잘것없어 보인다고 당신의 일상을 탓하지는 마십시오. 오히려 당신 스스로를 질책하십시오. 당신의 일상의 풍요로움을 말로써 불러낼 만큼 아직 당신이 충분한 시인이 되지 못했다고 스스로에게 말하십시오. 왜냐하면 진정한 창조자에게는 이 세상의 그 무엇도 보잘것없어 보이지 않으며 감흥을 주지 않는 장소란 없기 때문입니다. 그리고 심지어 사방이 벽으로 둘러싸여 당신의 귀에 세상으로부터 아무런 소리도 들리지 않는 감방에 당신이 갇혀 있다고 할지라도, 당신은 당신의 어린 시절을, 왕이나 가질 수 있는 그 소중한 재산을, 그 기억의 보물창고를 갖고 있지 않습니까?[83]

시적인 소재를 찾는 데 있어서 자신의 경험의 일천함과 평범함을 한탄한 한 젊은 시인에게 릴케가 충고를 해준 대목이다. 무언가 그럴 듯한 것만이 시적 대상이 되는 것은 아니며 자신의 자잘한 일상의 모든 것이 시의 소재가 될 수 있다는 말이다. 얼핏 평범해 보이는 이 충고의 말 속에서 가장 눈에 띄는 것은 마지막 구절이다. 어린 시절의 모든 체험이 그의 시적 소재로서 계속해서 반추될 수 있음을 시사하고 있기 때문이다. 어린 시절의 체험과 관련하여 그에게 가장 뚜렷하게 호소한 것 중의 하나로 우리는 종교에 대한 것들을 말할 수 있다.

---

83 라이너 마리아 릴케, 《젊은 시인에게 보내는 편지》, 김재혁 옮김(고려대학교출판부, 2006), 15-16쪽.

여기서 말하고자 하는 것은 릴케가 어릴 적에 주변에서 겪은 과도하게 과장된 종교적 분위기이다. '라이너 마리아 릴케'라는 이름에서 "마리아"는 거의 맹신적으로 가톨릭에 심취해 있던 릴케의 어머니 피아의 머리에서 나온 소산이다. 12월에 태어난 릴케의 출생 시점이 마리아가 예수를 낳은 시각과 비슷하다고 여긴 피아는 릴케의 탄생이 마리아의 은총이라는 뜻에서 릴케에게 "마리아"라는 이름을 붙여주었다. 게다가 릴케는 어린 시절에 프라하의 가톨릭 교회에서 운영하는 피아리스트 수도원 학교까지 다녔으므로 릴케의 어린 시절이 좋든 싫든 종교적 분위기로 물들었음은 이해하기 어렵지 않다. 이러한 상황에서 아홉 살의 릴케는 부모의 결혼기념일을 맞이하여 "하느님의 은총으로 만수무강하세요, 하느님께서는 어디서든 부모님을 지켜주실 거예요"(《릴케 전집 3》, 475)라는 글을 쓰기까지 한다. 이때만 해도 릴케의 머리 속에서 종교에 대한 의구심이나 피해의식을 찾아볼 수는 없다. 그러나 그는 성장하면서 자의식을 갖게 되고 특히 예술에 눈을 뜨면서부터 기성 종교와 거리를 두게 된다. 이에 대한 증거는 1899년 12월에 출간된 《나의 축제를 위하여*Mir zur Feier*》에 실려 있는 연작시 〈천사의 노래〉 중 다음의 시이다.

나는 오랫동안 나의 천사를 놓아주지 않았다.
천사는 나의 팔에 안긴 채 초라해져만 갔다.
천사는 작아졌고, 나는 커졌다.
그러다 갑자기 나는 자비가 되었고,
천사는 그저 몸을 떠는 애원이 되었다.

그때 나는 천사에게 그의 하늘을 건네주었다.

천사는 내게 더없이 은밀한 꿈들을 증거로 남겼다.
그래서 천사는 나는 법을, 나는 삶을 배웠다.
우리는 서서히 서로를 알게 되었다.
―《릴케 전집 3》, 214.

"나"와 "천사"의 관계가 기본적인 축으로 설정되어 있다. 여기의 천사는 인간의 모습을 한 수호천사를 연상시킨다. 그런 관계는 "나"의 어린 시절을 통하여 오랫동안 계속된다. 일종의 상호 의존관계이다. 아직 "나"는 종교적인 구속에 얽매여 있다. 그러던 중 "나"는 점점 자라나 커졌고, "천사"의 존재는 상대적으로 미미해져간 것으로 언급된다. 나는 "자비"를 베푸는 존재가 되었고 반면에 천사는 "애원"이 되었다는 언술은 이어서 시적 화자가 천사에게 "하늘을 건네주"는 행동으로 이어진다. 그러자 천사는 나에게 "더없이 은밀한 꿈들"을 "증거로" 남기고 떠나간다. 이렇게 어린 나를 보호해주던 부적과 같은 존재를 떼어버리는 행위가, 즉 나의 주체적인 행위가 둘 사이의 관계를 변화시키는 근본 동인으로 작용한다. 그것은 천사에겐 "나"를 보호해주던 의무로부터의 해방을 의미한다. 그리고 "나"의 입장에서는 자아를 찾기 위한 몸부림이요 "삶"을 찾아가는 도정의 출발점을 의미한다. 시집의 제목이 《나의 축제를 위하여》인 것도 이런 맥락에서 이해할 수 있다. 그러나 근본적으로 이 행동의 중심에 서 있는 것은 "나"다. "나"에게 이제 천사의 존재는 "더없이 은밀한 꿈들"로만 남아 있을 뿐이다. 이상에서 언급한 모든 것은 릴케에겐 기억으로만 존재한다. '천사'와 같은 말은 어떤 계기를 통해 하나의 시적 소재로 쓰일 수 있는 것이며 사정에 따라서 하나의 시적 전개 과정에서 변모의 과정을 밟는다. 릴케에게 있어서 '천사'의 개념의 근본적인 심화의 현장을 우리는 중기의 시집 《신시집》 중의 시 〈자오선의 천사 L'Ange du Méridien〉에서 찾아볼 수 있다.

> 튼튼한 성당 주위로, 생각하고 생각하는
> 부정자否定者처럼 휘몰아치는 폭풍 속에서
> 우리는 불현듯 그대의 미소에 따사로움을
> 느껴 눈길을 온통 그대에게로 집중시킨다:
>
> 그대 미소 짓는 천사, 다감한 모습이여,
> 수백의 입으로 된 단 하나의 입을 가지고도
> 그대는 알지 못한다, 우리의 시간이 그대에게서
> 그대의 가득 찬 해시계에서 빠져나가는 것을.
>
> 그대의 해시계 위에는 하루의 온 시간이 동시에,
> 동시에 현실적으로, 깊은 균형 속에 서 있다,
> 마치 모든 시간이 무르익어 풍요로운 듯.
>
> 그대, 돌로 된 천사여, 그대는 우리의 존재를 아는가?
> 그대는 더욱 성스러운 얼굴로 밤이 이슥하도록
> 시계의 글자판을 들고 서 있으려는 것은 아닌가?
> —《릴케 전집 1》, 497.

여기의 천사는 파리 근교 샤르트르 성당의 남쪽에 있는 해시계를 들고 있는 천사를 말한다. 어느 춥고 바람 심한 겨울날 릴케는 로댕과 함께 그 성당을 구경한 바 있다. 1906년 1월 26일자 아내 클라라에게 보낸 편지에서 릴케는 이 성당의 피폐한 모습과 바람 그리고 천사에 대해서 말하고 있다. "비바람에 시달린 날씬한 모습의 천사가 해시계를 가슴에 안고 서 있다오. 하루의 시간의 행보를 다 펼쳐놓고서 말이오. 그렇지만 그 모습에서 우리는 영락해가면서도 한없이 아름답도록, 즐겁게 봉사하는 그의 얼굴에 서린 깊은 미소를 볼 수 있소. 제 모습을 비춰보는 하늘 같다고나 할까. 〔…〕 그런데 우리가 그 성당에 도착했을 때 돌연히 한 줄기 바람이 무시무시한 거인처럼 그 천사 상의 옆구리를 스치며 달려나오더니 인정사정 없이 우리를 꿰뚫고 지나갔소. 칼로 에이는 듯했다오. 〔…〕 그리고 그 돌풍을 맞으며 우리는 그 천사와는 대조적으로 저주받은 사람들처럼 서 있었소. 천사는 스스로 한시도 눈길을 떼지 않는 해 모양의 문자판을 행복한 표정으로 들고 서 있었소."[84] 위의 시는 인용한 편짓글을 많은 부분에서 그대로 옮겨놓고 있다. 시인의 상상력은 우선은 이 성당의 한 쪽 면에 붙어 있는 천사 상으로부터 번져나간다. 그가 천사에게서 느낀 것은 몇 가지 포인트로 잡아볼 수 있다. 가장 대표적인 것은 "그대" 즉 천사와 "우리"의 대조이다. 인용한 편지에서도 그렇지만 시에서도 "우리"의 무상성과 천사의 영속성이 극단적으로 대조를 이룬다. 무언가 생각에 잠겨 자꾸만 부정하는 모습으로 성당을 공격하는 "폭풍"과 이에 아랑곳하지 않는 천사의 행복한 미소라는 대조에서는 곤궁 속에서도 자신의 본분을 잃지 않는 굳건한 초월적 존재로서의 천사에 대한 화자의 믿음이 두드러진다. 천사의 미소는 단 하나의 입에서 흘러나오

84 Rainer Maria Rilke, *Briefe*(Wiesbaden, 1950), S. 116f.

지 않고 "수백의 입으로 된 단 하나의 입"에서 나온다. 그것은 한 개인의 입이 아닌, 천사의 온전한 존재처럼 인간의 무상성을 초월하였음을 의미한다. 이는 천사 조각의 입이 수많은 경험을 가진 장인의 탁월한 솜씨로 빚어졌음을 뜻한다. 여기서 천사는 초개인적인 존재로 상승한다.[85] 이러한 대조는 시간에 대한 개념의 상이성으로 이어진다. 우리의 시간은 무상하게 흘러가 버리지만 천사의 시간은 가득 차 있어 줄어듦이 없다. 그 이유는 다음 연에 자세히 나와 있다. "그대의 해시계 위에는 하루의 온 시간이 동시에,/동시에 현실적으로, 깊은 균형 속에 서 있다,/마치 모든 시간이 무르익어 풍요로운 듯"이라는 구절에서 가장 눈에 띄는 것은 "동시에"라는 말이다. 우리의 시간은 연속성 속에 위치하여 강물이 흘러가듯 무상함 속으로 흘러가지만 천사는 모든 시간을 "동시에" 갖고 있어 그에겐 "균형"만이 있을 뿐이다.

마지막 연에 이르러 시적 화자는 천사를 부르며 자신의 존재의 덧없음을 호소한다. 그리고 천사를 향해서는 부러움의 눈길을 보낸다. 왜냐하면 천사는 해시계를 안은 채 밤이 되면 더욱 성스러운 모습이 될 것이기 때문이다. 낮의 존재에 불과한 인간과 달리 천사는 밤의 세계까지 자신의 것으로 관장한다. 여기서 해시계의 글자판은 인간의 삶의 시간을 상징하는 것으로 볼 수 있다.[86] 밤이 되어 더욱 성스러워지는 천사에 비해 인간 존재의 덧없음을 호소하는, 즉 천사의 우월성을 부러워하는 이러한 태도는 《두이노의 비가》에서 천사를 향해 보인 시적 화자의 자세와 거의 유사하다. 따라서 이 시에서 우리는 천사가 릴케 나름의 개념으로 심화된 것이 이미 중기 시기임

85 Vgl. Jacob Steiner, *op. cit.*, S. 158.

86 Vgl. *Ibid.*, S. 159.

을 확인할 수 있다. 즉 릴케의 천사상의 심화 과정 중에는 이처럼 조형예술을 통한 천사의 문학적 수용 역시 한몫을 한 것이다. 조형예술이 갖는 공간성과 영원성에서 출발하여 대비적으로 시간에 종속된 존재로서의 인간이 언급되고, 또 이것을 극복하는 방법으로서 '보이는 것'의 '보이지 않는 것'으로의 '변용'이라는 개념이 릴케 문학의 화두로 자리 잡은 것으로 볼 수 있다. 그러한 변용의 과정을 가장 완벽하게 소화해낸 존재로서의 천사와 관련하여 폴란드의 번역자 비트홀트 훌레비츠에게 보낸 1925년 11월 13일자 편지에서 릴케는 인간의 사명을 이렇게 강조한다. "우리는 보이지 않는 것들을 위한 꿀벌들입니다. 우리는 보이지 않는 큼직한 황금 벌통 안에 비축해두려고 보이는 것들의 꿀을 열심히 모으는 것이지요."[87] 여기에 릴케의 천사 이해의 포인트가 놓여 있다. 즉 시인은 "보이는 것의 보이지 않는 것으로의 변용을 완벽히게 수행해낸 존재"[88]로서 천사라는 존재를 상정함으로써 이 세상에서의 자신의 위치를 파악하고 자신의 본분과 사명까지도 파악하게 되는 것이다.

2) 김춘수의 경우

그렇다면 이제 김춘수의 천사의 개념의 경우는 어떠한가를 알아볼 차례가 되었다. 김춘수의 경우 역시 천사의 개념은 소박한 계기에서 형성되기 시작한다. 천사와 관련하여 가장 먼저 눈에 띄는 그의 언급은 2001년에 펴낸 시집 《거울 속의 천사》의 〈후기〉에 나오는 글이다.

---

87 Rainer Maria Rilke, *Briefe*(Wiesbaden, 1950), S. 898.

88 *Ibid.*, S. 900.

> 나는 어릴 때 호주 선교사가 경영하는 유치원에 다니면서 천사란 말을 처음 들었다. 그 말은 낯설고 신선했다. 대학에 들어가서 나는 릴케의 천사를 읽게 됐다. 릴케의 천사는 겨울에도 꽃을 피우는 그런 천사였다. 역시 낯설고 신선했다. 나는 지금 세 번째의 천사를 맞고 있다. 아내는 내 곁을 떠나자 천사가 됐다. 아내는 지금 나에게는 낯설고 신선하다. 아내는 지금 나를 흔들어 깨우고 있다. 아내는 그런 천사다.[89]

김춘수에게 천사는 세 단계로 나뉘어 나타난다. 첫 번째는 어릴 적 유치원에서 들었던 천사라는 말이고, 그 다음은 대학에 들어가서 읽은 릴케의 천사이다. 마지막은 세상을 떠난 아내의 모습에서 천사를 보고 있다. 그 각각의 천사의 공통점은 "낯설고 신선했다"는 것이다. 낯설다는 것은 시인의 영혼에 충격으로 받아들여졌다는 것이고 그러면서도 신선했다는 것은 타성이랄까 관습의 망에 사로잡혀 있던 영혼이 새로운 자극을 받았음을 의미한다. 우리는 김춘수가 매 단계마다 받았던 자극의 강도와 그 내용을 살펴봄으로써 김춘수의 경우 천사의 개념이 그 어떤 심화 내지는 변천의 과정을 겪었는지 살펴볼 수 있을 것이다.

첫 번째 천사의 낯섦은 어린 마음에 전해진 서양의 종교적 형상이 준 새로운 충격이었을 것이고 두 번째는 당시에 이미 형성되어 있던 천사의 개념을 깨는 릴케 나름의 고유한 천사 개념이 주었던 또 다른 차원의 낯섦이었을 것이며 마지막 것은 앞의 천사 개념들이 한데 어울리며 세상을 뜬 아내에게로 향한 애틋한 그리움이 만들어낸 낯섦과 신선함이었을 것이다. 첫 번째의

89 김춘수, 《거울 속의 천사》(민음사, 2001), 119쪽.

경우는 이해가 그리 어렵지 않은 대목이다. 그러나 그런 천사가 그에겐 가볍지만은 대상으로 나타난다. 어린 시절 크리스마스 때 교회당에서 본 "포동포옹 살진 그 애들의 그림"[90]은 그에게 웃음을 주기도 하였으며 왜 그런지 슬픔을 주기도 했다. "그러나 그 웃음도 그 슬픔도 모두 다 현실의 세계는 아닌 듯했다. 현실에서의 나는 천사와는 아득히 먼 곳에 있었다."[91] 그에겐 천사는 늘 그리움의 대상이었던 것이다. 그것은 곧 낯설고 신선함을 말한다. 여기서 우리의 눈길을 끄는 것은 릴케의 천사와 관련한 김춘수 나름의 해석이다. 그에게 있어서 "릴케의 천사는 겨울에 꽃을 피우는 그런 천사였다". 이 구절은 김춘수의 시 〈릴케의 章〉에 그 뿌리를 갖고 있다.

> 라이너어 · 마리아 · 릴케,
> 당신의 눈은 보고 있다.
> 天使들이 겨울에도 얼지 않는 손으로
> 나무에 꽃을 피우고 있는 것을,
> 숙어간 少年의 능 뒤에서
> 또 하나의 작은 心臟이 살아나는 것을,
> 라이너어 · 마리아 · 릴케,
> 당신의 눈은 보고 있다.[92]

이 시에서 릴케는 하나의 눈으로 등장한다. 릴케의 눈은 마치 하느님의

---

90 김춘수, 《꽃과 여우》, 28쪽.

91 위의 책, 29쪽.

92 김춘수, 《김춘수 전집 1—시》, 157쪽.

눈처럼 이 세상에서 벌어지는 모든 일을 주시하고 있다. 겨울이라든가 죽음의 분위기 속에서 릴케의 눈은 천사들이 새 생명을 피워내는 것을 바라보고 있다. 즉 김춘수는 릴케의 천사에게서 이 세상의 무상함과 처절함을 극복케 해줄 존재를 읽고 있다. 즉 릴케의 천사를 따스함의 원형으로 숭배한다. 이 대목에서 우리는 김춘수가 자신의 삶에서 느꼈던 특이한 체험을 이야기할 필요가 있다.

> 내 나이 스물이 됐을 때 어느 날 나는 이국의 하숙방에서 셰스토프를 읽고 있었다. 그때가 저녁 무렵도 아니고 창가에 나무 같은 것이 있었던 것도 아닌데 오랜 시간 나를 기다리고 있었다는 듯이 그러나 짙은 그늘이 불쑥 이중 삼중으로 밀려오고 있었다. 나는 그 그늘 밑에 겹겹으로 깔리고 말았다. 나는 추위를 느꼈다. 셰스토프의 책에는 "천사는 온몸이 눈〔眼〕으로 되어 있다"라는 구절이 있었다. 천사는 너무나 투명해서 이쪽에서는 그쪽을 볼 수 없으나 그쪽에서는 이쪽이 잘 보인다. 이런 말이 아닐까? 그렇다면 천사의 체온은 너무나 싸늘하리라. 내가 추위를 느끼게 된 것은 천사의 그 체온에 내 몸이 닿았기 때문이다.[93]

김춘수가 느낀 천사는 싸늘하다. 너무나 밝은 빛으로 된 까닭이다. 투명한 그 미지의 존재에 닿는 느낌은 싸늘할 수밖에 없다. 김춘수가 셰스토프에게서 느낀 천사의 본질은 무엇인가? 김춘수는 자전소설 《꽃과 여우》의 다른 대목에서도 "레온 셰스토프의 책에는 '천사는 전신이 눈으로 돼 있다'는

93 김춘수, 《꽃과 여우》, 81-82쪽.

말이 나온다. 이 말도 아직까지 화두가 되고 있다. 내 속에도 천사가 있다. 그가 나를 보고 있다. 그에게 보이고 있는 괴로움으로부터 나는 벗어나지 못하고 있다"[94]고 말한다. 김춘수의 천사는 셰스토프가 말한 온통 눈으로 된 천사이다. 그 천사가 늘 김춘수를 지켜본다. 천사의 눈은 그의 시에서 거울로 나타나기도 한다. "거울은 모든 것을 그대로 다 비춘다 하면서도/거울은 이쪽을 빤히 보고 있다./셰스토프가 말한/그것이 천사의 눈일까, 〔…〕"[95]그에게 거울은 피동적으로 사물을 비추는 역할뿐만 아니라 적극적으로 대상을 바라보는 역할을 한다. 그런 거울에서 김춘수는 "천사의 눈"을 보고 있다. 거울은 천사의 눈과 동일시된다. 때문에 그의 일거수일투족은 그 천사의 눈에서 벗어날 수 없다. 그것을 그는 "내 속에도 천사가 있다"고 말한다. 그렇다면 왜 김춘수는 거울과 천사의 눈을 동급에 놓는 것일까. 따라서 거울의 의미를 파악하는 것은 김춘수가 말하는 "천사의 눈"의 의미를 파악하는 일이 된다. 일단 우리는 김춘수가 "거울은 이쪽을 빤히 보고 있다"고 한 진술에 주목해야 한다. 즉 거울이 갖는 피동성이 능동성으로 전환되어 있는 데에서 김춘수가 거울을 현상적인 거울이 아닌 또 다른 상징적 의미로 사용하고 있음을 알 수 있다. 시 〈천사〉에서는 "거울 속에 그가 있다./빤히 나를 본다"[96]고 하면서 거울을 천사의 공간으로 상정한다. 거울은 이처럼 상상력의 공간으로 존재하며 그 속에는 현실에 존재하지 않는 천사까지 살면서 수많은 눈이 되어 이쪽을 응시할 수 있는 것이다. 그런데

94 위의 책, 104쪽.

95 김춘수, 《거울 속의 천사》, 21쪽.

96 위의 책, 59쪽.

그는 앞에서 "내 속에도 천사가 있다"고 말한 바 있다. 그러므로 이 "내"가 "거울"이 된다. 구체적으로 이 "내"는 마음을 말한다. 김춘수에겐 자신의 마음이 곧 거울인 셈이다.

거울 속, 즉 상상의 공간은 현실과 다르다. 왜냐하면 그것은 현실을 비추는 공간이기 때문이다. 한 번의 변용이 그곳에서 일어난다. 그 변용된 사물들은 천사의 눈빛을 받아 서늘하다. 이렇게 볼 때 천사의 눈빛은 사물을 보는 시인의 눈이자 마음이다. 그리고 그의 모든 것을 지켜보는 마음속 양심이다. 어릴 적에 외부에 위치한 것으로 상정했던 천사가 그의 내면에 존재한다는 것은 커다란 의식의 전회가 아닐 수 없다. 이러한 심화 과정은 김춘수에게 있어서 언제나 문학적 글쓰기와 관련을 맺는다. 따라서 그의 천사는 문학행위와 밀접한 관계에 있음을 알 수 있다. 물론 때로 천사가 그의 아내의 다른 호칭으로 사용되기도 하지만. 이때에도 그의 마음 속에 천사가 산다. 그 천사를 그는 앞에서 인용한 글에서처럼 자신의 아내로 보기도 한다. "나는 지금 세 번째의 천사를 맞고 있다. 아내는 내 곁을 떠나자 천사가 됐다. 아내는 지금 나에게는 낯설고 신선하다. 아내는 지금 나를 흔들어 깨우고 있다. 아내는 그런 천사이다." 순전히 눈만으로 된 셰스토프의 천사가 아내의 모습과 병합되어 나타나 김춘수의 삶을 주시한다. 그러면서 천사는 시인을 위해 나름의 역할을 한다. 아내는 시인의 정신을 흔들어 깨운다. 거울 속에 있는 아내가 "빤히 나를 본다"는 말은 아내에 대한 추억과 기억의 강도를 표현한다. 김춘수는 실제의 거울을 보면서 거기에 자신을 바라보고 있는 아내의 모습도 새겨 넣는다. 그 과정에서 거울을 보면 자신의 마음을 들여다보는 듯한 느낌이 들고 거기서 그의 상상력은 전개되어 나아간다. 그래서 마음은 거울의 공간이 된다. 이렇게 해서 일단 물질적 사물로 받아들여진 거울은 추억을 위한 매체의 역할을 맡는다. 무언가를 열망하며 바라보는 그의 눈길 앞에 그 거울 속에서 천사의 모습으로 아내가 그를 늘 빤히 바라본다. 그 거울은 그의 마음 속에 들어 있는 이상화의 공간이고 천사가 된 아내 역시 그 공간 안에 자리한다. 그래서 시집 제목처럼 아내는 "거울 속의 천사"로 그의 자리를 지켜준다.

김춘수는 릴케의 세계를 알고서부터 그의 글에서 "천사"라는 말을 자주 사용한 것으로 보인다. 즉 릴케의 세계가 그가 세상과 문학을 바라볼 때 사용하는 몇 개의 개념어를 선사했다고 볼 수 있다. "서열에도 끼지 않는 그 깐깐하고 엄전한/왕따인 천사가 눈을 뜬다"[97]라는 구절은 아내의 "깐깐하고 엄전한" 성품을 나타내기 위해 릴케의 〈제1비가〉 중 첫 구절에 등장하는 "천사의 서열"이라는 말을 패러디한 것이다. 이러한 과정에서 김춘수는 은연중에 자기 아내에게 릴케의 천사의 지위에 상응하는 위치를 부여하고자 한다. 이렇게 보면 김춘수에게 있어 천사는 어릴 적 유치원 때 들은 어린 천사의 모습에서 시작하여 셰스토프의 전신이 눈으로 된 천사의 모습과 릴케의 천사의 모습을 지나 결국은 천사가 된 아내의 모습으로 수렴된다. 셰스토프와 릴케의 천사에 대한 이해에서 상당히 추상화되었던 김춘수의 천사는 세상을 뜬 아내의 모습에서 천사를 발견하려 한 그의 노력과 더불어 인간화의 길을 걷는다. 이것은 그가 〈릴케와 천사〉라는 글에서 릴케의 천사를 인격적인 존재로 이해하려 했던 것과 같은 맥락이다. 그러나 릴케의 천사가

97 김춘수, 《거울 속의 천사》, 35쪽.

인간 존재와 구별되는 절대성의 공간으로 상승하였다면, 김춘수의 천사는 릴케를 이해하려 노력하던 시절에는 그러한 모습을 띠었지만 천사가 아내의 모습 속에 투영되고부터는 릴케적 · 셰스토프적 요소를 모두 갈무리한 존재로 변용되어 그에게 지속적인 영향을 미치는 존재가 된다.

6장

릴케의 〈묘비명〉과 김춘수의 시 〈장미, 순수한 모순〉*

시인으로서 초창기에 릴케에 심취해 있던 김춘수는 1950년대 말 릴케로부터 등을 돌리면서 "시가 어째서 관념의 등가물—릴케식으로 말하자면, 철학의 등가물이 되어야 할까? 그런 생각이 들게 되자 나는 한동안 시작을 끊을 수밖에는 없었다. 생각을 거듭하게 되었다. 관념을 위해서는 철학이 따로 있지 않는가?"[98]라고 했는데, 이는 사실 릴케 문학에 대한 잘못된 판단에서 나온 말이다. 릴케는 결코 실존주의 철학을 알지 못했으며, 실제로는 나중에 등장한 실존주의 철학자들이 릴케의 텍스트를 자신들의 견해를 옹호하기 위한 도구로 삼았기 때문이다.

그런데 우리가 여기서 주시해야 할 것은 김춘수가 이제부터는 릴케의

* 이 장은 1996년에 《브레히트와 현대연극》(제3집)에 발표한 논문 〈릴케의 '묘비명'과 '앞세우기' 이론〉에 바탕을 두고 쓴 것임을 밝혀둔다.

98 김춘수, 〈릴케와 나의 시〉, 김주연 편, 《릴케》, 244쪽.

시 세계로부터 벗어나겠다고 선언해 놓고서도 계속해서 이루어진 릴케 문학의 암묵적인 영향의 문제이다. 김춘수는 릴케의 시 세계로부터의 해방을 선언한 시점 이후로도 여전히 많은 부분에서 릴케의 영향권 아래 있는 것처럼 보이기 때문이다. 특히 장미에 대한 집착은 그의 시에서 릴케와의 연관성을 논하기에 부족함이 없을 듯싶다.

1. 릴케의 〈묘비명〉

> 장미여, 오 순수한 모순이여,
> 그리도 많은 눈꺼풀 아래
> 누구의 것도 아닌 잠이고픈 마음이여.
>
> Rose, oh reiner Widerspruch, Lust,
> Niemandes Schlaf zu sein unter soviel
> Lidern.
> —《릴케 전집 2》, 185.

사실 시인 자신이 직접 쓴 〈묘비명〉보다 깊은 개인적 고백은 없을 것이다. 죽음을 앞에 두고 쓴 글이기에 〈묘비명〉에는 죽음에 대한 시인의 견해가 개입될 수밖에 없다. 실제로 릴케가 이 〈묘비명〉을 썼을 당시 그는 병이 많이 진척된 상태 속에 있었으며 그로 인해 정신을 잃게 될지도 모른다는 불안감에 시달리고 있었다. 따라서 그의 "시적 총합lyrische Summen"[99] 으로서의 이 〈묘비명〉에는 그의 시적 삶을 이끈 사유 전반이 함축되어 있다고 하겠다.

---

99 Rainer Maria Rilke, *Briefe*(Wiesbaden, 1950), S. 852.

'장미'는 초기부터 후기에 이르기까지 릴케의 삶뿐만 아니라 작품에서도 중요한 역할을 하면서 그의 삶과 함께 변화, 성장해온 메타포의 하나이다. 복합어 형식으로 쓰여진 것을 제외하면 '장미'라는 단어는 그의 시에서 대략 250번 정도 등장한다.[100]

《기도시집》에서도 신이 "가난의 위대한 장미der Armut große Rose"(《릴케 전집 1》, 357)로 불릴 뿐만 아니라 《오르페우스에게 바치는 소네트》 제2부의 여섯 번째 소네트에서도 '장미'는 신성 또는 신의 세속적 현현으로 등장한다. 장미를 신성의 총화로 볼 경우 장미에 대한 묘사에서 우리는 지고한 위치를 향한 시인의 은밀한 욕망을 엿보게 된다. 《신시집》의 시 〈초기의 아폴로Der Frühe Apollo〉와 〈가젤 영양Gazelle〉에서 "장미 꽃이파리"는 각각 시적 언어와 연관을 맺고 있는데, 바로 그렇게 '장미'가 꽃이파리를 펼치듯이 시인도 작품을 자신의 품에서 하나씩 내놓음으로써 존재한다. 이러한 논리는 "그리도 많은 눈꺼풀soviel Lidern" 중의 "Lider", 즉 "눈꺼풀"과 "Lieder", 즉 "노래"가 발음상으로 일치하는 데서 타당성을 얻는다.[101] 시인의 존재 의미와 과제는 전달과 표현이다. 이렇게 보면 장미는 시인의 실존과 문학, 예술에 대한 의지의 메타포로 자리 잡는다.

그의 시적 사명에 대한 이야기는 결국 변용의 개념으로 귀착될 수밖에 없다. 시 〈장미의 꽃받침〉에서 릴케는 장미가 지닌 변용의 힘, 발산하는 힘 그리고 "끝없이 받아들여 성장하는"[102] 증대력을 노래한다. 그는 장미의

---

100 Vgl. Ernst Leisi, *Rilkes Sonette an Orpheus: Interpretation, Kommentar, Glossar*(Tübingen, 1987), S.221.

101 Vgl. Hans Egon Holthusen, *Rainer Maria Rilke*(Hamburg, 1958), S. 163.

속성 중 색깔과 향기에는 관심을 보이지 않고 현상학적으로 오로지 "이파리" 모양에 집중하고 있다. 그 결과 장미의 "이파리"는 장미의 본질과 메타포상으로 좀 거리가 있는 "눈꺼풀"로 의인화된다.

그리고 이것, 마치 눈꺼풀처럼 하나가 열리면,
그 아랜 순전히 눈꺼풀들뿐이다,
열 겹으로 자면서 내면의 시력을
잠재우려는 듯 잠긴 눈들뿐이다.
[…]
그리고 모두가 그런 것은 아니다, 스스로를 간직하면서,
만약에 간직한다는 것이 저 바깥의 세계를,
바람과 비와 봄의 인내와
죄와 불안과 복면을 한 운명과
저녁 대지의 어둠과
구름의 변화와 도주와 떠감과
먼 별들의 영향까지를
한 줌의 내면적인 것으로 바꾸는 것을 뜻한다면.

Und dies: daß eins sich aufschlägt wie ein Lid,
und drunter liegen lauter Augenlider,
geschlossene, als ob sie, zehnfach schlafend,
zu dämpfen hätten eines Innern Sehkraft.
[…]
Und sind nicht alle, so, nur sich enthaltend,

---

102 Rainer Maria Rilke, *Briefe*(Wiesbaden, 1950), S. 785.

wenn Sich-enthalten heißt: die Welt da draußen
und Wind und Regen und Geduld des Frühlings
und Schuld und Unruh und vermummtes Schicksal
und Dunkelheit der abendlichen Erde
bis auf der Wolken Wandel, Flucht und Anflug,
bis auf den vagen Einfluß ferner Sterne
in eine Hand voll Inneres zu verwandeln.

—《릴케 전집 1》, 553-554.

특히 이 시의 마지막 연에서 장미는 눈꺼풀을 열고서 내적인 시력으로 가까운 곳과 먼 곳에 있는 모든 자연과 모든 운명의 영향을 안으로 받아들여 가슴속에 품는다. 즉 장미의 바라보기는 바깥세상의 모든 것, 즉 비와 바람, 봄의 인내, 죄와 불안감 등을 "한 줌의 내면적인 것"으로 바꾸는 역할을 맡는다. 그리하여 《두이노의 비가》에서 인간이 수행해야 할 사명으로서의 변용이 여기서는 장미에게 부가되는 것이다.[103] 따라서 이 시에서 어느 것도 가리지 않고 모든 것을 받아들여 영원히 간직하는 속성을 지닌 장미는 예술가와 동의어가 된다. 삼라만상을 비롯한 전 우주와 관계를 맺으며 변용을 행하는 "장미"는 "우리에게도 극단적인 것이 되어Äußerstes auch uns"(《릴케 전집 1》, 552) 시인이 추구하는 이상적이며 모범적인 실존의 메타포로 자리 잡는다. 독자적 존재로서의 장미의 특성은 "스스로를 간직하면서"라는 말 속에 뚜렷이 표현되어 있다. 이 표현은 자신의 몸을 여는 결단을 담고 있다. 그러나 장미는 릴케에게 아름다움만을 즐기고 또 아름다움을 불러일으키는 것

---

103 Vgl. Werner Kohlschmidt, "Das Floreale in Rilkes deutschen Gedichten," in: *Blätter der Rilke-Gesellschaft*, Heft 7-8(1980/81), S. 79.

만을 의미하지 않는다. 왜냐하면 아름다움을 만들어낸다는 것은 희생과 단념을 요구하기 때문이다. 릴케는 장미에게서 인간에게 모범적이고 윤리적인 특성을 읽고 있다. 장미가 모든 것을 속으로 받아들여 자체의 순수한 순환의 움직임 속에 있다면, 시인 역시 외부의 사물을 받아들이고 정신화하여 그것들에게 영원성을 부여하며 내면의 길을 가는 존재가 되어야 한다는 말이다. 이러한 자각과 의지는 〈묘비명〉에서 장미를 향한 경탄의 외침인 "오"라는 감탄사를 통해 표현된다. 이것은 장미에 대한 경이의 외침인 동시에 비단의 표현이기도 하다. 즉 장미가 지닌 아름다움에 대한 경탄인 동시에 장미와 비교할 때 상대적으로 보잘 것 없는 자신의 부족함에 대한 자각에서 오는 탄식이기도 한 것이다. 그것은 "자신을 열어놓고도,/걱정없는 장미들의dieser offenen Rosen,/dieser sorglosen"(《릴케 전집 1》, 622) 모범적인 상태에서 오는 것이다. 이런 관점에서 장미는 릴케에게 시인의 자세를 나타내는 하나의 탄탄한 상징이 된다.

"누구의 것도 아닌 잠"은 〈묘비명〉에서 모순되는 글귀의 핵심이다. "Niemand"라는 말과 "Schlaf"가 상호 걸맞지 않은 개념이기 때문이다. "Niemand"의 개념을 《기도시집》의 결말부의 시와 연결해서 해석해보자. 다음 시구에서 보이는 것은 성자의 삼라만상 속으로의 귀의이다.

> 그리고 이름도 없는 듯 홀홀히 죽어갔을 때 그는,
> 사방으로 흩어졌습니다. 그의 씨앗은 냇물을 따라
> 흘러내렸고, 나무들 속에서 노래 불렀으며
> 꽃 속에서 그를 조용히 바라보았습니다.

그는 누워서 노래 부르고 있었습니다. 자매들은 와서
사랑하는 그들의 남자를 위해 실컷 울어주었습니다.

Und als er starb, so leicht wie ohne Namen,
da war er ausgeteilt: sein Samen rann
in Bächen, in den Bäumen sang sein Samen
und sah ihn ruhig aus den Blumen an.
Er lag und sang. Und als die Schwestern kamen,
da weinten sie um ihren lieben Mann.

—《릴케 전집 1》, 366.

이 시의 마지막 행에서 암시된 성자 프란체스코의 죽음은 이름도 없이 영원한 존재인 삼라만상 속으로 흩어지는 것, 다시 말해 그 속으로 변용되어 돌아가는 것으로 묘사된다. "이름도 없이"라는 표현은 〈묘비명〉의 "누구의 것도 아닌"과, 그리고 "잠"[104]은 시인의 죽음과 연관된다. "이름도 없"다는 것은 〈묘비명〉의 "누구의 것도 아닌"과 일맥상통하는 것으로서 모든 세속적인 인간관계나 의무감에서 해방된 상태, 다시 말해 릴케가 말하는 《기도시집》 제3부의 자신의 내면의 본질을 가장 자유롭게 펼칠 수 있는 이상적인 "가난"의 상태를 뜻한다. "누구의 것도 아닌 잠이고픈 마음" 혹은 "누구의 것도 아닌 잠인 기쁨"은 열린 상태를 위한 동경의 외침이며 열린 세계를 향해 완전히 산산이 조각나 흩어져 날리고 싶은 소망의 표출로서, 그것은 세속적

104 "잠"은 이미 《신시집》의 〈자장가Schlaflied〉(《릴케 전집 1》, 631)에서 '죽음'을 연상시키는 개념으로 등장한다. 릴케가 말하는 '잠'은 상징주의에서의 '죽음'처럼 선험적이고 원초적인 상태로의 귀환을 가리키는 개념으로 해석할 수도 있다.

욕망과 두려움을 지닌 자아로부터의 해방을 전제로 한다. 즉 릴케는 모든 지상적 형식의 와해와 이를 통한 육체와 연결된 모든 오해를 극복하고자 "누구의 것도 아닌"이라고 말한다. 자신의 모든 것을 작품 속으로 다 불어넣은 뒤에 오는 것은, '그 누구Jemand'로부터 '그 누구도 아닌 존재Niemand'로의 변용이다.[105] 즉 순수한 예술가의 한 전형이 되는 것이다. 그러기에 〈묘비명〉의 "잠"은 "누구의 것도 아닌" "잠"이 된다. 시인은 "장미"의 "그리도 많은" 꽃이파리 아래서 잘 수 있는 이러한 "잠"을 동경한다. 〈묘비명〉의 "장미"는 예술가로서의 이상적 존재 가능성으로서의 실존에 대한 메타포가 된다.[106] 시인은 장미적 삶 또는 장미적 존재를 향해 노력한다. 그렇기 때문에 릴케가 말하는 죽음은 단순한 물리적 죽음이 아니라 모든 것을 오르페우스적으로 자기화하여 다시 이승에 내놓은 후에 오는, 예술지상주의적 사고의 산물이라 할 수 있다. 장미는 릴케 자신의 일부이며 그의 가장 고유한 의지를 표현하는 것이다.

그렇다면 왜 장미는 "순수한 모순"이 되는가? 릴케는 자신이 직접 체험한 '모순'을 사물 중의 하나인 장미에게 투영한 것이다. '모순'은 릴케의 삶의 기본 경험으로서 여러 가지 변형된 형태로 그의 작품 속에 반영되어 나타난다. 이에 대해 그는 1922년의 한 편지에서 다음 같이 말하고 있다. "내가 예술적으로 쓰는 것들에는 결국 어딘가에는 모순의 흔적이 남아 있을 것입

---

105 1921년에 레오니 차하리아스Leonie Zacharias에게 헌정한 시에서 릴케는 시인이 어떤 의상, 어떤 마스크를 써도, 즉 익명적인 존재가 되어도 진실될 수 있는 권리는 '찬양Rühmen'에서 온다고 말한다. Vgl. 《릴케 전집 2》, 249.

106 Joachim Wolff, *Rilkes Grabschrift*(Heidelberg, 1983), S. 36.

니다. 그런 모순을 기반으로 나는 일을 시작했지요."[107] 이 같은 "모순"이 그의 삶의 기본 태도로서 그의 작가정신의 근저에 자리 잡는다. 다시 말해 그의 예술가적 자기 규율의 기본이 "모순"의 정신인 것이다. 릴케는 뚜렷한 것을 기피한다. 이는 이탈리아의 밝은 성화보다 러시아 성화의 어두컴컴한 분위기를 좋아했던 그의 기질과도 무관하지 않으며 그의 문학적 성향과도 관련이 있다. 그러다 보니 그에겐 주객 혼동 현상이 일어나기도 한다. 한 가지 용어가 쓰임새와 상황에 따라 다양하게 이것으로 또는 저것으로 쓰인다. 이것은 '천사'나 '장미'를 이야기할 때에도 해당된다. '장미'는 이상적인 묘사의 대상이 되는 동시에 그 자신이 하나의 '장미'가 되기도 한다.

내면세계에 대한 옹호와 위협적인 존재로 느낀 외부 세계에 대한 내면의 요구 사이의 불일치로부터 출발한 '모순'은 릴케의 표상세계에서 창조적인 역할을 하는 것으로 격상된다. 즉 그는 생과 사, 천사와 꼭두각시, 아름다움과 공포, 삶과 작업, 작업과 사랑, 꽃핌과 열매, 영웅과 장미, '현존'과 '부재' 등의 삶에서 대립되는 요소들을 작품에서의 급변을 통해 극복해나가고자 한다.[108] "순수한"이라는 말은 이와 같은 대조적인 개념을 문학적 변용을 통해 하나의 전체로서 긍정적으로 포괄하고, 또 릴케가 그것들의 변증법적 조화를 꾀하기 때문에 붙은 것으로 보여진다. 독일어로 "순수한"의 "reiner"와 릴케의 이름인 "라이너Rainer"가 동일한 발음을 갖고 있는 것과 시 전체에 흐르는 유음 'r'도 릴케의 이름과의 연관성을 제시한다고 할 수 있다. 보통의 인간의 삶이 보이는 '모순'에서 출발한 '장미'에 대한 시인의 시선이 "순수한"

---

107 Rainer Maria Rilke, *Briefe*(Wiesbaden, 1950), S. 761-762.

108 Vgl. Joachim Wolff, *op. cit.*, S. 106f.

이라는 말과 결합되면서 외부의 손길을 거부하는 하나의 예술적 형상으로서 자족적인 문학적 존재를 나타내는 메타포로 변용된 것이다. "순수한 모순"은 그러므로 상상의 세계의 산물로 전환된 시인의 내면세계에 대한 표현에 다름 아니다.

2. 김춘수의 '장미'

김춘수는 장미와 관련된 자신의 어린 시절의 추억을 자전소설《꽃과 여우》에서 이렇게 말한다.

> 어느 봄날, 샛노란 죽두화가 유치원 운동장과 선교사네 집 마당을 갈라놓은 그 탱자나무 울타리 사이사이로 얼굴을 내밀며 피어 있었다. 나는 무심코 울타리 틈새로 저쪽을 들여다보게 됐다. 거기서는 우리와는 딴판의 세상이 벌어지고 있었다. 우리 또래의 남매(?)가 낯선 꽃에 물을 주고 있었다. 나중에 그 꽃이 장미인 줄 알았지만 그때는 저렇게도 빛깔이 화려하고 송이가 큰 꽃이 있구나 싶었다.[109]

어린 시절의 그에게 장미는 이국적인 것 그 자체로 다가온다. 울타리 너머로 바라본 이국 선교사의 집 마당에 피어 있던 낯선 꽃, 장미는 그에게 낯설면서도 경이로운 것의 총체 개념이었던 셈이다. 그런데 그 낯선 세계와의 대면은 엿보기 과정을 통해 이루어지고 있다. 정정당당하게 앞에 나서서 그 세계와 마주서는 것이 아니라 약간의 두려움을 느끼며 문틈으로 살며시 엿보는

109 김춘수,《꽃과 여우》, 26쪽.

것이다. 낯설고 이국적인 것을 대하는 김춘수의 태도는 여기서 분명하게 드러난다. 그것은 "울타리 틈새로 저쪽을 들여다보"는 것이다. 이러한 그의 자세는 릴케의 문학을 대할 때도 그대로 나타난다. 엿보기 과정 끝에 느끼는 경이로움이 그것이다. 이렇게 그는 장미와 천사를 선교사의 가정을 통해서 접하게 된다. 그런데도 그의 문학에서 기독교적 냄새가 거의 느껴지지 않는 것은 그가 얼마나 자기만의 세계를 건설하려고 무진 애를 썼는지를 보여주는 증거이다. 이러한 엿보기의 과정은 그의 삶의 끝에 가서 릴케의 〈묘비명〉을 변주한 시를 낳는다. 다음은 김춘수가 릴케와 마찬가지로 죽기 1년 전에 발표한 시 〈장미, 순수한 모순〉이다.

> 장미는 시들지 않는다. 다만
> 눈을 감고 있다.
> 바다 밑에도 하늘 위에도 있는
> 시간. 발에 차이는
> 지천으로 많은 시간.
> 시간을 보지 않으려고 장미는
> 눈을 감고 있다.
> 언제 뜰까?
> 눈을.
> 시간이 어디론가 제가 갈 데를 다 가고 나면
> 그때 장미는 눈을 뜨며
> 시들어갈까.[110]

110 김춘수, 〈장미, 순수한 모순〉, 《현대문학》, 589호(2004년 1월).

이 작품은 김춘수가 릴케의 〈묘비명〉을 이해한 한 방식을 보여준다는 점에서 시사하는 바가 크다. 이렇게 직접적으로 릴케의 한 작품을 구체적으로 언급하며 그것을 나름의 방식으로 수용하는 경우는 드물기 때문이다. 제목에서 이미 김춘수는 릴케의 장미를 모순이라는 관점에서 접근하고 있다.

왜 장미는 두 시인에게 있어서 "순수한 모순"인가? 두 시 작품의 분위기는 어떤 차이를 보이는가? 긍정적인가, 부정적인가? 릴케의 〈묘비명〉은 소망문의 형식을 띠고 있고, 김춘수의 시는 의문문의 형식을 띠고 있다. 릴케의 것이 긍정적이라면, 김춘수의 것은 체념적이라고 할 수 있다.

김춘수의 장미에게서 주목할 점은 눈을 감음과 눈을 뜸이다. 그리고 장미의 그러한 행위의 바탕에는 시간을 보지 않으려는, 김춘수가 장미에게 투사한 의지가 개재되어 있다. 장미는 눈을 감음으로써 안으로 충일되지만 자신의 시간이 다 하면 하는 수 없이 눈을 뜨고 죽음을 맞이해야 한다. 가만히 보면, 눈을 감음은 아직 꽃봉오리 상태를 말하는 것이고 눈을 뜸은 꽃봉오리가 벙글면서 활짝 피어나 그 뒤 시들어감을 말하는 것임을 알 수 있다. 여기에 김춘수의 개인적 삶의 실존적 모습이 개입되어 있음을 우리는 어렵지 않게 파악할 수 있다.

그렇다면 김춘수는 장미에게서 어떻게 해서 "순수한 모순"을 읽고 있는가? 그저 단순히 릴케의 〈묘비명〉에서 차용한 제목일까? 장미는 스스로 화려하게 꽃 피어나는 것을 자랑으로 삼고 있지만 그 짧은 순간 뒤에 올 죽음을 두려워하기에 모순된 존재라고 김춘수는 생각한다. 김춘수가 파악하는 "순수한 모순"은 여기에 그치고 있다. 장미의 꽃잎 하나하나를 눈꺼풀로 생각하는 것은 릴케와 같다. 눈을 꼭 감고 있는 시간은 외부의 많은 것을 안으로 받아들이는 기간이다. 그러나 김춘수의 장미는 외로움으로 가득 차 있다. 그것은 이승에서 느낀 삶의 결과물이다. 장미를 보는 김춘수의 눈은 초기 시에서도 이와 별반 다르게 나타나지 않는다. 시 〈薔微의 行方〉을 보자.

> 한초롬 스며든 향기로운 내음새. 눈물겨웁게도 저녁 노을을 물들이고, 무여질 듯 외로운 밤을 불 밝히던 하나 호롱! 홀린 가슴은 또 한번 출렁이고… 출렁이며 흘려보낸 끝없는 바다!
>
> 깜박이며 흘러간 아아 한 송이 薔微![111]

장미를 하나의 빨간 등불로 보고 그것의 시듦을 호롱이 꺼지는 것으로 파악하고 있다. 장미의 개화와 시듦이 그의 〈장미, 순수한 모순〉에서와 다르지 않게 표현되어 있다.

> 나의 사춘기는 너무 늦게 온 것이 아니라 너무 일찍 와서 너무도 오래 머물다 간 것 같다.
>
> 나이 서른을 넘고서야 둑이 끊긴 듯 한꺼번에 관념의 무진 기갈이 휩쓸어 왔다. 그와 함께 말의 의미로 터질 듯이 부풀어 올랐다. 나는 비로소 청년기를 맞은 모양이다. 나의 "自己內 세계"의 시절이다.
>
> 나는 나의 관념을 담을 類推를 찾아야 했다. 그것이 장미다. 이국취미가 철학하는 모습을 하고 부활한 셈이다. 나의 발상은 서구 관념철학을 닮으려고 하고 있었다. 나도 모르는 사이 나는 플라토니즘에 접근해 간 모양이다. 이데아라고 하는 非在가 앞으로 가로막기도 하고 시야를 지평

111 김춘수, 《김춘수 전집 1—시》, 47쪽.

> 선 저쪽으로까지 넓혀 주기도 하였다. 도깨비와 귀신을 나는 찾아다녔다. 先驗의 세계를 나는 遊泳하고 있었다.[112]

김춘수의 "自己內 세계"는 관념의 시간을 말한다. 그 관념의 세계를 대표할 사물로 그는 "장미"를 내세운다. 장미라는 대상 속으로 그는 많은 것을 투사한 것이다. 관념에 대한 윗글의 부정적 뉘앙스에도 불구하고 김춘수는 장미에게서 많은 포용 가능성을 본다. 〈장미, 순수한 모순〉에서도 그는 실제의 장미를 본 것이 아니라 그의 관념 속에 남아 있는 장미와 릴케의 〈묘비명〉을 염두에 둔 것이다. 근본적으로 김춘수는 장미를 자신의 실존과 같은 맥락에서 관찰한다. 위에서 예로 든 그의 글들이 그것을 말해준다. "장미"와 "호롱"은 곧 시인의 마음을 반영하기 때문이다. "장미의 행방"이라는 제목에서 김춘수는 "행방"이라는 낱말을 사용하면서 이미 장미의 덧없음을 내세운다. 시의 내용상으로 화려함 뒤에 오는 피할 수 없는 무상감이 뚜렷하다. 〈장미, 순수한 모순〉에서도 시인이 말하고자 하는 바는 인생의 무상이다. 시간을 테마로 삼은 것 자체가 그것을 증명한다. 김춘수의 경우도 릴케와 마찬가지로 폐쇄와 개방 사이에서 움직이며 모순이 형성되고 있다. 김춘수의 경우 장미의 "눈꺼풀"이라는 말에서 "시간을 보지 않으려고"라는 표현을 가지고 왔다고 보인다. 장미는 김춘수의 머리 속에서 화려함과 무상함의 상반되는, 즉 모순되는 존재 상황을 지닌 하나의 상징으로 굳어진다. 장미는 두 시인에게 있어서 자신의 실존을 표현하기 위한 하나의 메타포였음이 드러난다. 여기서 한 가지 확실히 알 수 있는 사실은 김춘수가 여러 곳에서

112 김춘수, 《김춘수 전집 2—시론》, 383쪽.

관념으로부터의 탈피를 말하고 있지만 늘 관념의 테두리 안을 맴돌고 있다는 것이다. 이것을 보면 그의 기질이 릴케의 그것과 은연중에 닮아 있었음을 짐작할 수 있다. 그의 문학이 끊임없이 릴케 쪽으로 끌린 것도 이와 무관하지 않다.

3부

고독과 위안의 테마
—김현승, 전봉건, 김수영

7장
견고한 고독의 세계
—릴케와 김현승

릴케의 세계관에서 고독은 삶의 에토스로서뿐만 아니라 문학적 테마로서 중심적인 위치를 차지한다. 그의 고독의 스펙트럼은 다채롭게 전개된다. 그의 고독은 외부 세계의 억압에 의한 어린 시절의 부성적 소외를 거쳐, 청소년기의 감상적 고독, 그리고 신과의 합일을 노래한 신비주의적 고독을 경유하여 신과의 단절을 지나 창조적 고독에 이르기까지 다양한 모습을 보인다.[113] 이미 초기 시에서도 릴케는 고독을 신성시하여 숭배하는 어투로 이렇게 노래한다: "너 성스러운 나의 고독이여./너는 잠에서 깨어나는 정원처럼/그리도 풍요롭고 순수하고 드넓구나./너 성스러운 나의 고독이여—/온갖 소망들이 줄지어 기다리는/너의 황금의 문을 닫아라."[114]

---

113 Vgl. Hildegard Kießling, *Die Einsamkeit als lyrisches Motiv bei Rainer Maria Rilke*, Diss.(Jena, 1935), S. 27ff.

114 《릴케 전집 1》, 103: "Du meine heilige Einsamkeit,/du bist so reich und rein und weit/wie ein erwachender Garten./Meine heilige Einsamkeit du-/halte die goldenen Türen zu,/vor denen die Wünsche warten."

이와 유사하게 고독에 대해서 집중적으로 성찰하고 또 그것을 시로 형상화한 한국의 시인으로 김현승(1913-1975)이 있다. 고독을 자신의 문학적 주제의 커다란 줄기로 삼은 점에서 김현승의 문학은 릴케의 문학세계와 여러 면에서 비교의 대상이 된다. 릴케로부터 받은 영향에 대해서 김현승은 다음 같이 말한다.

> 나는 또 많이는 읽지 않았으나 릴케도 좋아한다. 릴케에게서 취할 점은 진실성이다. 왜 그런지 그는 어느 시인보다도 추구의 진실성을 풍겨 주고 있다. 시의 궁극이 진실에 있다면 릴케야말로 시를 누구보다 잘 아는 시인이라 할 수 있다.[115]

김현승은 시인으로서의 릴케의 소명 의식과 인생 역정에 각별한 관심을 보인 것 같다. 그는 시인으로서 릴케가 보여준 삶의 태도에 많은 영향을 입고 있다고 할 수 있다. 릴케의 삶의 태도란 예술을 거의 종교의 단계로까지 떠받드는 진지하고 겸허한 자세이다. 하지만 이러한 영향 관계에도 불구하고 지금까지 릴케와 김현승의 비교연구는 그다지 활발하게 이루어지지 않았다.[116]

고독의 테마를 중심으로 한 릴케와 김현승의 비교는 기독교에 대한 두 시인의 태도로부터 출발하는 것이 타당할 것 같다. 왜냐하면 이들에게서는

---

115 김현승, 〈詩였던 예수의 言行〉, 《김현승 전집 2—산문》(시인사, 1985), 297쪽.

116 김현승과 릴케를 기독교의 관점에서 비교한 몇몇 논문이 있을 뿐이다: 김희보, 〈시인과 하나님—릴케의 '가을날'과 김현승의 '가을의 기도'〉, 《기독교 사상》, 24권 11호(1980년 11월); 박이도, 《한국현대시와 기독교》(예전사, 1994). 이 중에서 박이도의 글은 릴케와 김현승을 영적 신비주의의 차원에서 유사성이 있다는 점을 간략하게 밝히고 있을 뿐이다.

성경의 많은 모티프와 소재들이 발견되기 때문이다. 김현승은 릴케로부터 받은 영향을 말하면서도 궁극적으로 자신은 성경에서 더 많은 것을 취해왔다고 밝히고 있다.[117] 모태신앙에 의해 기독교에 경도되어 있던 김현승의 입장에서 이것은 당연한 말이다. 이 말은 릴케가 《젊은 시인에게 보내는 편지》에서 자신이 가장 아끼는 책이 두 가지인데, 그중 하나는 덴마크의 작가 J. P. 야콥슨Jacobsen의 책이고 또 다른 하나는 바로 성경이라고 말한 것과 비슷한 내용을 담고 있다.[118]

고독을 신앙과 연결시켜 보느냐 아니냐에 따라 김현승의 고독은 전혀 다른 의미를 품는다. 다시 말해 고독이 영원성으로 가는 심적 상태로 작용하는 것으로 보는 것이 신앙적 관점이요, 그의 고독을 신에 대한 회의와 절망감에서 나온 것으로 보는 것이 인간주의적 관점이다.[119] 초창기에 경건한 기독교적 신앙심을 바탕으로 인간의 내적인 본질을 추구하는 시를 주로 쓰던 김현승은 1960년대 중반에 접어들면서 자신의 신앙에 대해 문제를 제기하기 시작한다. 이때부터 그의 문학의 주된 테마가 된 것은 고독이다. 물론 그의 문학에서는 신에 대한 회의가 생기기 전부터 이미 고독이 하나의 큰 테마를 형성하고 있었다.

이 장에서는 김현승의 고독이 담고 있는 세계관을 릴케의 세계관과 비교하여 살펴봄으로써 김현승의 시에 나타난 고독의 개념을 보다 구체적으로

117 김현승, 앞의 글, 297쪽 이하 참조.

118 라이너 마리아 릴케, 《젊은 시인에게 보내는 편지》, 김재혁 옮김(고려대학교 출판부, 2006), 24쪽 참조.

119 조태일, 《김현승 시정신 연구》(태학사, 1998), 11쪽 이하 참조.

짚어보려 한다. 나아가서 김현승의 시에 나타나는 릴케의 영향을 확인하는 데 머물지 않고 이를 넘어서서 릴케의 영향을 많이 받은 것으로 보이는 그의 시 세계가 어떻게 나름의 고유성을 획득하기에 이르렀는가를 파악하는 데 목표를 둔다.

1. 비교를 위한 전제—기독교의 신과 시인

초기의 김현승의 문학은 기독교적 사상을 바탕으로 하여 신을 찾아가는 도정을 그리고 있는데 이것이 그에겐 곧 신앙적인 의미에서의 자아의 발견을 의미한다. 그러나 60년대의 김현승에게는 기독교가 회의적으로 다가온다. 어릴 때부터 맹목적으로 믿어온 기독교에 대해 회의가 든 까닭은 그가 〈나의 문학 백서〉라는 글에서 고백하고 있듯이 기독교의 유일신 사상에 대한 불신과, 종교인들의 위선적인 행동 때문이었다.[120] 1964년에 발표된 시 〈題目〉은 하나의 캐치프레이즈 같은 시구를 통해 김현승의 정신적 변화를 단적으로 보여준다. 여기서 시인의 세계관이 신 중심에서 인간 중심으로 바뀌는 과정이 극명하게 나타난다. 그런 내적 갈등을 그는 "떠날 것인가/남을 것인가//나아가 화목할 것인가/쫓김을 당할 것인가"[121]라고 표현한다. 이 구절에 신이라는 말을 넣으면 문맥은 보다 명확해진다. 즉 "(신으로부터) 떠날 것인가/(신 곁에) 남을 것인가"라는 뜻으로 읽힌다. 신에게 순응할 것인가, 반항할 것인가 방황하는 가운데 모든 문제의 출발점과 해결점은

120 김현승, 〈나의 문학백서〉, 《김현승 전집 2—산문》, 274쪽 이하 참조.
121 김현승, 《김현승 시전집》, 김인섭 엮음(민음사, 2005), 192쪽.

시인 자신의 결단과 의지 쪽으로 수렴된다. 신의 품에서 떠난 김현승의 고독은 자기 존재의 확립 과정이다.

> 1960년대에 이르러 나는 내게 있어 가장 절실하고 가치 있는 것을 인간에 대한 해답과 그 본질적인 해답을 위한 추구라는 것으로 깨닫게 되었다. 그러면서 나는 그때부터 나의 시에 있어 '고독'을 추구하고 표현하게 되었다.[122]

이때부터 고독의 테마는 그의 시 세계에서 본격적으로 다루어지기 시작한다. 그 구체적인 증거는 두 권의 시집 《견고한 고독》(1968)과 《절대고독》(1970)이다. 김현승 자신은 고독을 시에서 집중적으로 다루게 된 배경에 대해서 "나의 고독은 보다 근원적인 데서 오고 있다. 신을 잃어버렸기 때문이다"[123]라고 확정적으로 말한다. 이런 정신 자세는 릴케가 《신시집》의 〈탕아의 가출Der Auszug des verlorenen Sohnes〉에서 묘사한 탕아의 심리 상태와 유사하다. 아버지의 집에서 떠나기로 마음먹은 탕아는 외부 세계를 향한 출발의 문턱에서 망설인다. 이 시에서 탕아는 "이제 떠나가는 거다, 우리 것이면서도/우리 것이 아닌 모든 뒤엉킨 것들로부터,/오래된 우물 속의 물처럼 우리의 모습을/흔들며 비추면서 깨버리는 것들로부터; 가시덤불처럼 우리에게 다시 한 번 매달리는/이 모든 것으로부터—떠나는 거다"[124]라고 단호하게

---

122 김현승, 〈쓴다는 것의 의의〉, 《김현승 전집 2—산문》, 214쪽.

123 김현승, 〈커피를 끓이면서〉, 《김현승 전집 2—산문》, 366쪽.

124 《릴케 전집 1》, 491-492: "Nun fortzugehen von alledem Verworrnen,/das unser ist und uns doch nicht gehört,/das, wie das Wasser in den alten Bornen,/uns zitternd spiegelt und das Bild zerstört;/von allem diesen, das sich wie mit Dornen/noch einmal

말한다. 탕아의 가출은 자신의 영혼을 옥죄는 모든 것으로부터의 적극적인 탈출이다. 모든 구속으로부터의 분리의 의미로서의 고독은 궁극적으로는 진정한 자유의 추구를 뜻한다. 여기에는 유아론적唯我論的인 성향이 배어 있다. 김현승 역시 "모든 붕괴는 결국 새로운 나 자신을 탄생시켰다"[125]고 고백한다.

기독교에 대한 회의 과정은 이미 새로운 자아의 탄생을 꿈꾸는 릴케의 초기 일기에서도 뚜렷이 표출된다. 릴케 역시 김현승처럼 어린 시절에 부모의 뜻에 따라 믿었던 기독교로부터의 탈출을 희구한다.

> 누구나 상복을 입고 저마다 어린 시절의 신의 임종의 침대로부터 떠나간다. 확신에 차서 당당한 모습으로 앞으로 나아갈 때, 모두의 내면에서 신의 부활이 이루어지리라.[126]

릴케는 신으로 대변되는 기존 세계로부터의 탈피를 염원하고 있다. "어린 시절의 신의 임종의 침대"라는 구절에서 우리는 릴케가 모든 종교적 권위로부터의 해방을 꿈꾸고 있다는 것을 알게 된다. 릴케는 시 〈감람원Der Ölbaum-Garten〉에서도 성경에 적힌 내용과 달리 예수의 삶을 자유롭게 해석해서 보여준다. 예수는 이 시에서 신을 향해 "어디서도 당신을 볼 수 없습니다,

---

an uns anhängt —fortzugehen"

125 김현승, 〈왜 쓰는가〉, 《지성》, 2권 2호(1972년 2월), 176쪽.

126 R. M. Rilke, *Tagebücher aus der Frühzeit*, 2 Ausg., hrsg. v. Ruth Sieber-Rilke und Carl Sieber(Frankfurt a. M., 1973), S. 47: "Jeder kommt in Trauerkleidern vom Sterbebette seines Kindheitsgottes; aber bis er zuversichtlich und festlich geht, geschieht *in ihm* die Auferstehung Gottes."

나의 가슴에서도/다른 사람들에게서도. 이 돌에서도 마찬가지입니다./ 당신을 더 이상 찾을 길이 없습니다. 나는 혼자입니다"[127]라고 말한다. 이렇게 릴케는 예수를 신의 존재에 대해 회의하는 평범한 인간으로 만들어 신의 세계로부터 인간의 세계로 끌어내리고 있다. 이처럼 릴케와 김현승은 모두 신을 잃어버렸다고 보지 않고 오히려 적극적으로 신으로부터 떠나려고 하는 의지를 보인다. 이들에게는 신의 부재가 고독을 적극적으로 수용하는 데 있어서 발판이 된다. 허무를 극복하려는 의지가 곧 고독에의 의지인 것이다.

2. 기도와 고독—시적 진실詩的 眞實을 찾아서

김현승의 초기의 고독의 특성을 알아보기 위해서는 그에게 있어서 기도와 고독, 그리고 가을의 상관성을 고찰해야 한다. 이 시기의 고독에 대한 고찰은 1960년대 중반 이후에 등장한 그의 '절대고독'이라든가 '견고한 고독'의 개념을 이해하는 데 도움이 될 것이다. 먼저, 릴케에게 있어서 기도란 무엇인가?

《말테의 수기》에서 말테는 밤새 기도한 것이 다음 날 아침이면 한 뭉치 글로 남는다고 말한다: "내가 밤마다 기도한 것들이 여기 나의 육필로 쓰여져 있다."[128] 말테는 기도를 말로 하지 않고 무릎을 꿇고서 글로 쓴다. 이것은

---

127 《릴케 전집 1》, 493: "Ich finde Dich nicht mehr./Nicht in mir, nein./Nicht in den andern. Nicht in diesem Stein./Ich finde Dich nicht mehr. Ich bin allein."

128 《릴케 전집 6》, 756: "Da liegt es vor mir in meiner eigenen Schrift, was ich gebetet habe, Abend für Abend."

기도와 글쓰기의 동일시이다. 이렇게 볼 때 그의 기도는 그의 내면에서 흘러나온 시적 진리의 소리이며, 바로 이 소리를 듣기 위해 그는 실제로 종교적인 태도를 견지하는 것이다. 미미 로마넬리Mimi Romanelli에게 쓴 편지에서 릴케는 기도를 다음 같이 정의한다.

> 기도란 갑자기 불타오르는 우리의 본질의 발산입니다. 기도란 도달점이 없는 끝없는 방향이며, 어디에 가서도 멈추는 일이 없이 우주를 꿰뚫는 우리들의 동경의 불타는 평행선이죠.[129]

여기서 릴케는 기도를 강력한 어조로 옹호한다. 그는 기도란 본질의 발산이며 도달점 없는 끝없는 방향, 예술적 형상화를 위한 동경의 불타는 평행선이라고 정의한다. 기도에는 예술적 상상력이 개입되며, 예술가 자신이 창조를 향해 불타는 에너지를 발산하는 것까지도 포함된다. 따라서 릴케의 기도는 종교 용어를 빌린 예술가의 창조 행위를 나타내는 다른 말임이 드러난다.

김현승의 경우 기도는 계절적으로 주로 가을을 배경으로 해서 이루어진다. 김현승은 "임금(林檎)나무 수풀의 열매들이 익으면 머언 하늘빛 넥타이를 매고 릴케의 시집을 뒤적거리던 그 시간은 가을이었다"[130]고 회상한다. 그렇다면 그에게 기도는 무엇을 의미하는가?

---

129 Rainer Maria Rilke, *Briefe*(Wiesbaden, 1950), S. 257: "La prière est un rayonnement de notre être soudainement incendié, c'est une direction infinie et sans but, c'est un parallélisme brutal de nos aspirations qui traversent l'univers sans aboutir nulle part."

130 김현승, 〈가을의 사색〉, 《김현승 전집 2—산문》, 340쪽.

> 가을에는 가장 깊은 시를 얻는 것이 나의 기쁨이었다. 이리하여 나는 일생 동안 가을의 외로움이나 슬픔을 모르고 살아왔다. 외로움이 있는 곳엔 가을마다 기도가 있었고 그 기도에 리듬을 붙이면 시가 되었다.[131]

릴케와 마찬가지로 김현승에게도 기도는 곧 시쓰기이다. 기도는 초월적 존재와의 교류의 한 방편이다. 이 초월적 존재를 향한 시인의 동경이 곧 시를 낳는 것이다. 시쓰기의 전제는 물론 고독이다. 김현승에게 있어서 고독은 외로움의 표현이 아니라 삶의 자세를 점검하기 위한 적극적인 사색과 성찰의 발로이다. 시 〈가을의 기도〉는 신앙인으로서 그리고 동시에 시인으로서의 김현승의 면모를 잘 보여준다.

> 가을에는
> 기도 하게 하소서…
> 落葉들이 지는 때를 기다려 내게 주신
> 謙虛한 母國語로 나를 채우소서.
>
> 가을에는
> 사랑 하게 하소서…
>
> 오직 한 사람을 택하게 하소서,
> 가장 아름다운 열매를 위하여 이 肥沃한
> 時間을 가꾸게 하소서.

---

131 김현승, 〈초가을〉, 《김현승 전집 2—산문》, 415쪽.

가을에는

호올로 있게 하소서…

나의 영혼,

구비치는 바다와

百合의 골짜기를 지나

마른 나무가지 위에 다다른 까마귀 같이.[132]

이 시에는 러시아의 수도원에서 성화를 그리는 종교화가로서 신을 향해 기도하는 릴케의 《기도시집》의 시적 화자의 태도와, "주여 때가 왔습니다, 지난 여름은 참으로 위대했습니다"[133]로 시작되는 〈가을날Herbsttag〉과, 가을의 조락凋落과 신의 비호庇護를 노래한 〈가을Herbst〉의 분위기가 함께 어우러져 있다. 이 시에 담긴 기도와 고독과 겸허함의 정서가 그것을 말해준다. 김현승의 작품 중에서 가을을 소재로 한 시는 자연의 사계를 노래한 시편들 중 약 30% 정도를 차지한다.[134] 그의 가을은 거의 대부분 신을 향한 호소와 결합되어 나타난다. 그에게 가을은 홀로 앉아 기도하며 시를 쓰는 시간이다. 비록 이 세상의 모든 것들이 낙엽과 함께 사라진다 해도 기도를 통해 그리고 시를 통해 자신의 존재 의의를 찾겠다는 말이다. 릴케는 《젊은 시인에게 보내는 편지》에서 "내면으로의 전향轉向으로부터, 자신의 고유한 세계로의 이 같은 침잠으로부터 시가 흘러나온다"[135]라고 진정한 고독과 예술 생성의

132 김현승, 《김현승 시전집》, 36쪽.

133 《릴케 전집 1》, 398: "Herr: es ist Zeit. Der Sommer war sehr groß."

134 조태일, 앞의 책, 62쪽 참조.

135 라이너 마리아 릴케, 《젊은 시인에게 보내는 편지》, 김재혁 옮김(고려대학교

관계에 대해서 피력한 바 있다.

시인은 "굽이치는 바다"와 "백합의 골짜기"를 넘어, 즉 인생의 격랑과 순수를 동경하여 방랑하는 현세를 겪으며 결국엔 "마른 나뭇가지"에 다다른 "까마귀" 같은 존재가 되기를 원한다. 이렇게 모든 것을 비운 상태에서—릴케가 《기도시집》에서 노래한 "가난"의 의미로—김현승이 노래하고자 하는 대상은 "오직 한 사람" 뿐이다. 그가 마음속에 간직하여 "母國語로" 노래하고자 하는 존재는 바로 그의 삶에 가치를 부여해주는 절대자이다. 그에겐 시쓰기가 곧 자신만의 "비옥한 시간"을 가꾸는 일이다. 그 결과로 탄생하는 시 작품은 그의 인생의 한 획을 그으며 흔적을 남겨주는 "열매"와 같다. 이를 통해 그는 성숙의 길을 가게 된다. 그는 이것을 절대자를 향해 호소한다. "가을에는/호올로 있게 하소서"라고. 신을 노래하고 자신의 존재 의의를 찾기 위해서는 무엇보다도 고독이 필요하다. 그는 고독 속에서 신과의 진실한 교통을 갈구한다. 그러기에 그는 "까마귀" 같은 존재가 되기를 원한다. 김현승은 "까마귀"에 대해서 이렇게 말한다.

> 이 빛깔 없고 거친 목소리의 새를 나는 다른 새들보다도 유난히 좋아하였다. 다른 새들은 육체의 즐거움에 속한 새라면 나의 고향 남쪽 겨울에 그렇게도 많던 까마귀들은 어딘가 영혼과 슬픔과 괴로움에 속하는 새들인 것 같다. 형벌을 검은 몸뚱이에 이고 가는 듯한 그 울음소리…136

김현승은 일부러 부정적인 이미지의 "까마귀"를 자신의 시어로 선택하고

출판부, 2006), 16쪽.

136 김현승, 〈겨울방학〉, 《김현승 전집 2—산문》, 420쪽.

있다.[137] 보통 우리의 습속에 따라 까치라면 길조로서 사람들의 사랑을 받겠지만 "까마귀"는 그 검은빛과 음울한 울음소리 때문에 모든 사람들로부터 배척을 받아 "형벌을 검은 몸뚱이에 이고 가는" 외로운 존재이다. "까마귀"의 울음소리는 그 울음소리가 들리는 반경으로부터 모든 사람을 쫓아버린다. 릴케가 〈문둥이의 노래Das Lied des Aussätzigen〉에서 그린 문둥이의 딸랑이도 이와 같다. "나의 딸랑이 소리가 퍼져나가는 그곳에서/나는 편안하다; 어쩌면 당신은 나의/딸랑이 소리를 그리도 크게 하시어,/지금 내 가까운 곳에서 도망치는 사람이/멀리 있는 내 쪽을 쳐다보지도 못하게 합니다"(《릴케 전집 1》, 455). 딸랑이는 문둥이의 근처로 오는 모든 사람들을 쫓아버리고, 그에게 고독의 공간을 확실하게 만들어준다. 그 고독 속에서 그는 편안하다. 딸랑이 소리가 크면 클수록 그만큼 고독의 공간이 넓어진다. 시인은 문둥이처럼 자기만의 고독을 간직한 채 또 다시 다른 "마른 나뭇가지"를 찾아 날아가는 "까마귀" 같은 존재인 것이다. "마른"이라는 부가어가 표현해주듯이 그는 모든 욕망의 물기가 싹 빠진 상태를 원한다.

초월적 존재를 향한 김현승의 소망은 외양적이고 가식적인 것이 아니라 깊이와 심도를 지닌 마음속에서 우러난 것이다. 시인은 풍요와 결실이 지난 뒤의 위대한 공허空虛를 노래한다. 사라지는 것들에 대한 연민이 곧 그의 시가 지키고 있는 자리이다. 그가 사랑하는 것은 보통의 가치 기준에서 하찮은 것들로 여겨지는 존재들이다. 마른 나뭇가지, 까마귀가 그것들이다. 그것은 또한 "백합의 골짜기"라는 표현에서도 나타난다. 왜냐하면 "백합"은

137 김현승이 '까마귀'를 시의 소재로 많이 삼은 것은 그의 기독교적 배경에서도 생각해볼 수 있다. 구약성경 〈열왕기상〉에 '까마귀'에 대한 이야기가 등장한다.

기독교적 경건성을 나타내는 표현이기 때문이다.

김현승의 〈가을의 기도〉의 이러한 측면은 릴케의 〈가을날〉이라든가 〈가을〉 같은 시에서도 분명하게 확인할 수 있다. 가을의 조락의 분위기 속에서 나뭇잎으로 형상화된 인간의 구원의 모습은 〈가을〉의 "하지만 이 떨어짐을 한없이 부드럽게/두 손으로 받아주는 어느 한 분이 있다"[138]라는 구절이 알려주고, 가을의 고독 속에서 내적 성숙을 기원하는 자세는 〈가을날〉의 마지막 연에 절실하게 표현되어 있다. 김현승은 릴케의 이 시에 대해서 "이 시는 내가 가을의 시로는 물론 모든 종류의 시를 향하여서도 지상에서 가장 좋아하는 시편의 하나"[139]라고 고백하고 있다.

> 지금 집이 없는 사람은 이제 집을 짓지 않습니다.
> 지금 혼자인 사람은 그렇게 오래 남아
> 깨어서 책을 읽고, 긴 편지를 쓸 것이며
> 낙엽이 흩날리는 날에는 가로수들 사이로
> 이리저리 불안스레 헤맬 것입니다.[140]

고독을 즐기고 방랑하면서 시를 쓰는 시인에게 고독은 결코 불행과 재앙이 아니다. 고독하기에 시를 쓰고 또 시를 씀으로써 자기 자신을 깨닫고 반성

---

138 《릴케 전집 1》, 400: "Und doch ist Einer, welcher dieses Fallen/unendlich sanft in seinen Händen hält."

139 김현승, 〈가을에 생각나는 시들〉, 《김현승 전집 2—산문》, 441쪽.

140 《릴케 전집 1》, 398: "Wer jetzt kein Haus hat, baut sich keines mehr./Wer jetzt allein ist, wird es lange bleiben,/wird wachen, lesen, lange Briefe schreiben/und wird in den Alleen hin und her/unruhig wandern, wenn die Blätter treiben."

하고 자기 존재를 확인하기 때문이다. 따라서 고독은 자족적인 자아의 표지이다. 그의 고독은 사회로부터의 소외에 따른 것이 아니라 오히려 홀로 있음을 적극적으로 누리려는 의지의 소산이다. 《말테의 수기》에서 고독자를 노래한 장에서 보듯 "비켜선 자Abseitiger"[141]의 몫인 것이다. 말 그대로 복잡한 삶의 현장에서 능동적으로 비켜서서 삶에 대해 성찰해보는 태도인 것이다. 그래서 김현승은 이 시와 관련해서 릴케를 평하여 "릴케는 그의 시의 특질로서 파탄을 이룬 현대의 폐허 위에서 새로운 정신을 추구하는 독일의 전통을 고수하는 이상적 경향의 제일인자적인 시인이며 새로운 생명의 강렬한 추구욕이 내면에 樹液과 같이 흐르고 있는 시인"[142]이라고 칭송한다. 릴케와 김현승의 시에서는 새로운 생명과 시적 진실을 찾아 나선 구도자의 모습이 엿보인다. 직접적으로 김현승은 스스로 "나의 생애에서 시를 쓸 때만큼 이와 같이 思無邪하려고 몸부림 친 적은 다른 모든 일에서는 일찍이 없었다"[143]고 술회하고 있다. 릴케의 〈가을날〉의 마지막 연과 흡사한 사고 과정을 보여주는 〈가을이 오는 시간〉의 마지막 연에서 우리는 릴케에 대한 그의 관심의 정도를 가늠해볼 수 있을 것이다.

> 우리의 마음들은 벌써 落葉이 진다.
> 우리의 마음은 남긴것 없음을
> 이제는 서러워 한다.
> 지금은 먼—길을 예비할 때—

---

141 《릴케 전집 6》, 783.

142 김현승, 앞의 글, 442쪽.

143 김현승, 《김현승 시전집》, 329쪽.

집 없는 사람들 돌아와 집을 세우는,
지금은 릴케의 詩와 自身에
입맞초는 時間…[144]

시인은 가을이 주는 무상의 분위기에 젖어 있다. 그러나 그는 나무에서 떨어지는 나뭇잎처럼 지상의 모든 것이 사라진다는 인식하에 영원히 사라지지 않는 그 무언가를 향해 나아간다. 그는 "릴케의 詩와 自身에" 입을 맞추며 성찰의 시간을 갖는다. 김현승의 가을의 이미지는 한편으로 모든 지상적인 것들의 사라짐을 나타내는 이미지들과 다른 한편으로 신적인 것에의 지향을 나타내는 근원회귀, 공간적 무한의 이미지들을 보여준다.[145] 김현승의 고독은 신을 향해 나아가는 순례자의 그것이다. 프로테스탄티즘의 실현으로서의 고독, 즉 이 시기의 김현승에게 고독은 기독교적인 자기 각성의 과정에 다름 아니다.[146]

3. 신비주의적 고독에서 절대 고독으로

릴케와 김현승의 경우 초기의 작품 세계에서는 이처럼 신비주의적 고독의 감정이 주류를 형성한다. 릴케는 《기도시집》의 다음 작품에서 신을 위한 고독에 대해 다음 같이 노래한다.

---

144 김현승, 《김현승 시전집》, 50쪽.
145 곽광수, 〈김현승의 고독〉, 숭실어문학회 편, 《다형 김현승 연구》(보고사, 1996), 74쪽 참조.
146 김현·김윤식, 《한국문학사》(민음사, 1973), 279쪽 참조.

단 한 번만이라도 아주 조용해진다면.
우연한 것, 하찮은 것
그리고 이웃의 웃음소리가 침묵한다면,
나의 감각이 만들어내는 소음이
나의 각성을 방해하지 않는다면

나 수 천 번의 사색으로
당신의 자락에 이르기까지 당신을 생각하고
(미소짓는 순간만큼만이라도) 당신을 소유할 수 있으련만.
감사의 표시처럼
당신을 모든 생명에 선사할 수 있도록.[147]

시적 자아는 신에게 접근하려고 각고의 노력을 하고 있는데, 이를 위해서는 먼저 주변 세계가 침묵해야 한다. 이런 면에서 릴케에게 있어서 "웃음소리"는 《기도시집》의 기도자를 신으로부터 떼어내 자신들의 권내로 끌어들이려는 모든 적대적인 것, 비본질적인 것에 대한 암호로 나타난다. 웃음은 신을 향한 고독을 깨뜨리는 요소를 표현하는 총체 개념이다. 나아가서 시인 자신의 "감각"마저도 신을 인식하려는 "각성"을 깨뜨리는 방해물이 되어서

147 《릴케 전집 1》, 256: "Wenn es nur einmal so ganz stille wäre./Wenn das Zufällige und Ungefähre/verstummte und das nachbarliche Lachen,/wenn das Geräusch, das meine Sinne machen,/mich nicht so sehr verhinderte am Wachen —://Dann könnte ich in einem tausendfachen/Gedanken bis an deinen Rand dich denken/und dich besitzen (nur ein Lächeln lang),/um dich an alles Leben zu verschenken/wie einen Dank."

는 안 된다. 스스로 신과 가장 가깝게 느끼는 순수하고 고독한 영혼만이 남게 되어야 한다. 모든 생명에 신을 선사하겠다는 말처럼 예술적 창조를 위해서는 '낯선 것', '우연한 것'으로부터 완전한 은둔의 세계 속으로 몰입하여 순수하게 자신을 지켜야 하는 것이다. 이처럼 고독은 신과의 합일을 위한 전제이다. 고독은 모든 비본질적이고 일시적인 것과의 단절을 추구한다. 이것이 바로 김현승이 초기에 추구하던 고독이다.

그러나 김현승의 고독은 1970년에 발표한 시 〈고독의 끝〉에 이르면 릴케의 《기도시집》과 유사한 세계를 담고 있는 〈가을의 기도〉와 사뭇 다른 모습을 보인다.

거기서
나는
옷을 벗는다.

모든 황혼이 다시는
나를 물들이지 않는
곳에서.

나는 끝나면서
나의 처음까지도 알게 된다.

神은 무한히 넘치어
내 작은 눈에는 들일 수 없고,
나는 너무 잘아서

神의 눈엔 끝내 보이지 않았다.

무덤에 잠깐 들렀다가,

내게 숨막혀
바람도 따르지 않는
곳으로 떠나면서 떠나면서,

내가 할 일은
거기서 영혼의 옷마저 벗어 버린다.[148]

이 작품은 릴케의 《형상시집》에 실려 있는 일련의 '가을 시편' 중의 하나인 〈가을의 끝Ende des Herbstes〉을 연상시킨다. "노랑에서 황금빛으로 변해가는/정원들의 천천히 진행되는 조락凋落,/그 길은 내게 얼마나 멀기만 했던가"[149]라고 릴케는 노래한다. 가을이 되어 나뭇잎의 색깔이 변해가는 과정을 관찰하면서 시인은 모든 것을 벗어던지는 가을의 모습에서 자신의 심정을 읽고 있다. 가을이라는 계절 이미지에다 자신을 감정이입시키고 있는 것이다. 김현승의 시에서는 릴케의 시에서 가을이 갖는 이미지가 고독으로 대체되어 있다. 모든 것을 벗어버리는 시점인 가을이 곧 고독과 맥을 같이 하는 것이다. 김현승의 시 〈고독의 끝〉은 릴케의 《기도시집》의 영향을 보여주기도 한다. "神은 무한히 넘치어/내 작은 눈에는 들일 수 없고,/나

148 김현승, 《김현승 시전집》, 271쪽.

149 《릴케 전집 1》, 399 이하: "〔…〕 von den gilbenden zu der gelben/langsamem Verfall:/wie war der Weg mir weit."

는 너무 잘아서/神의 눈엔 끝내 보이지 않았다"는 구절이 그것인데, 《기도시집》 중의 "당신은 너무나 위대하기에/당신 근처에만 가도 이미 나는 보잘것없습니다./당신은 그렇듯 어둡기에/당신의 자락에 비치는 나의 작은 빛은 아무런 의미도 없습니다"[150]를 어법상으로 그대로 따르고 있는 듯하다. 시인은 신 앞에서 자신의 존재의 왜소함을 느낀다. 그러나 김현승은 릴케식의 신비주의적 목소리를 빌렸을 뿐 그가 전하려는 메시지는 릴케와는 사뭇 다르다. 그것은 "나는 너무 잘아서/신의 눈엔 끝내 보이지 않았다"는 구절이 잘 알려준다. 그는 이제 자신이 찾던 신의 존재에 대한 회의를 표출하는 것이다.

김현승은 "바람도 따르지 않는/곳으로 떠나면서 떠나면서" 진정한 고독을 찾아 나선다. 그는 "황혼"이라는 말이 담고 있는 속세의 화려한 모든 것을 떠나 무색無色 무취無臭의 고독 속으로 들어간다. 고독은 그의 고향이다. 그는 고향을 찾아 끊임없이 방랑하는 고독한 존재이다. 고독이라는 공간 속에서 그는 자기 자신을 찾는다. "무덤"은 이런 의미에서 현실적으로는 이승에서 마지막으로 거처하는 장소를 의미하지만 한 걸음 더 깊이 들어가면 세속의 모든 것이 사라진 공간을 뜻한다. "무덤"은 현실적 삶이 포기된 상태에 대한 간결한 은유이다. 따라서 고독은 김현승에게 거의 죽음으로까지 비친다. 자신의 자아를 완전히 버린 상태, 이른바 심리학에서 말하는 작은 죽음[151]의 상태이다.

150 《릴케 전집 1》, 269: "Du bist so groß, daß ich schon nicht mehr bin,/wenn ich mich nur in deine Nähe stelle."

151 Vgl. Heinrich Imhof, *Rilkes Gott*(Heidelberg, 1983), S. 225.

"영혼의 옷"을 벗는 것은 곧 모든 믿음까지도 버리는 것을 말한다. 그의 고독은 구원에 이르는 고독이 아니라, 오히려 구원을 포기하는 고독이다. 이른바 순수한 고독 그 자체일 뿐이다.[152] 고독은 현실로부터의 무책임한 도피가 아니라 극단의 고독의 경험을 통해서 보다 강해진 모습으로 현실을 마주할 수 있는 계기이다. 심도 깊은 고독을 통해 자기 자신을 제어할 수 있는 힘을 얻기 때문이다. "나는 끝나면서/나의 처음까지도 알게 된다"고 시인은 자신의 실존적 변용 과정을 말한다. 고독을 통해 "나"는 부정적 존재 양상으로부터 긍정적인 양상으로의 존재의 전이轉移를 경험한다. 육체를 버린 뒤에 남은 "영혼의 옷마저 벗어"버린 "나"는 홀로 서며 이제 모든 것으로부터 자유롭다. 그렇게 해서 그는 현상적인 것으로부터 본질적인 것의 공간으로 들어가는 것이다. 따라서 그의 고독은 순수 인간주의적 고독으로 나아간다. 그는 고독 속에서 마음의 평화를 느낀다. 인간의 삶이나 사물의 본질을 고독에서 찾고, 이 고독을 인식하게 될 때, 사물의 정체를 현실로, 또는 시의 세계로 소화시켜 나가는 것이다.[153]

릴케는 초기의 한 일기에 다음 같이 적고 있다.

> 여전히 내가 증오하는 많은 것이 내 몸에 붙어 있다. 그래도 나는 이 모든 것이 나와는 상관없는 **낯선 것**, 우연한 것들이라 생각한다. 그런 까닭에 내게 자신감이 생기고 이런 힘이 솟는다. 언젠가 내가 완전히 나의 고유의

---

152 김현승, 〈나의 고독과 나의 시〉, 《가을에는 기도하게 하소서》(예전사, 1984), 183쪽 참조.

153 이성부, 〈사랑의 실체〉, 《창작과 비평》, 11권 1호(1976년 봄), 251쪽.

옷을 입고 갈 수 있을지 모르겠지만, 어쨌든 나는 먼저 옷을 벗은 알몸이 되련다. 그러면 그 이상의 것을 찾을 수 있으리라.[154]

여기서 '발가벗는다'는 말은 곧 모든 것을 버린 백지 상태에서 출발한다는 뜻이다. 진정한 삶의 의미를 가려버리는 관습의 망에서 벗어나기 위해서는 이처럼 옷을 벗어버리는 행위가 필요하다. 이 단계를 넘어섰을 때 비로소 자기 자신만의 "고유의 옷"을 입을 수 있고, 또 그를 통해 자신의 세계를 만들어나갈 수 있다. 이러한 관점에서 김현승은 자신이 견지하는 고독의 의미를 다음과 같이 정리한다.

고독 속에 파묻히는 것은 감상이나 위축이 아니다. 고독을 추구하는 것은 허무의식과도 그 색채가 다르다. 고독을 표현하는 것은 나에게는 가장 즐거운 시예술의 활동이며 윤리적 차원에서는 참되고 굳세고자 함이 된다. 고독 속에서 나의 참된 본질을 알게 되고, 나를 거쳐 인간 일반을 알게 되고, 그럼으로써 나의 사회적 임무까지도 깨날아 알게 되므로.[155]

릴케가 《기도시집》의 시 〈단 한번만이라도 아주 조용해진다면Wenn es nur

154 Rainer Maria Rilke, *Tagebücher aus der Frühzeit*, 2. Ausg., hrsg. v. Ruth Sieber-Rilke und Carl Sieber(Frankfurt a. M., 1973), S. 133f.: "Noch ist vieles an mir, was ich hasse; aber ich fühle doch schon, daß das *Fremdes* ist, Zufälliges, das nicht mit mir zusammenhängt. Daraus kommt mir dieses Vertrauen und diese Kraft. Ob ich es einmal erreichen werde, ganz in eigenen Kleidern zu gehen—ich weiß es nicht. Jedenfalls will ich erst mal nackt werden, dann läßt sich das Weitere finden."
155 김현승, 〈자서〉, 《절대고독》(성문각, 1970).

einmal ganz stille wäre〉에서 주변의 모든 것으로부터 자신을 해방시켜 신과의 교통을 간구하고, 또 이를 통해 자신의 창조적 열정에 파묻히기를 바랐다면, 이것은 김현승이 말한 "고독을 표현하는 것은 나에게는 가장 즐거운 시예술의 활동"이라는 말과 동일한 의미이다. 왜냐하면 릴케가 접하려는 신 역시 궁극적으로는 종교적인 신이 아니라 자신의 예술 활동과 관련된 존재의 다른 이름이기 때문이다. 릴케나 김현승이나 고독에의 침잠을 통하여 추구하는 바는 똑같다. 그것은 바로 인간 존재 또는 인간 본질의 탐구이며 "정신의 高地를 점유하여 인생에 대한 시야를 가없는 영원에까지"[156] 넓히기 위한 것이다. 신이 떠난 마음의 자리를 고독으로 메워 거기에 영원성을 부여하는 것이다. 김현승에게 있어서 시쓰기는 구원의 한 방편이 된다.

> 시만큼 인생을 조금씩이라도 깨닫게 하여주는 가치 있는 활동은 일찍이 없었다. 나에게 있어서 시는 줄곧 유희가 아니었다. 시는 나에게 있어 구원이었다.[157]

4. 관념어의 시적 변용—관념의 물질화

김현승의 시에서는 모든 형이상학적·관념적 요소가 감각의 힘을 빌려 가시적으로 감촉할 수 있는 것으로 표현된다. 시의 발상법에서 엿보이는 관념의 물체화 경향은 김현승 시의 대표적 성향이다. 김종길은 그의 시에서 관념들이 견고한 이미지로 물질화되어 쓰인 것에 주목하여 다음 같이 말한다.

---

156 김현승, 〈커피를 끓이면서〉, 《김현승 전집 2—산문》, 365쪽.
157 김현승, 〈회갑유감〉, 《김현승 전집 2—산문》, 389쪽.

> 그의 시에는 단단한 물체를 가리키는 말들이 많이 눈에 뜨인다. 〔…〕 이러한 말들은 그 자체가 이미지로서 또는 이미지를 이루는 比喩 가운데에 쓰인 경우가 많은데 그런 경우 이미지는 堅固한 것이 되게 마련이다. 그러나 그의 시의 硬度는 이러한 시어나 이미지의 경도에서만 오는 것이 아니라 시어와 이미지를 포함한 그의 詩的 思考 전반에서 연유하고 있다.[158]

관념의 물질화 또는 감각화는 릴케의 시에서도 시적 기법으로서 주류를 이룬다. 피상적인 관념에다 감각의 옷을 입히는 과정은 초기부터 후기에 이르기까지 릴케의 거의 모든 시에서 나타난다. 《형상시집》에 쓰인 이미지들이 그렇고, 《신시집》의 사물시들이 그렇다. 릴케는 초기 작품에서도 창조적 고독과 관련하여 "감옥의 고독"[159]이라는 표현을 쓰고 있으며, 《신시집》의 시 〈후광을 두른 부처Buddha in der Glorie〉에서는 고독 속에 잠겨 있는 부처상을 두고 "모든 핵 중의 핵,/제 몸을 꼭 닫고 단맛을 더해 가는 편도"[160]라고 하여 실질적으로는 단단한 편도의 핵처럼 고독 속에서 창조적인 삶을 살고 있는 자신의 모습을 비유적으로 보여주고 있다.

이때 시인은 관념을 가장 적절히 표현할 수 있는 이미지를 선택함으로써 이미지와 내용을 분리시키지 않고 하나로 만들어 표현된 관념의 의미를 더욱 고양시킨다. 그것은 표현하려는 대상의 내면의 깊이를 감동적으로 일구어내는 것에 다름 아니다. 따라서 관념과 이미지 사이에는 일종의 피드

---

158 김종길, 〈견고에의 집념—김현승의 스타일을 중심으로〉, 숭실어문학회 편, 《다형 김현승 연구》, 245-246쪽.

159 《릴케 전집 1》, 35: "Kerkereinsamkeiten."

160 《릴케 전집 1》, 642: "Kern der Kerne,/Mandel, die sich einschließt und versüßt.—"

백 현상이 일어나고 있는 것이다. 김현승은 시 〈절대고독〉에서 진정한 고독의 상태가 무엇인지를 여러 가지 이미지를 동원하여 보여준다.

나는 이제야 내가 생각하던
영원의 먼 끝을 만지게 되었다.

그 끝에서 나는 눈을 비비고
비로소 나의 오랜 잠을 깬다.

내가 만지는 손끝에서
영원의 별들은 흩어져 빛을 잃지만,
내가 만지는 손끝에서
나는 내게로 오히려 더 가까이 다가오는
따뜻한 체온을 새로이 느낀다.
이 體溫으로 나는 내게서 끝나는
나의 영원을 외로이 내 가슴에 품어 준다.

그리고 꿈으로 고이 안을 받친
내 言語의 날개들을
내 손끝에서 이제는 티끌처럼 날려 보내고 만다.

나는 내게서 끝나는
아름다운 영원을
내 주름 잡힌 손으로 어루만지며 어루만지며
더 나아갈 수도 없는 나의 손끝에서
드디어 입을 다문다—나의 詩와 함께.[161]

이 시는 "나는 이제야 내가 생각하던/영원의 먼 끝을 만지게 되었다"는 도발적인 진술로 시작된다. "영원의 먼 끝을 만지게 되었다"는 말은 결국 절대 고독의 공간 속으로 들어가는 입구를 발견했다는 뜻이다. 그것은 시인이 온갖 갈등과 불안, 회의와 같은 인간적 체험을 통해 다다른 상태이다. "영원"을 대변하는 신이 사라져버린, 아니 신을 부정하여 생긴 거의 진공상태와 같은 고독 속에서 시인은 "오랜 잠"에서 깨어나 "영원의 끝"을 느낀다. 시인은 "절대고독"이 무엇인지를 감각적으로 표현하기 위해 "손끝"으로 만진다고 말한다. 또한 "영원"을 구체적으로 가시화하여 보여주기 위해 "영원의 별"이라는 이미지를 제시한다. 감각 중에서도 촉각과 시각이 주로 동원된다. 이때 그가 고독을 대하는 태도는 차가운 쪽에서 따스한 쪽으로 변화의 과정을 겪는다. 고독을 따스하게 대함으로써 이른바 소외나 외로움 같은 부정적인 고독의 개념이 긍정적인 쪽으로 변용된다. 언어로 표현할 수 없는 단계에까지 그의 고독은 다다른다.

더 이상 갈 수 없는 데까지 간 지점에서 시인은 "절대고독"을 느끼고 영원과 무한을 향해 눈길을 보낸다. 그러나 이 같은 영원과 무한도 사실 시인의 죽음과 함께 종말을 고한다. 그는 "절대고독"의 경지에서 언어로는 불가능한 침묵의 세계를 역설적이게도 다시 언어를 통해 구현해 보여주고 있는 것이다.

김현승의 시 〈견고한 고독〉에서 "견고한 고독"이라는 말은 마치 고독이 성채와 같은 역할을 하는 듯한 느낌을 준다. 특히 단단한 뉘앙스를 주는

---

161 김현승, 《김현승 시전집》, 270쪽.

한글 자음인 'ㄱ'이 세 번에 걸쳐 겹쳐 쓰임으로써 난공불락의 느낌마저 들게 한다.

껍질을 더 벗길 수도 없이
단단하게 마른
흰 얼굴.

그늘에 빛지지 않고
어느 햇볕에도 기대지 않는
단 하나의 손발.

모든 神들의 巨大한 正義 앞엔
이 가느다란 창끝으로 거슬리고,
생각하던 사람들 굶주려 돌아오면
이 마른 떡을 하룻 밤
네 살과 같이 떼어 주며,

結晶된 빛의 눈물,
그 이슬과 사랑에도 녹쓸지 않는
堅固한 칼날—발 딛지 않는
피와 살.

뜨거운 햇빛 오랜 時間의 懷柔에도
더 휘지 않는
마를 대로 마른 木管樂器의 가을
그 높은 언덕에 떨어지는,

굳은 열매

쌉쓸한 慈養

에 스며 드는

에 스며 드는

네 生命의 마지막 남은 맛![162]

시인의 얼굴은 "단단하게 마른" 모습으로 등장한다. 게다가 어느 것에도 의존하지 않는 의지의 상징인 "손발"이 있다. "거대한 징의"는 신의 말씀을 의미하는데, 시적 화자는 바로 이에 대해 "가느다란 창끝으로" 대항하려 한다. 그러한 대결의 결과는 고독뿐이다. 그 고독을 김현승은 "結晶된 빛의 눈물"이라고 표현한다. 그의 고독은 "이슬과 사랑에도 녹슬지 않는 견고한 칼날"이 된다. 모든 것을 혼자 견뎌내야 하기에 그의 고독의 속성은 단단하고, 마르고, 어느 햇볕에도 기대지 않고, 그 무엇에도 휘지 않는다. 한 마디로 그의 고독은 견고하다. 견고함은 곧 그의 마음가짐의 단호한 반영이다. 그의 고독은 단순한 관념의 반영이 아니라 치열한 내적 갈등과 고뇌의 산물인 것이다.

마찬가지로 고독을 수호하고 고독 속에서 예술 행위를 하려 한 릴케의 굳은 마음가짐은 다음 편짓글에 잘 나타나 있다.

> 나의 삶이 수도원의 집단과 격리 속에서 사는 수도사의 삶이야 아니겠지만, 내 스스로 점점 하나의 수도원으로 커나가, 벽으로 둘러싸인 채 이 세상 한가운데 그렇게 서 있을 모습을 틀림없이 보게 될 것입니다.[163]

162 김현승, 《김현승 시전집》, 186-187쪽.

수도원은 속세와의 단절을 의미한다. 이러한 분위기 속에서만 시인은 진정한 예술이 가능하다고 본다. 세상의 모든 것으로부터의 격리를 꿈꾸는 그는 자신이 하나의 수도원으로 커나가기를 바란다. 사방이 벽으로 가로막힌 공간 속에서 비로소 자신만의 진정한 삶이 가능하다는 말이다. 실제로 릴케는 그의 대작인 《두이노의 비가》를 완성한 뒤에 쓴 한 편지에서 그의 작업을 가능케 해준 스위스의 뮈조Muzot 성관城館과 관련하여 "성에 의해 비호된 고독의 깨지지 않은 커다란 덩어리"[164]라고 적은 바 있다.

고독을 단단한 물질에 비유하여 견고성의 공간으로 승화시킨 점에서 릴케와 김현승은 공통점을 보인다. 이는 견고한 이미지의 거푸집을 만들어 그 안에 자기만의 세계를 구축하고 싶은 열망의 반영인 것이다.

김현승은 릴케로부터 예술과 삶에 대한 진지성을 배웠다고 말한다. 김현승이 릴케의 작품으로부터 영향을 받았다면, 그것은 주로 《기도시집》과 《형상시집》, 그리고 고독과 신에 대한 이야기를 담고 있는 《젊은 시인에게 보내는 편지》라고 할 것이다. 이 중에서도 특히 시적 화자의 자세의 문제는 《기도시집》의 영향 아래 있다고 보인다. 김현승의 자세가 절대자를 향해 무릎을 꿇고 기도를 하고 성화를 그리고 시를 짓는 《기도시집》의 시적 화자인

---

163 Rainer Maria Rilke, *Briefe aus den Jahren 1906 bis 1907*, hrsg. v. Ruth Sieber- Rilke und Carl Sieber(Leipzig, 1930), S. 117: "Und nichts ein Mönchsleben wäre meines in eines Klosters Zusammenschluß und Abtrennung, wohl aber muß ich sehen, nach und nach zu einem Kloster auszuwachsen und so dazustehen in der Welt, mit Mauern um mich."

164 Rainer Maria Rilke, *Briefe aus den Jahren 1907 bis 1914*, hrsg. v. Ruth Sieber- Rilke und Carl Sieber(Leipzig, 1933), S. 263: "ein großes, ununterbrochenes Stück beschützten Alleinseins"

러시아 수도사의 모습과 흡사하기 때문이다. 기도를 통해 시를 짓는다는 점에서 김현승은 릴케를 그대로 닮고 있다. 특히 가을에의 집착은 고독과 방랑과 연관해서 릴케의 〈가을날〉의 영향을 무시할 수 없다. 이 시기에 그가 견지한 고독은 신을 전제로 한 신비주의적 고독에 가깝다.

그러면서도 김현승이 자기만의 세계를 지켜낼 수 있었던 것은 그 특유의 고독에 대한 집착의 결과이다. 그의 문학적 성과는 견고한 성질의 사물과 언어를 시적 표현 수단으로 사용하여 자신의 고독을 순수한 테마로 숙성시킨 데서 찾아진다. 1960년대 중반 이후 김현승의 순수한 고독에 대한 믿음은 절대자로서의 기독교의 신에 대한 회의에서 싹튼 것으로 이 세상엔 결국 자신뿐이며 그렇기 때문에 고독을 벗삼아 살아갈 수밖에 없다는 결론에서 출발한다. 시 〈절대고독〉이라든가 〈견고한 고독〉에서 보듯 고독을 대체로 예술 창조의 전제 조건으로 간주한 릴케와 달리 고독을 신을 대신한 영원성으로까지 숭배하여 표현했다는 점에서 그의 고독은 독창적인 면을 보인다.

언어구사 면에 있어서 김현승의 '절대 고독'의 시는 언어를 정확하게 조탁하여 자신의 관념을 언어의 외피로 씌워 보여준다는 점에서 릴케가 《신시집》에서 선보인 '사물시'에 가깝다. 김현승이 고독을 테마로 한 시를 쓰면서 화려함이나 파토스를 버리고 "건조미"[165]에서 매력을 느낀 점에서 더욱 그렇다.

그러나 김현승은 릴케와는 달리 궁극에는 다시 기독교의 신앙으로 돌아간다. 고혈압으로 쓰러지면서 그는 문학에 경도되었던 자신의 삶에 대해

165 김현승, 〈나의 고독과 나의 시〉, 《가을에는 기도하게 하소서》, 185쪽.

후회한다. 사실, 절대 고독을 추구한 그의 모습에서도 우리는 언제나 기독교적 윤리와 생명 의식을 바탕으로 시작 활동을 했던 그의 기본자세를 확인할 수 있다. 고독은 그에겐 또 하나의 종교였던 셈이다. 그의 고독은 기독교적인 자기 각성 과정이라고 할 것이다. 고독의 과정이 시쓰기의 연속이었던 점에서 본다면 그의 고독은 시문학을 거의 종교의 경지로까지 끌어올린 릴케의 세계에서 그렇게 멀리 떨어져 있는 것 같지 않다. 두 사람 다 고독 속에서 시를 씀으로써 인간 존재의 본질을 탐구하고 스스로 존재의 상승감을 느꼈기 때문이다.

8장

'마음'에서 '언어'로

—김현승의 시 세계

보들레르는 언젠가 "한 시인의 영혼을 헤아려 보려면, 그의 작품에서 빈번하게 쓰인 낱말을 찾아야 하며, 이를 통해 그가 무엇에 사로잡혀 있는가를 알 수 있다"[166]고 밝힌 바 있다. 김현승의 전全 작품을 통해서 이러한 범주에 속하는 개념의 하나로 '마음'을 들 수 있다. '마음'이라는 말은 김현승의 시에서 드물지 않게 자주 만날 수 있다. 김현승은 우리에게 고독의 시인, 신앙의 시인, 견고의 시인 등으로 알려져 있다. 그러나 사실 이러한 호칭이 그에게 붙게 된 데에는 이 모든 것의 원천인 '마음'이 배경을 이루고 있다고 해도 무방할 것이다. 왜냐하면 그에게 중요하게 드러나는 문학적 테마들, 즉 신앙이나 고독은 '마음'의 작용의 산물이라 할 수 있는 관념, 또는 형이상학의 세계에 그 뿌리를 두고 있기 때문이다. 독일어로 관념론은 'Idealismus', 즉 '이상주의'이다. 김현승의 '마음'이 지향하는 한 쪽 끝에는 물질세계를 박차

166 Charles Baudelaire, *Oeuvres Complètes*, coll. Bibliothèque de la Pléiade (Gallimard, 1954), p. 1111.

고 상승하려는 '이상주의'의 기류가 흐르고 있음이 엿보인다. 그의 시는 마음의 작용에 기반한, 하나의 유토피아를 향한 몸부림의 반영이라고 할 수 있다.

모든 것은 '마음' 속에서 일어난다. 김현승이 그의 시에서 "마음"이라는 말을 주도적인 모티프로 사용하는 것도 이와 무관하지 않다. 따라서 "마음"이라는 말 속에 들어 있는 의미의 뉘앙스를 하나하나 따라가다 보면 김현승이 추구했던 바가 무엇인지 드러날 것으로 믿는다. '마음'의 자세에 따라 시어 역시 기도체가 되기도 하고 회의에 빠진 절망체가 되기도 하며 구원의 빛을 보기도 한다. '마음'을 시의 주도적인 모티프로 삼은 것은 궁극적으로 시인의 정신에 대해서 말하기 위함일 것이다.

그가 사용하는 "마음"이라는 말은 "영혼", "가슴" 등으로 변형되면서 여러 가지 양상으로 나타난다. "마음"은 기본적으로 정신적 자세를 뜻한다. 이러한 정신적 자세를 논할 때 우리가 빼놓을 수 없는 시인은 바로 독일어권 시인 라이너 마리아 릴케이다. 릴케 역시 우리말의 '마음'에 해당하는 독일어의 'das Herz'를 자신의 시에서 여러 가지 변형된 시각에서 시적 대상으로 삼고 있다. 이 장에서는 두 시인이 문학적 모티프로 삼은 '마음'이라는 낱말의 궤적을 추적하면서 이것이 두 시인의 시 세계에서 차지하는 비중에 대해 알아보고자 한다. 물론 그 목적은 두 시인의 시 세계를, 그 같음과 다름을 보다 뚜렷이 드러내 보이는 데 있다.

1. 시적 어휘로서의 '마음'

김현승은 우리에게 기독교적 신앙을 굳게 실천한 시인으로 알려져 있다. 그가 가장 중요시한 문학적 원천은 그 자신의 고백대로 성경이었다. 성경에서 '마음'이라는 말이 하나의 확정된 용어로 등장하는 것은 〈욥기〉 이후라고 할 수 있다. 이런 관점에서 '마음'과 관련하여 가장 흥미 있는 논의거리는 독일의 신비주의이다.[167] 신비주의의 요체는 신과의 직접적인 만남에 있다. 이것을 위해 전제되는 것이 바로 '고독'이다. 이 고독을 확보하기 위하여 신비주의에서는 '황야'나 '사막', '들판'으로 나아갈 것을 요구한다. 김현승의 시 〈고독의 끝〉에서 발견되는 다음 대목은 이와 상당한 유사점을 보여준다.

> 神은 무한히 넘치어
> 내 작은 눈에는 들일 수 없고,
> 나는 너무 잘아서
> 神의 눈엔 끝내 보이지 않았다.
>
> 무덤에 잠깐 들렀다가,
>
> 내게 숨막혀
> 바람도 따르지 않는
> 곳으로 떠나면서 떠나면서,
>
> 내가 할 일은
> 거기서 영혼의 옷마저 벗어 버린다.[168]

---

167 Vgl. Rüdiger Görner, "'Denken des Herzens': Zugänge zu einem Motiv in Rilkes Werk," in: *Blätter der Rilke-Gesellschaft*, Bd. 24(Frankfurt a. M., 2002). S. 148.
168 김현승, 《김현승 시전집》, 271쪽.

"바람도 따르지 않는 곳"은 곧 '황야'나 다름없다. 그야말로 그 누구도 찾을 수 없는 자신만의 고독의 공간이다. 죽어서 들르는 안식처인 "무덤"에서마저 떠난 곳은 극단적인 체험의 공간이다. 시인은 전래된 의식儀式을 거부한다. 마음이 '황야'와 같음은 고독 속에 칩거하는 상태를 말한다. 마음은 동시에 신에 대한 회의懷疑의 공간이다. 원래 마음은 많은 것이 와서 깃들이는 장소인데, 신을 회의하는 인간은 고독의 공간 속에 허망하게 자리할 수밖에 없다. 이때 마음은 인식의 기관이 된다. 본디 릴케의 시에서도 마음은 종교적 활동 기관으로 나타난다. 그러기에 릴케는 "네 마음이 불타오르면/ 〔…〕 신은 그곳에서 창조를 한다"[169]고 말하는 것이다. 마찬가지로 김현승의 시에서 나타나는 외부 공간은 모두 시인의 내면 공간의 외적 표상으로 볼 수 있다. "영혼의 옷마저" 벗어버리는 행위는 마음을 극단적으로 정화하려는 의지를 담고 있다. 그 정화의 끝 마당에 시인이 바라는 가장 순수한 상태가 있다. 이렇게 볼 때 그에게 고독은 오히려 신을 맞이하기 위한 자세이다. 고독에의 의지는 언젠가는 신이 찾아오리라는 믿음에서 연유한다. "영혼의 옷"을 벗어버린 깨끗한 마음은 신이 거처할 수 있는 공간이기 때문이다.

릴케의 《기도시집》 제2부에서 시적 화자는 신을 찾아가는 순례의 길에서 자신을 나무에 비유하면서 신 찾기의 고통을 다음과 같이 토로한다.

그리고 당신을 파느라 피로 물든 나의 손을
나무가 가지를 뻗듯 활짝 벌려

169 《릴케 전집 1》, 200: "und wenn dein Herz dir glüht 〔…〕/dann schafft er drin."

허공에 번쩍 들어 바람을 쐽니다,

나는 그 가지들로 허공에서 당신을 빨아들입니다[170]

'순례'라는 표상은 우연의 세계에 대한 저항을 표현하는 동시에 이로부터 신을 향해 내면으로 되돌아가는 길의 상징이다. 순례의 과정은 신에 대한 탐구이다. 그것은 '마음'의 땅을 파는 작업으로 구상적으로 제시된다. 그 과정의 쓰디쓴 고통은 "당신을 파느라 피로 물든 나의 손"이라는 구절이 뚜렷하게 보여준다. 그 뒤 화자는 스스로가 한 그루 나무가 되어 신의 기운을 빨아들이고자 한다. 나무가 가지를 뻗듯 활짝 가슴을 펴는 동작은 대상을 향해 사랑의 감정을 가지고 '마음'을 여는 것을 뜻한다. 릴케에게 있어서 신 찾기는 시를 찾는 일이요 예술에 대한 고백이다. 그것은 손을 피로 물들이는 고통의 작업인 것이다. 시는 신과 교통하는 하나의 방식이라고 할 수 있다. 김현승의 시 〈내 마음은 마른 나뭇가지〉를 보자.

내 마음은 마른 나뭇가지

主여,

빛은 죽고 밤이 되었나이다!

당신께서 내게 남기신 이 모진 두 팔의 형상을 벌려,

바람속에 그러나 바람속에 나의 간곡한 抱擁을

두루 찾게 하소서.[171]

---

170 《릴케 전집 1》, 339: "Und meine Hände, welche blutig sind/vom Graben, heb ich offen in den Wind,/so daß sie sich verzweigen wie ein Baum./Ich sauge dich mit ihnen aus dem Raum"

시인의 "마음"은 나뭇가지가 되어 신을 포옹하고자 한다. 나무가 하늘을 향해 두 팔을 뻗고 무언가를 갈구하듯 시인 역시 신을 향해 자신의 뜻을 전하고자 한다. 위에 인용한 시에서 우리는 두 시인의 영혼의 상태와 그것을 시로 표현하는 기법에 있어서 유사성을 발견할 수 있다. 가장 큰 유사성을 보이는 비유는 나무와 하늘을 향해 두 팔을 뻗은 인간이다. 릴케는 "나의 두 손은 솟아올라/내 마음의 집 위에서/깃발처럼 펄럭입니다"[172]라고 읊조림으로써 "두 손"이 "마음"의 안테나와 같은 역할을 함을 나타낸다. 그것은 신을 향한 갈구의 몸짓을 뜻한다. 김현승은 가을이 되어 쓸쓸한 마음에 젖어 있는 자신을 잎이 다 떨어진 나무에 비유하여 다음 같이 말한다(〈나무〉).

가을이 되어 내가 팔을 벌려
나의 지난날을 기도로 뉘우치면,
나무들도 저들의 빈 손과 팔을 벌려
치운 바람만 찬 서리를 받는다, 받는다.[173]

시인은 나무에게서 인간의 자세를 유추하고 있다. 릴케의 《젊은 시인에게 보내는 편지》에서 예술가는 한 그루 나무에 비유된다. "예술가는 나무처럼 성장해가는 존재입니다. 수액樹液을 재촉하지도 않고 봄 폭풍의 한가운데에 의연하게 서서 혹시 여름이 오지 않으면 어쩌나 하고 걱정하는 일도

---

171 김현승, 《김현승 시전집》, 115-116쪽.

172 《릴케 전집 2》, 323: "Und meine Hände heben sich heraus/und wehn auf meines Herzens Haus/wie Fahnen."

173 김현승, 《김현승 시전집》, 451쪽.

없는 나무처럼 말입니다."[174] 이와 유사하게 김현승의 '마음'은 허허벌판에서 성숙을 바라 두 팔을 벌리고 서 있는 "나뭇가지"가 되는 것이다. 그것은 시인으로서 만물에 대해 마음을 열어놓았음을 은유적으로 표현하는 것이다. 시인은 그러한 자세를 차가운 바람이 부는 가을 벌판의 나무에게서 배우고 있다.

2. '마음'에서 '언어'로

시인에게 있어서 '마음'으로부터 작동하여 궁극적인 성취의 목표가 되는 것은 '언어'이다. '언어'는 또한 궁극적으로 변용의 개념으로 발전한다. 마음의 움직임은 언어로 표현되기를 원하며, 그것은 시인이 말을 위하여 자신의 가슴을 사용하는 일이다. 이 과정은 시적 변용이라는 이름으로 불린다. '언어'를 사용하는 주체는 피상적 존재가 아니라 이 땅에 발을 붙이고 사는 인간이다. 따라서 시인의 경우 관심사는 '마음'에서 출발하여 '언어'에 대한 고뇌를 거쳐 신에 대한 봉사로 나아간다. 김현승의 〈지상의 시〉는 이러한 과정을 잘 보여준다. 그의 문학적 모티프의 많은 것이 이 시 안에 들어 있다.

보다 아름다운 눈을 위하여
보다 아름다운 눈물을 위하여
나의 마음은 지금, 喪失의 마지막 잔이라면,
詩는 거기 반쯤 담긴

---

174 라이너 마리아 릴케, 《젊은 시인에게 보내는 편지》, 김재혁 옮김(고려대학교 출판부, 2006), 31쪽.

가을의 향기와 같은 술…

사라지는 것들을 위하여
사라지는 것만이, 남을 만한 眞理임을 위하여
나의 마음은 지금 저므는 일곱時라면,
詩는 그곳에 멀리 비추이는
입다문 窓들…

나의 마음—마음마다 로맨스 그레이로 두른 먼 들일 때,
당신의 영혼을 호올로 北方으로 달고 가는
詩의 검은 汽笛—

天使들에 가벼운 나래를 주신 그 은혜로
내게는 자욱이 퍼지는 言語의 무게를 주시어,
때때로 나의 슬픔을 위로하여 주시는
오오, 地上의 神이여, 地上의 詩여![175]

첫 연에서 "마음"은 심장의 다른 표현으로서 공간적인 메타포로 등장한다. 시인은 자신의 심장을 불태워 "반쯤 담긴" 술, 즉 시를 만들어낸다. 또한 "마음"은 시간적 배경으로 등장하기도 하고 "먼 들"로 나타나기도 하면서 시를 위해 자신을 헌신한다. 그렇다면 시는 시인에게 무엇인가? 그것은 그의 "슬픔을 위로하여" 주는 "지상의 신"이다. 즉 시는 인간의 생래적 외로움을 달래주는 매체이다. 이것이 가능한 까닭은 바로 "언어"의 존재 덕분이다.

175 김현승, 《김현승 시전집》, 106쪽.

신은 천사들에게 가벼운 나래를 주었듯이 시인에게는 "언어"를 주었다. 그 은혜에 힘입어 시인은 "사라지는 것들을 위하여" 시를 쓰는 것이다. 이를 두고 릴케는 "눈의 작업은 끝났으니,/이제 마음의 작업을 행하라/네 안에 갇힌 형상들에게"[176]라고 말한다. "마음의 작업"이란 "눈의 작업"을 통해 마음속에 들어와 앉은 형상들을 사랑하는 일이다. 이것이 언어로 소생하는 과정을 릴케는 독일어의 관용구를 약간 변형하여 "마음을 혀에"(《릴케 전집 5》, 368)라고 표현한다. 김현승의 시 역시 이와 같은 작업 과정을 통해 생겨남을 위 시는 우리에게 알려준다.

릴케는 또한 아내에게 보낸 한 편지에서 이렇게 쓴 바 있다. "내가 음료를 준비할 시기가 올 것이오. 그리고 신의 강건強健을 위해 모든 것이 응축되고 결합되어 있는, 독성이 가장 강하고 치명적인 것을 그에게 바칠 또 다른 때가 올 것이오."[177] 여기서 "모든 것이 응축되어 있는" "독성이 가장 강하고 치명적인 것"은 릴케의 입장에서 볼 때 극도의 고통을 통하여 잉태한 예술작품을 말한다. 그에게 있어서 "예술작품이란 언제나 그 어느 인간도 더 이상 갈 수 없을 정도로 갈 때까지 간 경험, 극도의 위험에 처한 것의 산물"[178]이기 때문이다. 김현승의 마음가짐도 위에 예로 든 시로 미루어 이와 다르지 않은 것 같다. 그것은 진정한 시인이 갖추어야 할 자세이다. 이것이 바로 김현승이 주장하는 "추구의 진실성"[179]일 것이다.

---

176 《릴케 전집 2》, 83-84: "Werk des Gesichts ist getan,/tue nun Herz-Werk/an den Bildern in dir, in jenen gefangenen."

177 Rainer Maria Rilke, *Briefe aus den Jahren 1907 bis 1914*, hrsg. v. Ruth Sieber- Rilke und Carl Sieber(Leipzig, 1933), S. 46.

178 Rainer Maria Rilke, *Briefe*(Wiesbaden, 1950), S. 162.

3. 자기 연소의 언어

김현승은 자신의 '마음'이 향하는 공간이 속세의 일들로 물들어 있는 이 땅이 아니라 초월적 존재의 공간임을 자신의 시적 고백을 통하여 밝히고 있다.

> 나의 形而下의 생활은 이 냉혹한 현실에 부착되어 옴짝할 수 없으면서도 언제나 形而上의 半身만은 무엇인가 미련을 놓지 못하고 공상과 같은 이미지를 잡으려고 허우적거리고 있으니, 그 모양이 저 형벌 받는 르시페르보다 결코 나을 것이 무엇이겠는가?[180]

시인은 이처럼 형벌을 받은 존재로서 하늘을 향해 늘 일어서려고 노력한다. 그 닿는 곳이 불확실성 속에 위치하고 있기에 그는 늘 존재의 불안을 느낀다. 그렇지만 그는 릴케가 말한 "천사의 공간" 같은 순수한 형이상의 공간을 향해 몸부림친다. 릴케의 〈가을날〉에 대해서 말하면서 김현승은 "시인 릴케는 가정마저도 갖지 않고 호올로 있기를 원했다. 정신의 폐허가 된 이 현대의 황무지에다 새로운 질서를 세워보려 하였던 것이다. 나도 가을에는 릴케의 시와 같이 집을 떠난 먼 속에서 호올로 방황하고 싶은 마음의 충동을 종종 경험한다. 내가 집을 떠나고 싶어하는 것은 나 혼자 아무도 모를 정신의 高地를 점유하고 싶은 때문이다"[181]라고 현실 초월에의 동기가 구체적으로 무엇인지 언급하고 있다. 김현승이 인간적인 한계를 벗어나 순수한

179 김현승, 〈시였던 예수의 언행〉, 《김현승 전집 2—산문》, 297쪽.
180 김현승, 〈시인으로서의 '나'에 대하여〉, 《고독과 시—詩論과 隨想과 문학적 自傳》(지식산업사, 1977), 223쪽.
181 김현승, 〈커피를 끓이면서〉, 《고독과 시》, 27쪽.

정신 상태를 동경했음이 여기서 드러난다. 시 〈옹호자의 노래〉를 보자.

말할 수 있는 모든 言語가
노래할 수 있는 모든 선택된 詞藻가
疏通할 수 있는 모든 침묵들이 속
涸渴하는 날,
나는 노래하련다!

모든 우리의 無形한 것들이 허물어지는 날
모든 그윽한 꽃향기들이 解體되는 날
모든 信仰들이 立證의 칼날 위에 서는 날,
나는 擁護者들을 노래하련다![182]

김현승이 꿈꾸는 것은 우선 기존의 것들의 해체이다. 그의 해체는 궁극적으로 새로운 탄생을 위한 전제이다. 시인은 현재의 질곡을 넘어서는 새로운 정신의 대변자들을 "옹호자"라 부르며 그들을 위해 노래하겠다는 굳은 다짐을 말한다. 유토피아적 내용을 담고 있는 이 시는 내용상 릴케의 《말테의 수기》 중 이른바 "다른 해석의 시기"를 연상시킨다. "다른"이라는 말이 표현하는 바 말테가 현재 처해 있는 상황은 지금까지와는 상당히 다른 급격한 변화를 가져올 특이한 상황이다. 이것은 개인적인 측면에서 볼 때는 자아의 내면에서 일어나는 변화와 일치한다.

---

182 김현승, 《김현승 시전집》, 155쪽.

> 잠시 동안 더 나는 모든 것을 기록하고 말할 수 있으리라. 그러나 나의 손이 나로부터 멀리 떨어져 있어, 내가 나의 손을 향해 쓰라고 명하면, 나의 손은 내가 생각지 않은 말들을 써 내릴 그런 날이 올 것이다. 다른 해석의 시기가 밝아오리라. 반대쪽에 남아 있는 말은 하나도 없으리라. 모든 의미는 구름처럼 녹아 물처럼 흘러내리리라. 이처럼 두려움에도 불구하고 마침내 나는 무언가 위대한 것을 앞에 두고 있는 사람과 같다.
> ―《릴케 전집 6》, 756.

말테는 새로운 것의 영향 아래 지금까지의 모든 것이 거의 완전히 해체되는 순간 존재의 고양을 체험하게 될 것이라고 말한다. 이것이 그에게 있어서는 진정한 문학으로 나아가는 길이다. "다른 해석의 시기"가 릴케의 문학적 자기실현 과정과 관계가 있음은 '글을 쓴다'는 말이 주도적으로 등장하는 데서 파악할 수 있다. 이 글은 릴케의 예술 행위와 관련된 모든 것을 담고 있다. 《말테의 수기》의 이 부분은 시인이 꿈꾸는 유토피아에 대한 열망을 보여준다. 그것은 곧 언어와 관련된 문제이다. 시인은 가장 완벽한 언어를 꿈꾼다. 자기 것이면서 자기 것이 아닌, 그야말로 천지개벽을 이끌어낼 수 있을 만큼의 태초의 신의 말씀 같은 것을 말이다. 김현승의 경우도 고독은 말테처럼 마지막 한 걸음을 떼어놓기 위한 전 단계로서 "그의 생명을 불태워 버리려는 연소 작업에 귀일되고 있으며, 그러한 자기 연소는 최후의 언어"[183]를 얻고자 하는 데 있다. 진정한 시적 변용은 고통을 언어로 바꿈으로써 완수된다.

---

183 최하림, 〈수직적인 세계―김현승의 인간과 문학〉, 《창작과 비평》, 10권 1호 (1975년 여름), 176쪽.

지금까지의 논의로 짐작컨대, 김현승의 타고난 기질상의 유사성이 릴케의 시적 정서와 많은 점에서 비슷한 점을 보인다고 말할 수 있을 것 같다. 김현승의 '마음'은 주변의 변화에 반응하며 나름의 내면의 풍경을 구성한다. 이때 '언어'는 '마음'의 시의 무늬를 빚는 그릇이다. 릴케는 "어디에 있는가,/그녀가 하나로 노래한/그것은?/그 시인의 마음은?/: 바람,/보이지 않는,/바람의 내면인 그것은"[184]이라고 시인의 마음을 정의한다. "시인의 마음"을 통해서 이 세상 만물은 "하나로" 노래된다. "시인의 마음"이 있기에 세상은 분열되지 않고 계속해서 존재한다. "마음"은 인간 정신의 기본적인 틀을 형성하는 에너지원이자 외부의 사물이나 표상을 내면으로 유입하여 하나의 작품으로 재생산하는 변형의 공간으로서 한 시인의 삶의 틀을 이루는 것이다. 이 세상에 남는 것은 "바람"이다. "바람의 내면"이다. 그것은 곧 바람꽃의 중심처럼 흔들리지 않는 "시인의 마음"이다. "시인의 마음"은 "바람"처럼 사물을 스쳐지나가며 자신의 존재를 알린다. 그러므로 시는 시인의 입김이 되는 것이다. 그 원천은 물론 그 무언가를 향한 식을 줄 모르는 그리움이다. 그것이 김현승의 경우엔 '고독'이 되기도 하고 '신'이 되기도 하는 것이다.

184 《릴케 전집 2》, 501.

9장

1950, 60년대 한국 시단에 끼친 릴케의 영향

— 전봉건, 박양균, 김수영의 경우

릴케가 우리 시인들에게 무엇이었나 하는 점은 우리 시인들이 릴케를 수용함에 있어서 어디에 중점을 두었느냐에 따라 주제의식의 측면과 형식미학적 측면에서 나누어 짚어볼 수 있다. 일본의 식민지 통치 시절, 릴케의 작품이 주로 일본에서 많이 번역됨으로써 그 시대를 걸쳐 살았던 우리의 많은 시인들은—무조건적으로 다 그런 것은 아니지만—그로부터 많은 영향을 받는다. 그 대표적인 예가 1930년대 후반의 박용철과 40년대 초반의 윤동주이다. 박용철은, 〈시적 변용에 대해서〉라는 글에서 알 수 있듯, 창작 과정의 측면에서, 그리고 윤동주는 초기 시에서 보이는 릴케의 시적 화자의 자세, 특히 여성성의 측면에서 각각 릴케를 수용한 것으로 여겨진다. 이후 주제의식과 형식미학적 측면에서 릴케를 모두 수용한 시인으로 김춘수가 등장한다. 그는 진정으로 릴케에 심취하여 시의 제목이나 시풍에 있어 릴케를 따랐으며, 그리고 2004년 세상을 뜨기 약 10달 전에는 릴케의 〈묘비명〉을 나름대로 재해석한 〈장미, 순수한 모순〉이라는 시를 남기기도 했다. 이러한 릴케 수용의 역사에서 1950년대와 60년대에 걸쳐 독특한 위치를 점하는 시인으로 우리는 한국동란이라는 시대상과 관련하여 전봉건과 박양균을 말할 수 있다. 두 시인에게 있어서 주목할 만한 점은 6·25전쟁의 고난과 아픔을 노래하는 가운데 자신의 실존적 존재의 규명에 시적 서술의 무게를 두고 있다는 것이다. 특히 전봉건은 초기의 시적 세계의 주제와 이후의 시적 이미지의 섬세한 구사라는 면에서 릴케의 영향 아래 있는 것으로 보인다. 그리고 또 이들과 같은 시대를 살면서 전혀 다른 시적 경향을 보였던 김수영 역시 1950, 60년대 릴케 수용에 있어서 또 다른 관점에서 주목의 대상이 된다.

1. 전봉건이 수용한 릴케

전봉건은 1950년 《문예》지(1, 3, 5월호)를 통해 서정주와 김영랑의 추천을 받고 문단에 데뷔한다. 그때 그가 등단 작품으로 선을 보인 시는 〈願〉, 〈四月〉, 〈祝禱〉 등이나. 그 시절의 등난은 수많은 습작의 과성을 거져 이루어졌기 때문에 그의 등단 작품을 살펴보는 것은 그가 어떠한 시적 특성을 지녔으며 그가 그 시기에 외부로부터 어떠한 영향을 받았는지 가늠해볼 수 있는 계기가 된다.

> 부드러움을 한없이 펴는 비둘기같이/상냥한 손을 주십시요.//빛나는 바람 속에서 태양을 바라/꽃피고 익은 젖가슴을 주십시요.//새맑안 들이랑 하늘이랑… 바다랑/그런 냄새가 하는 입김을 주십시요.[185]
> —〈願〉 부분

말끔히 문풍지를 떼어 버렸읍니다.//언덕 위에 태양을/거리낌없이 번쩍이게 하십시오.//풋색시의 젖꼭지처럼 부풀은/새싹을 만지게 하십시오.[186]

—〈祝禱〉 부분

우리게 무슨일이 일어나게 하시옵소서!/보시오 우리가 얼마나 생활을바라고 떨고있는가./우리는 높이 오르고저 하나이다./광휘와같이 노래와같이[187]

—릴케, 〈마리아께 드리는 소녀들의 기도〉, 박용철 역.

먼저 표현상으로 "-주십시오"와 "-습니다" 체가 눈에 띈다. 자신을 낮춘 시적 화자가 그 어떤 절대자를 향해 무언가를 갈구하고 기도를 올리는 인상을 준다. 또한 시어에서 상당히 여성적인 자태를 풍긴다. 시적 화자는 여성과 같은 자태로 성취를 향한 희구를 그리고 있다. 그래서인지 많은 시어들이 릴케의 초기 시를 닮아 있다. 무언가 완성된 것을 앞으로 바라는 측면에서 릴케의 초기 시 중 〈마리아께 드리는 소녀들의 기도〉를 빼닮은 듯한 느낌을 준다. 위에서 인용한 릴케의 시는 1936년 6월에 박용철이 번역하여 《여성》지에 실은 작품이다. 어투나 시적 분위기에서 많은 부분 비슷함을 알 수 있다. 전봉건이 박용철의 번역을 읽고 이로부터 영향을 받았음을 추정할 수 있는

185 전봉건, 〈願〉, 《문예》, 1950년 1월, 168쪽. 여기에는 이 시를 쓴 사람이 "전봉건"이 아닌 "전봉래"로 되어 있다. 아마도 형인 전봉래의 이름으로 투고한 듯하다.

186 전봉건, 《꿈 속의 뼈》(槿域書齋, 1980), 14쪽.

187 박용철, 《박용철 전집 1—시집》(깊은샘, 2004), 326쪽.

대목이다. 게다가 전봉건은 추천 완료 소감에서 특별히 릴케를 언급하고 있어 릴케로부터 받은 영향을 적어도 이들 등단작품에서 파악해내는 일은 그리 어렵지 않아 보인다. 그것은 시인으로서의 완성을 그리는 염원의 관점에서 조망할 수 있다. 시 〈願〉과 〈祝禱〉는 자연의 사물을 바라보고 이를 시적으로 형상화할 수 있는 능력을 달라고, 나아가서 자신이 시인으로서 완성에 이르게 해달라고 절대자를 향해 올리는 기도에 다름 아니다. 기도체로 릴케의 〈가을날〉을 모방한 듯한 작품 성향은 전봉건의 시 〈과일주〉의 "때가/되었습니다./오늘은/큰 치마를 입고/나가시지요"[188]라는 구절에서도 발견된다.

첫 시집 《사랑을 위한 되풀이》(1959)의 〈後記〉 첫머리에 전봉건은 이렇게 적고 있다. "'더욱 일하라.' 이 첫 시집을 내는데 들려오는 목소리가 있다. '로당'의 한 마디. '더욱 일하라.'" 이 말은 릴케가 파리에서 로댕을 만나면서 로댕에게서 들은 말이다. 《기도시집》의 〈순례의 서〉 이후로 창작의 위기에 빠져 있던 릴케에게 이 말은 하나의 복음처럼 들려왔다. 중기의 릴케에게 이 말은 시쓰기 작업에 임할 때 하나의 좌우명이 되었다. 이 말을 직접 자신의 첫 시집의 후기 첫머리에 놓은 전봉건의 태도에서 그만큼 릴케와의 연관성을 유추할 수 있는 맥락을 볼 수 있다. 이렇게 보면 시인으로서의 소명의식의 관점에서 전봉건은 릴케에게 많은 빚을 지고 있다고 할 것이다.

또한 전봉건에게 있어서 릴케와의 만남의 직접성은 그가 술회한 〈릴케와 두 선배시인〉이라는 글에서 확인된다. 해방 직후 소련군이 진주한 평양

188 전봉건, 《전봉건 시선》(탐구당, 1985), 143쪽.

에서 그는 18세의 소년으로 릴케 시집을 늘 끼고 다녔다고 한다. 그 책은 크라운판 크기의 상당한 부피를 지닌 호화판 책이었는데 초기 작품부터 중기의 대표작인 《신시집》까지의 시들이 수록되어 있었으며 그의 마음을 매혹케 하였다고 한다. 그러나 그는 이미 그보다 1, 2년 전에 릴케를 접했다. 그것은 프랑스 문학을 전공하던 형 전봉래의 서가에서 발견한 릴케의 《젊은 시인에게 보내는 편지》를 통해서였다. 그때 그가 읽은 한 구절은 그의 마음 속에 깊이 박혀 오래도록 잊히지 않았다. "깊은 밤에 물어보라. 나는 과연 이 밤에 시를 쓰지 않고는 잠을 이룰 수는 없는 것인가 어떤가를. 그리하여 '그렇다'라고 대답이 나오면 당신은 시를 써야 할 것이다."[189] 물론 릴케의 원문과는 조금 다르게 기억하고 있지만 릴케의 첫 번째 편지에서 받은 감흥이 그로 하여금 시인의 길로 들어서게 한 것은 사실인 것 같다. 릴케의 《젊은 시인에게 보내는 편지》가 담고 있는 위안의 요소는 그가 곧 릴케를 위안과 안식의 시인으로 간주하는 계기가 된 것으로 보인다. 군사학교를 자퇴한 릴케와 비슷한 인생행로를 걸으며 젊음의 방황 길에 처해 있던 청년 크사버 카푸스의 삶의 물음에 릴케는 자신의 삶의 경험을 되짚어가며 진심어린 마음으로 답변하고 있기 때문이다.

게다가 전봉건은 1976년 《현대시학》 1월호에서 밝힌 글에서 이북에서 월남하는 뱃길의 큰 파도 속에서도 릴케의 프랑스어 시집 번역본 《과수원》을 꼭 품에 품고 있었으며, "한 마디로 말해서 이 시기의 내게 있어서 릴케는 시의 시작이요 끝이었다. 시의 전부였다"[190]고 술회하고 있다. 그러나 그는

189 《현대시학》, 8권 1호(1976년 1월), 17쪽.
190 위의 책.

6·25전쟁을 겪으면서 그리고 두 사람의 선배 시인을 발견하면서 릴케에게서 떠났다고 말한다. 윤동주와 김춘수가 그들인데 그들의 '유니크'한 시적 세계를 마주하면서 릴케에게 머물러 있어서는 안 된다는 점을 깨달았기 때문이다. 그러나 그는 이렇게 말한다. "그러나 시를 대하고 지니는 준엄하고 결백한 그〔릴케〕의 태도는 지금 현재에도 나의 거울이 되고 있다."[191]

여기서 우리가 한 가지 주목해야 할 점은 전봉건이 주로 일본어 번역을 통해 릴케의 세계로 들어갔다는 사실이다. 이 점은 당시 우리 시인들에게 공통적인 현상이다. 사춘기에 해방을 맞이한 전봉건은 사물이나 관념을 일본어로 생각하고 그것을 다시 우리말로 옮기는 희생을 치러야 했다. 이에 대해서도 전봉건은 《한국전후문제시집》의 '시작노트'에서 다음과 같이 구체적으로 밝힌 바 있다.

> 한 편의 시를 쓰기 앞서 그것을 머리 속에서 구상할 때 머리 속에 이루어지는 구상은 일본어로 연락되고 조직되는 것이다. 왜냐하면 아직도 나의 모국어 실력은 내가 나의 한 편의 시를 쓰는 데 충분한 힘이 못 되었던 것이다. 이러한 고통이나 비극은 지금 나와 같은 30대의 시인이나 소설가가 역사적으로 짊어졌던 공통적인 장벽이었으리라고 짐작된다.[192]

이 점에서 본다면 그는 일본의 식민통치 시대에 릴케의 수용에 앞장섰던 박용철의 처지와 그리 다를 게 없어 보인다. 박용철 역시 독한사전이 없던 시절에 독일어를 일단 일본어로 옮기고 그것을 다시 우리말로 옮기는 이중

---

191 위의 책.

192 백철 외 편, 《한국전후문제시집》(신구문화사, 1961), 403쪽.

작업을 했기 때문이다. 그러나 전봉건은 박용철의 경우보다 더 사정이 나빴다. 일본어가 완전히 자신의 언어로서 확정되기도 전에 한글로 시를 써야 하는 상황에 직면했기 때문이다.

그러나 앞서 말한, 전봉건이 릴케의 세계로부터 멀어졌다고 하는 점에 대해서도 우리는 자신을 극화하려고 한 것은 아닌가 하는 측면에서 다시 생각해 보아야 한다. 왜냐하면 그는 그 이후로도 많은 글에서 릴케를 직접 호명하고 있기 때문이다.

2. 한국동란과 릴케

전봉건의 시적 행로에 커다란 걸림돌이 된 것은 6·25전쟁이다. 그는 1950년 등단하자마자 전쟁터로 끌려나가 부상을 당하고 제대를 한다. 그때 겪었던 체험은 그에겐 정신적 상처로 늘 그를 괴롭힌다. 등단작품에서 보여주었던 시인으로서의 완성을 향한 순수한 존재론적 염원은 이로 인해 좌절을 겪는다.

기본적으로 그는 인류의 역사를 전쟁의 역사로 파악하고 있다. 그는 시론집 《시와 인생의 뒤안길에서》를 여는 글에서 이렇게 말한다. "인류의 역사는 전쟁의 역사입니다. 3천년에 이르는 인류의 오랜 역사. 그러나 그 동안 인류가 가진 모든 역사책은 여러 나라가 흥하고 망한 기록으로만 채워져 있습니다. 한 없이 되풀이하는 전쟁의 기록으로만 채워져 있는 것입니다."[193] 그는 1957년에 발표한 시 〈라이나 마리아 릴케에 대하여, 전쟁과〉에서 전쟁

193 전봉건, 《시와 인생의 뒤안길에서》(중앙사, 1965), 7쪽.

을 되새기며 릴케의 이름을 부르며 다음과 같이 읊조린다. 전봉건은 릴케의 이름을 전쟁의 폐허와의 관련하에서 언급하고 있다. 이는 김춘수가 그의 시 〈旗〉나 〈릴케의 章〉에서 릴케를 하나의 구원의 손길로 보아 그의 이름을 외친 것과 같은 맥락이다. 이것이 바로 1950, 60년대 릴케 수용의 한 특징이다. 그렇다면 릴케는 어떠한 의미에서 우리에게 구원이 될 수 있는가?

> 그러면
> 라이나 마리아 릴케
> 당신은 누구인가.
> 그러면 나는 무엇인가.
>
> 진달래 같은 은하가
> 쓴바귀 미나리 노래하며 메랑 달래랑 캐던 냇가와 언덕에 비는 나리고, 砲彈은 나리고, 쏟아지고,
> 나는 外人部隊라는 〈필립〉 下士와 〈껌〉을 씹으며 장난을 치며
> 찢어 허쳐진 四月의 破片 속에 人間을 사냥하고. 그러나 砲煙이
>
> 걷히었다 뭉키는, 걷히이는 바위 틈에 꿈처럼 은하처럼 하나 핀 진달래로
> 하여 더 가까이 太陽을 느낀
> 새처럽
> 내가 휘파람을 불게 한,
>
> 라이너 마리아 릴케
> 단 한 사람 薔薇의 가시에 찔리어서 죽은 〈樹木과 같이 자라〉라는 목소리의 당신은 누구일까?

오늘 詩를 쓰는 나는 무엇일까?[194]

한 송이 진달래가 피어 있어 태양의 존재를 확실히 느낀 새처럼 전봉건은 릴케가 있어 절망 속에서도 휘파람을 불 수 있다고 노래한다. 장미 가시에 찔려서 죽었다는 속설의 릴케의 죽음까지 언급하며 그는 죽어서도 이승을 향해 외치는 릴케의 목소리에서 구원의 빛을 본다. 릴케는 "수목과 같이 자라"라고 외친다. 《젊은 시인에게 보내는 편지》에서 릴케가 젊은 시인을 향해 한 말이다. 그러면서 자기에게 있어서 시란 무엇인가, 시를 쓰는 그는 무엇인가를 생각한다. 여기서 죽어서도 노래를 부른다는 의미에서 릴케의 〈묘비명〉의 영향도 개재되어 있음을 알 수 있다. 이렇게 릴케는 소생의 의지를 주는 존재로 나타난다. 직접적으로 릴케를 노래한 이 시에서 전봉건에게 시인 릴케가 과연 무엇이었는지는 저절로 드러난다.

전쟁의 아픔을 풀어줄 수 있는 인간적 모티프를 전봉건은 인간들 사이의 사랑에서 발견한다. 그는 《시와 인생의 뒤안길에서》의 '후기'에서 이렇게 말한다. "이런 것을 생각해 보았습니다. 인간의 사랑의 역사들. 오랜 옛날부터 지금까지 인간이 엮어 내려오는 향기롭고 아름다운 역사. 증오와 유혈의 전쟁의 되풀이, 그것만이 인간이 지니는 역사가 아니었을 것입니다. 전쟁의 불길은 수 없이 타올라 인간의 지평선을 불살라 버렸습니다. 그러나 그 황토에서 꽃은 끊이지 않고 피어났듯이, 인간의 사랑의 샘도 마를 줄 모르게 솟아났습니다."[195] 그는 같은 책에서 릴케를 이렇게 평한다. "시인 릴케에는 인인

194 김종삼·김광림·전봉건, 《전쟁과 음악과 희망과》(자유세계사, 1957), 92쪽 이하.

애(隣人愛)라는 이름의 사랑이 있었다고 합니다. 릴케는 이성간의 사랑도 그것이 이성에서 이성에의 사랑으로 끝나는 것이 아니라, 좀더 높고 큰 '인간에서 인간에의 사랑'이 되지 않으면 안 된다고 했는데, 이러한 그의 얘기에도 그의 인인애의 사상이 깃들어 있다고 할 것입니다."[196]

전봉건은 릴케에게서 전쟁의 상흔을 치유해줄 수 있는 구원의 메시지를 발견하고 있다. 릴케 역시 1차 대전을 겪었다는 사실이 일단 전봉건에게 많은 점에서 위안을 준 듯하다. 전쟁의 상흔을 이기기 위한 노력은 당시 실존철학에의 경도와 사랑과 고독을 노래한 시인들에 대한 칭송으로 이어진다. 하이데거를 비롯한 당시 철학자들의 실존주의의 물결이 릴케 이해에 영향을 끼친 것으로 볼 수 있다.

같은 시기의 박양균 역시 전쟁을 이야기하면서 릴케의 이름을 거론한다. 박양균은 릴케의 시 구절을 자신의 시 〈꽃〉의 첫머리에 놓고서 다음과 같이 전쟁의 아픔을 노래한다.

그 神은 너에게 沈默으로 答하리라 — 릴케

사람이 사람과 더불어 亡한 이 荒蕪한 戰場에서 이름도 모를 꽃 한 송이 뉘의 委囑으로 피어났기에 상냥함을 발돋움하여 하늘과 맞섬이뇨.

그 무지한 砲聲과 爆音과 高喊과 마지막 殺戮의 피에 젖어 그렇게 육중한 地軸이 흔들리었거늘 너는 오히려 靜謐 속 끝없는 부드러움으로 자랐기

195 전봉건, 《시와 인생의 뒤안길에서》, 430쪽.
196 위의 책, 10쪽.

에 가늘은 모가지를 하고 푸르른 天心에의 길 위에서 한 점 웃음으로 지우려는가[197]

"그 神은 너에게 沈默으로 答하리라 — 릴케." 이 구절은 릴케의 프랑스어 시집 《과수원》에 나오는 대목이다. 원 텍스트 그대로 옮기면 "우리가 어떤 신을 노래하면 그 신은 우리에게 그의 침묵을 돌려줄 것이다. 우리 중 어느 누구도 침묵하지 않는 신에게로 다가가지 못하거늘"(《릴케 전집 2》, 520)이다. 신은 더 이상 우리에게 답하지 않는다. 신은 우리에게 숨은 신이 되어버렸다. 박양균의 이 시는 전쟁의 참혹성과 그 참혹의 현장을 극복하고 피어난 꽃을 대비하여 진정한 인간성이란 무엇인가를 묻고 있다. 여기서 박양균은 릴케의 구절을 앞에다 놓아 릴케에게서 그 해답을 구하고 있다. 그러나 과연 신은 무슨 해답을 줄 수 있을 것인가? 신은 전장의 현장을 목격한 "꽃"에게는 그래도 "침묵"으로라도 답을 준다. 그러니 우리는 "꽃"을 하나의 지표로 삼아 희망을 노래해야 한다.

3. 꽃과 여인을 노래하다

결국 상처의 치유는 자연의 정화精華라고 할 수 있는 "꽃"을 향한다. 릴케가 장미를 사랑하여 정원에다 장미를 가꾸며 손님이 찾아오면 장미를 선물하고 종래에는 장미 가시에 찔린 것이 화근이 되어 세상을 떴다는 것은 잘 알려진 일화이다. 전봉건 역시 시 〈薔薇의 意味〉에서 장미를 이렇게 노래한다.

---

197 박양균, 《박양균 전집》(새벽, 1996), 11쪽.

薔薇는 나에게도/피었느냐고 당신의/편지가 왔을 때/五月에… 나는 보았다. 彈痕에/이슬이 아롱지었다.

그리고/빛나는 太陽/흙은 헤치었다.

무수한 자욱 무수한 자욱 무수한/軍靴자욱을 헤치며 흙은/絶色을/새 樹木과 꽃과 새들의 絶色을 키우고/그/가장자리엔 구름이 있었다./구름이…/〔…〕/一九五五年. 그리고/나는 믿었다./지금 戰爭의 〈베트나므〉의 불붙는/다릿목에서 뿌려진 人間의 핏방울을/떨치며 일어서는 한 잎/반짝인 풀잎사귀의/絶色을.

그리고 그리고 그리고 나는 알았다/三千萬의 피와 열매와 가지 또 뿌리가/흐터진 一五五 〈마일〉의/鐵條網의 밤과 검은 나의 裸身과/가슴을 曙光처럼 물들이며/뜨거운 당신의/불의 理由를.—祈禱인가 감겨진 당신의/속눈섭은 떨리이고. 그때/그렇다. 無限한 奇蹟같이 푸른 하늘과/바다를 닮은 둥근 당신의 가슴의/흰 부드러움 속에서 나의 두 손은/絶色의 사랑/絶色의 희망이었다.[198]

전쟁의 아픔을 나타내는 표현들과 생동하는 자연의 모습이 선명한 이미지들의 구사를 통해 극명하게 대조되어 있다. 희망과 창조를 향한 몸짓이 이 자연 사물들에게서 엿보인다. 죽음을 딛고 일어서려는 화자의 의지의 반영이다. 죽음은 창조를 위한 것으로 여겨진다. 그리고 이것의 바탕은 생

198 김종삼·김광림·전봉건, 《전쟁과 음악과 희망과》, 78-79쪽.

명력이다. 그것을 시인은 "絶色의 사랑"으로 표현한다. 여기서 자연 예찬은 "無限한 奇蹟같이 푸른 하늘과/바다를 닮은 둥근 당신의 가슴의/흰 부드러움 속에서"라는 표현으로 넘어간다. 시인은 생명력의 근원을 여자에게서 발견한다. 여자는 폐허를 딛고 새로운 세계를 만들어낸다. 남성과 여성의 만남에서 비롯하는 창조가 치유의 원천이 된다. 모계사회를 향한 은연중의 동경에는 부권사회에 의해 자행되는 전쟁을 증오하는 심정이 은밀하게 배어 있다. 자연의 포용력과 여성의 포근함이 "장미"를 통해 중첩되고 있다. 릴케가 즐겨 쓰던 시어를 이 시에서도 자주 발견할 수 있다. "기도"와 "속눈섭"이 그것이다. 앞서 말한, 전봉건이 꼭 끼고 다녔다는 릴케의 프랑스어 시집 《과수원》에서 주로 노래되는 대상은 사랑의 여인, 즉 에로스이다. 그렇다면 전봉건이 이해한 릴케의 여성성이란 무엇인가? 그것을 파악해내는 일은 그가 릴케로부터 받아들인 세계를 이해하기 위한 가장 기본적인 준비 작업이 될 듯하다. 그것은 릴케가 늘 여성을 긍정적이고 희망적인 존재로 파악하는 데서 이해할 수 있다. 《젊은 시인에게 보내는 편지》에서 릴케는 이렇게 말한다. "여자들은—이들의 내면에는 삶이 훨씬 직접적이고도 생산적이고 훨씬 신뢰감 있게 머물며 살고 있습니다—근본적으로 훨씬 성숙하고, 자신의 육체의 열매의 무게에 눌리며 삶의 표면 아래쪽으로 들어가보지 못한 가벼운 남자들보다 훨씬 인간적인 인간이 될 수 있음에 틀림없습니다."[199]

전봉건이 꽃, 항아리, 불, 새, 돌 등의 대상을 바라볼 때도 거기에는 항상 전쟁의 그늘이 어둡게 드리워져 있으며, 그의 세계 인식은 부정적인 현실에

199 라이너 마리아 릴케, 《젊은 시인에게 보내는 편지》, 김재혁 옮김(고려대학교 출판부, 2006), 73-74쪽.

서의 냉혹한 실존에 매달려 있었다.[200] 전봉건의 시에서 꽃은 다양한 의미를 지닌다. 그중 하나로 꽃은 여성의 이미지를 구현하며 나아가 구원과 삶을 의미한다. 전봉건은 전쟁의 암흑을 지탱하는 힘을 어둠 속에서 은은히 빛나던 항아리에서 발견한다.

> 그날 뚫린 가슴에서 내뿜는 피로 하늘과 땅덩이를 적시는 친구를 어깨에 메고 나는 부서진 銃뿌리와 屍體가 한데 타는 길을 밟고 아직도 눈먼 銃彈이 제자리처럼 壁에 와서 마구 박히는 어느 建物의 어둠 속으로 들어갔다. 무엇이 나를 거기서 소리 없이 부르고 있었던가. 어둠 속의 차거운 마루를 돌아들면서 나는 異常한 豫感에 사로잡혔다. 어깨 위에 꿈틀거린 친구를 고쳐 업었다. 〔…〕 그것은 무엇이었던가. 하나가 거기 놓이어져 있었다. 한 개의 항아리가 거기 고이 놓이어져 있었다. 고이 한 개의 항아리가 거기에 … 그리고 나는 아 그 突然한 靜寂을 支配하는 항아리의 푸른 살결의 光澤에 젖어, 어느덧, 燦爛한 祈願과 죽음에의 줄기찬 拒否와 무지개처럼 솟는 性慾으로 한없이 부풀어 오르는 것이었다. 항아리처럼, 항아리는 〈넘쳐나는 創造의 허리〉. 그렇다. 항아리는 永遠히 죽음과 屈辱의 生活에 꺾이지 않는 作業의 아름다운 모습이었다. 그 때부터다. 내가 생각한 것은. 우리의 흙이 철마다 꽃과 열매를 피고 망울져 맺게 하는 것은 우리의 흙의 限量없는 暗黑이—우리들의 오 限量없는 어둠이 黃金 太陽의 光度에 따라 千變萬化하는 光彩玲瓏한 女人의 허리가, 언제까지라도 젊은 靑磁 항아리가 지탱하고 있는 까닭이라고.[201]

---

200 강연호, 《한국 현대시의 미적 구조》(신아, 2004), 346쪽.

201 전봉건, 〈암흑을 지탱하는〉, 《사랑을 위한 되풀이》(춘조사, 1959), 115-116쪽.

온전한 자아를 다시 회복하기 위하여 그가 찾은 것은 여성의 자궁이 갖는 원초적 상징성이다. 그것은 곧 에로스의 세계이다. 전쟁으로 인한 존재 상황의 암흑 속에서 그로 하여금 생존을 가능케 해준 것은 다름 아닌 "항아리"이다. 항아리는 "넘쳐나는 창조의 허리"로 노래된다. 여기서는 항아리가 단순한 관능성이 아닌, 새로운 탄생을 가능케 하는 여성의 생식력을 의미한다. 전봉건의 의식 속에서 실존을 향한 몸부림은 정신적 상흔의 치유를 향한 외침으로 이어지고 그것은 다시 여성을 향한 에로스로 나아간다.

전봉건은 1974년 6월 《심상》지에 문학적 여정을 논하는 자리에서 릴케에게서 받은 충격을 이렇게 말한다. "그〔릴케〕의 여성적 측면 외에는 그때의 자기를 압도한 릴케를 회상해낼 수 없다."[202] 릴케를 여성성을 구가한 시인으로 보고 전쟁으로 인해 파괴된 인간성의 원형을 여성적인 원초성에서 찾으려는 의도로 보인다. 왜냐하면 전봉건의 시에서는 전쟁이라는 모티프가 하나의 상흔처럼 그 바탕을 이루고 있기 때문이다. "압도"라는 표현에서 전봉건이 얼마나 릴케에게 경도되었던가를 확실히 알 수 있다. 전봉건에게 있어서 전쟁은 먼저 피로, 이어서 꽃과 돌의 이미지로 형상화되면서 극복과 치유의 과정을 밟는다. 다시 말해 그는 전쟁의 상흔을 치유하기 위한 내면의 작업을 쉼 없이 계속한다. 이는 릴케가 어린 시절에 겪은 아픔을 치유하기 위하여 《말테의 수기》에서 행한 일련의 작업과 일치한다. 한 예로 말테의 어머니는 이 소설에서 실제 릴케의 실제 삶에서와는 달리 말테를 아주 다정하게 대한다.

---

202 《심상》(1974년 6월), 112쪽.

〈장미의 의미〉에서 꽃은 영혼의 상처를 낫게 해주는 여성의 손길로 칭송된다. 꽃은 희망과 평화의 상징이다. 나아가서 꽃의 이미지는 〈암흑을 지탱하는〉에 이르러 항아리와 여성성 그리고 대지의 창조력과 결합된다. 그것이 바로 '장미의 의미'이다. 둥근 모양은 항아리와 여자의 자궁의 두 가지 심상을 하나로 합쳐준다. 흙의 영원한 생명력을 통해, 그 한없는 복원력을 통해 시인은 전쟁의 상처를 치료하고자 한다. 릴케는 〈제9비가〉에서 이렇게 말한다. "어쩌면 우리는 말하기 위해 이곳에 있는 것이다: 집, 다리, 우물, 성문, 항아리, 과일나무, 창문, 그리고 잘해야: 기둥, 탑이라고."[203]

4. 고독의 시인—존재론적 시쓰기

전쟁의 고통으로 인한 실존적 위기는 릴케의 시 〈고독Einsamkeit〉을 바라보는 전봉건의 시각에도 배어 있다. 이 시를 그는 이렇게 평한다. "아니 우리는 이미 앞에 든 작품 〈寂寥〉[204]에서 바로 '인간이기에 짊어지지 않으면 안 되는' 고독을 노래한 릴케의 속 깊은 목소리를 들었을 것입니다. 그렇습니다. 우리가 이 시에서 보는 것은 그 흔한 멜로드라마 영화의 주인공이 애인과 만나지 못해서 쓸쓸한 배경을 등지고 홀로 서성서리는 그런 식의 슬픔도, 또 지난 19세기까지의 서정시에 나타난 것과 같은 감상으로서의 쓸쓸함도 아닙니다. 그것은 인간이 '육체를 지닌 인간이기에' 짊어지지 않으면 안 되는 고독입니다."[205] 그는 시 〈오늘〉과 〈이 가을의 하늘〉에서 릴케를 향해 이렇

203 《릴케 전집 1》, 718.

204 우리에게 잘 알려진, "고독은 비와 같다"로 시작되는 릴케의 시 〈고독〉을 전봉건은 "寂寥"라는 제목으로 번역했다.

게 노래한다.

라이너 마리아 릴케의 詩 같은/그렇듯 가장 아름다운 마지막 한 마디 말을/스스로 내 죽음 속에 묻고/수없이 哨煙 속에 묻히어 간/젊은 旗ㅅ발들을 위하여//오늘/必要한 것은/봄을 약속하며 내리는 新雪이다.//노래만 하며 날개치는 새들이다./생선들이 뛰노는 티없이 맑은 海岸이다./그리고 즐거운 消息, 幸福한 消息, 넘친/黃金빛 수없이 많은 편지 가을 잎새를/窓문마다 보내어 주는 街路樹이다.[206]

—〈오늘〉 전문

이 가을의/하늘을 보고 있으면/생각이 난다.//비올롱,/저만치 있는 聖堂,鍾소리./가슴 메어 울먹이던 베를레느氏.//한밤을 내내 자지 않고 읽고/그리고 긴 편지를 쓰고,/나뭇잎 날리는 거리에 나와/不安스러이 헤메이던 릴케氏.[207]

—〈이 가을의 하늘〉 부분

또한 릴케의 〈가을날〉을 읊으며 그는 릴케의 실존적 상황에 대해 이렇게 말한다. "릴케만 하더라도 세계 제1차 대전을 겪으며 살았던 시인이었습니다. 1916년 1월 4일에 소집을 당한 그도 비엔나에서 입대, 신체 허약으로 전선에 나가는 것은 보류 당했으나 육군의 문서과에 배속되었습니다. 그런데 만일 그가 전선에 투입되었더라면 '사랑하는 이여 장미꽃 안에 그대의

205 전봉건, 《시와 인생의 뒤안길에서》, 209쪽.

206 전봉건, 《새들에게》(고려원, 1983), 36쪽.

207 위의 책, 154쪽.

침상은 있는 것을.'(〈도착〉 일부) 이처럼 아름다운 사랑의 목소리를 우리는 들을 수가 없었을지도 모릅니다. 전쟁이 그의 목소리를 지워버리지 않는다고 누가 보장할 수 있었겠습니까. 릴케의 경우에서도 우리가 보는 바와 같이 이 세상의 모든 시의 거의 대부분은 거리의 원근의 차는 있을망정 다 전쟁을 배경으로 하고 있습니다. 그렇습니다. 시로써 점철하는 인류의 사랑의 역사는 전쟁을 배경으로 하고 있는 것입니다."[208] 그렇다면 그가 말한 〈도착 Ankunft〉이라는 릴케의 시는 어떠한 내용을 담고 있는가?

> 장미 속에 그대의 침대가 있네, 사랑하는 여인이여. 정녕
> 그대를 나는 (오 향기의 물결을 거슬러 헤엄치는 자 나는)
> 잃었다네. 먼저 이 생명을 위해
> (밖에서는 셀 수 없는) 아홉 달이 주어졌듯 나는
> 내면으로 들어가 나중에야 존재할 것이라네. 갑자기,
> 앞으로 우리가 누리게 될 저 새로운 피조물의 탄생
> 이 천 년 전에, 갑자기, 접촉이 시작되면 나는
> 갑자기 그대와 마주하여 눈 속에서 태어날 것이라네.
> —《릴케 전집 2》, 188.

장미 속에 침대가 놓여 있다니! 에로틱한 향취가 물씬 풍기는 시이다. 얼핏 보아 남녀 간의 사랑행위를 진솔하게 묘사한 듯 보인다. 그러나 안을 잘 살펴보면 꼭 그런 것만은 아니다. 여기서 〈도착〉이란 본디 예수의 재림을 의미한다. 릴케가 초기에 썼던 시집의 제목 《강림절》(1898)과 같은 맥락

208 위의 책, 221-222쪽.

이다. 위 시에서 "장미"는 시인의 내면에 존재하는 상상 속의 공간을 뜻한다. 일상의 시간과 공간의 개념으로부터 자유로운 상상의 영역이다. 물론 "침대"는 사랑의 결합과 탄생의 장소이다. 그런데 시적 화자는 사랑하는 여인을 잃었다고 한탄한다. 그렇기 때문에 그는 이제 외로움에 처해 있다. 그에게 생산력은 소실되었다. 따라서 진정한 시인으로서의 존재는 알 수 없는 미래로 밀려나버렸다. 진정한 시인으로 다시 태어나기 위한 전제조건은 내면으로의 새로운 침잠이다. 진정한 탄생을 위해서는, 어머니의 뱃속에 아홉 달 동안 들어 있어야 하듯이 그만큼 내면으로 침잠해야 하는 것이다. 그리고 시인이 사랑하는 여인의 "눈 속에서" 태어나기 위해서는 그 전에 먼저 잃었던 여인을 다시 찾아야 한다. 물론 시인 자신의 내면에서. 사랑하는 여인의 "눈 속에서" 다시 태어난다는 말은 무엇을 뜻하는가? 상호 접촉을 하고 이 천 년의 세월이 흐르면 "새로운 피조물"이 태어날 것이다. 이것은 《기도시집》에 등장하는 미래의 '생성되어 가는' 신의 다른 이름이다. 예술가들은 미래에 태어날 신의 조상이기 때문이다. 예수의 탄생 2000년의 시간을 대신하는 데에서 릴케가 생각하는 진정한 시인상을 엿볼 수 있다. 시인의 내면에서의 자웅동체의 결합, 그 에로틱한 과정의 산물은 과연 무엇인가? 그것은 예술작품이다. 릴케의 관능성은 무한한 창조력과 이를 바탕으로 한 예술작품의 탄생에 기여한다. 인간의 생래적 고독을 바탕으로 한 이러한 예술에 대한 존재론적 자세는 전봉건의 다음 시론에 그대로 반영되어 있다.

> 시가 어떤 한 시대를 선도하는 구실을 담당할 수 있어야 한다 라든가, 시는 어떤 사회를 개혁할 수 있는 수단이 되어야 한다 라든가—하는 생각이나

믿음이나 주장은 나하고는 관계없는 것들이다.

그런 것하고 관련시켜서 볼 때 시란 하잘것 없이 무력한 것에 지나지 않는 물건이라고 나는 생각하는 것이다. 그러나 나는, 사람이 (혹은 인류가) 그 수많은 암흑과 절망과 혼란의 수렁에서 다치고 쓰러지고 몸부림 쳤을 때에 그의 (혹은 그들의) 내부의 핵심에서 끊이지 않는 가락을 다 내는 〈노래〉로서 있어 온 것이 시라는 견해에는 수긍을 한다.

아무래도 시는 그 〈노래〉이지 〈주장〉은 아닌 것 같다.[209]

1960년대 김수영과 벌였던 논쟁의 소산인 이 글의 문면에 드러난 대로 시의 존재론적 측면을 강조하는 면에서 전봉건의 시는 릴케의 그것과 맞닿아 있다. 고독을 바탕으로 한 이런 존재론적 관점에서 전봉건의 시를 보아도 무방할 것 같다.

5. 김수영이 수용한 릴케
—시 〈美人〉과 릴케의 《오르페우스에게 바치는 소네트》

1960년대 김수영의 릴케 수용은 좀 특이한 경우이다. 김수영은 이미 이 시기에 미학적인 것보다는 참여적인 쪽에서 시의 존재 이유를 보았기 때문이다. 어쨌든 그가 자작시 해설에서 릴케를 운운한 그의 시 〈미인〉을 보자.

美人을 보고 좋다고들 하지만
美人은 자기 얼굴이 싫을 거야

---

209 전봉건, 《전봉건 시선》(탐구당, 1985), 237쪽.

그렇지 않고야 미인일까

美人이면 미인일수록 그럴 것이니
미인과 앉은 방에선
무심코
따놓은 방문이나 창문이
담배연기만 내보내려는 것은
아니렷다.[210]
—〈미인〉 진문

이것은 김수영이 릴케의 시를 수용한 예의 하나이다. 김수영이 그의 〈反詩論〉에서 밝혔듯이 이 시는 그가 자신의 아내의 여자친구 Y를 만나보고서 쓴 시이다. 시 제목이 "미인"이듯이 아내의 친구는 미인이다. 음식점에서 같이 식사를 했을 때 김수영이 피운 담배연기가 방안을 가득 채우자 북창을 열어 연기를 내보내는 그녀의 모습에 반한 것이 김수영이 이 시를 쓰게 된 동기이다. 담배연기가 미인의 마음씨를 확인하는 매체가 된 것이다. 그때 그는 담배연기에서 바람을 연상한다. "담배연기만 내보내려는 것은 아니렷다"라는 구절 때문에 이 시가 시가 된다고 했는데, 그녀의 행동에서 그녀 역시 김수영과 마찬가지로 딴 생각을 했음을 미루어 짐작할 수 있다. 여기의 담배연기에서 촉발된 바람이라는 연상에서 김수영은 릴케의 후기시 《오르페우스에게 바치는 소네트》의 한 대목을 떠올린다.

---

210 김수영, 《김수영 전집 2—산문》(민음사, 1981), 263쪽.

> 참다운 노래가 나오는 것은 다른 입김이다.
> 아무것도 바라지 않는 입김. 신의 안을 불고 가는 입김.
> 바람.[211]

그리고 또 하이데거의 릴케론 〈가난한 시대의 시인Wozu Dichter?〉 속에 들어 있는 독일의 요한 고트프리트 헤르더(1744-1803)의 〈인류의 역사철학적 고찰〉에서 따온 다음 문구도 떠올린다.

> 우리들의 입의 입김은 다른 사람들의 영혼 속에서 세계의 繪畫가 되고, 우리들의 사상과 감정의 기본형이 된다. 인간이 일찌기 지상에서 생각하고, 바라고, 행한 인간적인 일, 또한 앞으로 행하게 될 인간적인 일, 이러한 모든 일은 한 줄기의 나폴거리는 산들바람에 달려있다. 왜냐하면 만약에 이런 神的인 입김이 우리들의 신변에서 일지 않고 마법의 음색처럼 우리들의 입술 위에 감돌지 않는다면 우리들은 필경 모두가 아직도 숲속을 뛰어다니는 동물에 지나지 않을 것이기 때문이다.[212]

본디 여기서의 "입김"은 언어의 다른 표현이다. 인간과 짐승을 구별해주는 가장 뚜렷한 경계선으로서의 언어이다. 그러나 김수영은 여기서 "입김"을 그냥 생물학적 현상으로서의 입김으로 읽고 있다. 미인이 풍기는 훈기로서 말이다. 김수영은 자신이 본 아내의 친구를 특별한 위치에 놓고 싶어 한다. 단아한 아름다움에 대한 경탄은 절로 그로 하여금 릴케의 《오르페우스

211 위의 책, 261-262쪽.
212 위의 책, 262쪽.

에게 바치는 소네트》의 다음 구절까지 인용하게 만든다.

> 노래는 욕망이 아니라는 것을 곧 알게 될 것이다.
> 그것은 급기야는 손에 넣을 수 있는 事物에 대한 哀乞이 아니라는 것을 알게 될 것이다.
> 노래는 存在다. 神으로서는 손쉬운 일이다.
> 하지만 우리들은 언제 存在할 수 있겠는가? 그리고 우리들은 언제
> 神의 명령으로 大地와 星座로 다시 돌아갈 수 있게 되겠는가?
> 젊은이들이여, 그것은 뜨거운 첫사랑을 하면서 그대의 다문 입에
> 정열적인 목소리가 복받쳐오를 때가 아니다. 배워라
>
> 그대의 격한 노래를 잊어버리는 법을. 그것은 아무짝에도 소용없는 것이다.[213]

이어서 김수영은 이렇게 말한다. "내가 읊은 '미인'이 릴케의 '천사'만큼은 되지 못했을망정, 그다지 천한 미인은 아니되었다고 생각하는 것은 지나친 과신일까." 김수영은 위 시의 노래와 "미인"을 동격으로 보고, 그녀를 향한 사랑의 마음을 "노래"를 대하는 릴케와 같은 자세에서 보고자 한다. 노래는 "욕망"이 아니라고 릴케의 시구를 인용하여 말한다. 김수영은 그것을 시 〈미인〉의 마지막 구절 "-아니렷다"에서 반어적으로 표현했다고 주장한다. 그는 자기가 본 미인과의 관계를 일반적인 미인들과 구별하고 싶어하는 것이다. 그런데 한 가지 재미있는 것은 김수영이 자신의 "미인"을 릴케의 "천사"

---

213 위의 책, 262쪽.

에 빗대어서 보고 있다는 것이다. 다시 말해 그는 릴케의 "천사"를 아름다움의 관점에서 바라보고 있다. 그것은 바로 김수영이 릴케의 시를 자신의 관점에서 나름대로 수용하고 있음을 보여주는 대목이다. 김수영이 이 산문에서 자신의 "담배연기"나 "미인"을 릴케의 시와 동격에 놓고자 함은 바로 이 "-아니렷다"라는 반어에서 드러난다. 어쨌든 김수영의 릴케 수용 방식은 우리나라에서 발생한 릴케에 대한 오해에서 비롯된 이해의 한 예이다.

전봉건의 경우, 릴케의 영향을 받은 다른 모든 한국 시인들과 마찬가지로 릴케의 시 작품들 중에서 초기의 〈마리아께 드리는 소녀들의 기도〉, 중기의 〈가을날〉, 〈가을〉, 후기의 《오르페우스에게 바치는 소네트》의 영향을 받고 있다. 이것은 박양균의 경우도 다르지 않다. 다만 김수영은 당시 실존철학과 관련하여 우리 문단에 화두가 되었던 하이데거의 릴케론 〈가난한 시대의 시인〉을 열심히 읽었다. 그는 이렇게 말한다. "요즘의 강적은 하이데거의 〈릴케론〉이다. 이 논문의 일역판을 거의 안 보고 외울 만큼 샅샅이 진단해보았다."[214] 그러나 그의 릴케 수용은 릴케에 대한 그릇된 이해에 바탕을 두고 있다. 오해에 의한 릴케 이해가 어떻게 시 창작에 영향을 주었는지 확인할 수 있는 하나의 예이다.

당시 릴케의 프랑스어 시집 《과수원》이 우리나라에 아직 발간되지 않았던 걸로 보아 이들은 릴케의 시를 대체로 일본어 번역으로 읽었을 가능성이 높다. 시대에 따라 릴케의 문학과 삶에서 구원의 요소를 본 것은 독일이나 우리나라나 비슷한 현상으로 보인다. 다만 전봉건의 경우엔 전쟁의 아픔을

---

214 위의 책, 260쪽.

치유할 수 있는 요소로 릴케의 문학에서 사랑, 즉 에로스를 읽고 있는 점이 나름대로 독특하다고 할 것이다. 릴케의 문학에 무수히 숨어 있는 관능성의 코드가 어쩌면 전봉건에게 다분히 그렇게 호소했을 수도 있다. 그에겐 "꽃"은 생명을 잉태하는 그릇으로서 "항아리"의 이미지로 발전하는데, 이 항아리는 바로 여성의 상징에 다름 아니다. 이 과정에서 전봉건은 이미지에서 이미지로 연결되어 가는 릴케의 시적 전개 방식을 차용하고 있다. 이러한 것이 전봉건에게서 확인할 수 있는 릴케적 시쓰기 방식일 것이다. 이렇게 보면 전봉건의 경우 릴케를 주제의식의 측면뿐만 아니라 형식미학적 측면에서 수용했음을 알 수 있다.

1950, 60년대에 우리나라에서는 한국동란이라는 극한적인 인간 존재의 상황과 맞물려 릴케는 구원의 꽃으로, 폐허를 딛고 일어서는 흙의 원형, 즉 창조의 원천으로 노래된다. 이러한 수용의 바탕이 된 것은 당시 유행하던 실존주의 철학이다. 철학자 하이데거와 볼노프는 릴케에게서 실존적 자아의 모범을 읽고 릴케를 자신들의 철학의 관점에서 해석했고 또 전후의 우리 시인들은 자신들이 처한 위기의식에서 이들의 철학을 하나의 구원으로 받아들였기 때문이다.

4부

구도자로서의 릴케

—박희진, 허만하

10장
구도자의 길
—릴케와 박희진

어느 시인이 어느 외국 시인을 좋아하여 그것이 시인 자신에게 영향을 끼칠 경우 대체로 그 방향성이 있게 마련이다. 그는 그 시인의 작품 세계에서 영향을 받기도 하지만 시인의 삶 자체가 갖는 상징성에 더 매료를 느끼기도 한다. 특히 자신이 좋아하는 외국 시인이 어느 면에서 남다른 개성을 보일 경우 그 영향은 마음속에 깊게 자리하게 된다. 박희진(1931-)이 수용한 릴케의 경우가 이에 해당한다. 그는 릴케의 죽음과 관련하여 쓴 〈장미, 오오 순수한 모순〉이라는 글에서 릴케를 "見者의 의식을 견지한"[215] 시인으로 그리고 "가장 순수한 삶의 불길"을 추구하고 "늘 자신의 운명에 투철했던, 本質의 詩人"[216]이라고 칭송한다. 그가 이렇게 릴케를 칭송하는 바탕에는 그 개성 있는 삶이 릴케의 작품 속에 순수하게 반영되었다는 사실이 위치한다. 그는 《말테의 수기》의 앞부분에 나오는 대량죽음과 고유한 죽음 이야기를

215 박희진, 〈장미, 오오 순수한 모순—릴케의 죽음〉, 《심상》, 7권 3호(1979), 26쪽.
216 위의 글, 25쪽.

하면서 모든 것이 고유한 개성을 상실한 현대의 상황 속에서도 릴케는 "연마되고 싫어진 視力"으로 "마침내 사물의 핵심"[217]을 꿰뚫어보았으며 그것을 작품을 통해 우리 앞에 환히 드러내 보여준다고 설파한다. 이렇게 보면 박희진은 릴케의 작품세계와 인생 자체의 모든 것에서 상당한 감명을 느꼈음을 알 수 있다.

1. 위안으로서의 릴케

박희진은 정신적으로 위기에 처해 있던 청소년 시절에 릴케의 시를 접하고 그로부터 받은 영향에 대해 이렇게 말한다.

> 시에 처음으로 눈뜰 무렵이던 그 정서적 위기의 연대. 고독과 동경, 그리고 까닭 모를 불안에 시달리던 그 때의 나를 가장 신선한 놀라움으로 일깨워주고 견디게 하였던 그것이 바로 릴케 詩였다.[218]

그는 릴케에게서 단순히 문학적 영향만 받은 것이 아니다. 청춘기의 정신적 위기를 견디게 해준 버팀목이 바로 릴케의 시였다. 이어서 그는 릴케의 시 〈가을날〉을 인용하면서 "이러한 시구에서 나는 마치 스스로의 운명을 예견한 듯 깊은 감동을 받았던 것이다"[219]라고 고백한다. 즉 그가 릴케의 시에 경도된 것은 릴케의 시가 주는 "경악에 가까운 어떤 감동"[220] 때문이었

217 위의 글, 25쪽.
218 박희진, 〈未完의 謝辭〉, 《사상계》, 100호(1961년 11월), 418쪽.
219 위의 글.
220 위의 글, 419쪽.

다. 이 같은 시적인 감동이 그로 하여금 "스스로의 운명을 예견한 듯" 본격적인 시인의 길로 접어들게 하였다고 해도 과언은 아니다. 그와 더불어 《젊은 시인에게 보내는 편지》의 구절구절이 그에게 호소해왔다고 그는 말한다. 젊은 청년에게 들려준 사랑, 고독, 어려운 것을 추구하는 자세 등에 대한 릴케의 충고가 박희진에게도 짜릿하게 전해졌던 것이다. 이후에도 그는 릴케를 하나의 위안적 존재로 여기며 정신적 방황의 시기엔 늘 릴케의 글에서 위로를 찾았다고 말한다.

> 나는 자칫하면 초조해지려는 내 마음을 달래기 위해, 새삼 《말테의 수기》를 펼쳐, 여기저기 좋아하는 구절을 읽어 봤다. "꽃이나 과실은, 떨어질 때엔 기필 난숙의 정점에 서 있다. 금수는 서로 찾아, 가까이 가서, 의좋게 떼를 지어 한가한 하루를 지내고 있다. 그러나 인간만은 (신을 목표로 선택한 우리들 인간에게만은) 그와 같은 충족된 귀결은 아무데도 없는 것이다. 우리들은 우리들에게 주어진 자연의 한계를 어디까지나 무한히 길게 연장해야 한다. 우리들에겐 무한한 시간이 필요한 것이다. 일 년이 우리들에게 무엇이란 말인가."
>
> 백년, 천년도 모자란다던 시인이 릴케다. 나는 이내 마음의 평정을 깨달았다.[221]

박희진이 초조감에 시달릴 때 읽으며 마음의 위로를 받는 것으로 위에서 두 가지가 나온다. 하나는 동식물의 세계와 인간의 대비요, 다른 하나는 무언가를 성취하기 위해서는 인간은 무한한 인내심을 가져야 한다는 충고이

---

221 박희진, 《투명한 기쁨》(산방, 1990), 45쪽 이하.

다. 특히 "신을 목표로 선택한 인간들"이기에 더욱 그렇다는 것이다. 동식물은 자연의 원리에 따라 안온함과 순리 속에 살 수 있지만, 무한한 욕망과 조급한 추구 욕구에 시달리는 인간은 이러한 존재의 한계를 벗어나고자 노력해야 한다. 자기 자신이 금방 무엇을 해내야 한다고 초조하게 생각하기보다는 앞으로 백년, 천년을 두고 꾸준히 기다리는 쪽으로 마음을 정해야 한다는 말이다. 그것은 우리가 "신을 목표로 선택"했기 때문이다. "신을 목표로" 한다는 것은 무슨 뜻인가? 여기서 박희진이 인용한 《말테의 수기》 부분을 원문을 바탕으로 우리말로 다시 한 번 정확하게 옮겨볼 필요가 있다.

> 꽃과 열매는 무르익으면 땅에 떨어지고, 짐승들도 서로를 느끼면 정을 나누고 그것으로 만족한다. 그러나 우리는, 신을 시작한 우리만은 끝을 모른다. 우리는 우리의 자연을 뒤로 미루어야 한다. 우리는 여전히 시간이 필요하다. 1년이란 우리에게 무엇인가?
> ―《릴케 전집 6》, 926.

정확한 독해가 필요한 부분이다. "신을 시작한 우리"라는 말과 "자연을 뒤로 미루어야 한다"는 말이 전체 문맥을 해결하는 데 관건이 된다. 여기서 릴케가 말하는 신의 개념을 파악하기 위해 《젊은 시인에게 보내는 편지》의 다음 구절을 보자.

> 꿀벌들이 꿀을 모으듯, 우리는 모든 것 중에서 가장 달콤한 것을 모아서 신을 짓습니다. 또한 심지어 하찮은 것으로부터, 대단하지 않은 것으로부터 (그것이 사랑에서 나온 것이라면) 우리는 신을 시작합니다. 작업과

> 작업에 이은 휴식으로부터, 침묵으로부터 혹은 작고 고독한 기쁨으로부터, 동참자나 신봉자도 없이 우리들만이 하는 모든 일로부터 우리는 신을 시작하는 것입니다.[222]

여기서 "신을 시작"한다는 것은 예술가의 작업과 관련된 것임이 드러난다. 그러니까 릴케는 신을 기존에 존재하는 기독교적인 신이 아닌 예술가-신으로 설정하고 있다. 인간의 모든 것, 즉 작업과 휴식, 침묵 혹은 고독 혹은 기쁨을 다해서 신을 짓는다고 말한다. 인간의 전 존재가 이 신이라는 단 하나의 이름을 위해 수렴된다. 그 과정의 초두에 서 있다고 느끼기에 릴케는 "신을 시작"한다는 말을 한다. 물론 박희진이 인용한 글에서 "신을 시작한"이라는 말 대신 "신을 목표로 선택한"이라는 말도 그리 원문에서 어긋난 것은 아니다. 신을 성취하기 위한 방향성이 설정되어 있기 때문이다. 릴케는 그 과정을 "꿀벌들이 꿀을 모으듯" 수행해야 한다고 주장한다. 위의 《젊은 시인에게 보내는 편지》 인용문은 그 의미에 있어서 앞의 《말테의 수기》의 부분을 다른 말로 적어놓은 듯이 보인다.

그 다음으로 "우리는 우리의 자연을 뒤로 미루어야 한다"는 문장을 보자. 여기서 "자연"은 독일어로 'Natur'이다. 이 낱말 속에 다양한 의미가 들어 있다는 것은 누구나 다 아는 사실이다. 앞의 내용과 관련하여 살펴보면, 꽃이나 열매도 익으면 떨어지고, 짐승들도 서로를 느껴 정을 나누면 그것으로 만족한다는 맥락에서 '본능'이라는 말로 해석할 수 있겠다. 즉 "우리의 자연

---

222 라이너 마리아 릴케, 《젊은 시인에게 보내는 편지》, 김재혁 옮김(고려대학교 출판부, 2006), 62쪽.

을 뒤로 미루어야 한다"는 말은 '신'을 향해 나아가기 위해 모든 것을 절제해야 한다는 의미로 받아들여진다.

이렇게 볼 때 박희진은 일단 《젊은 시인에게 보내는 편지》와 《말테의 수기》에서 자신의 시적인 삶과 관련하여 많은 것을 터득한 것으로 보인다.

2. 시 〈릴케에게〉

박희진의 릴케 이해의 기본 틀은 그가 쓴 〈릴케에게〉라는 시로 압축된다. 그가 생각하는 릴케의 모든 것이 이 시에 담겨 있기 때문이다.

오, 라이나 마리아 릴케,
당신의 이름이 이젠 하나의 靈感입니다.

당신은 이미 가신지 오래지만
당신이 남긴 눈짓은 도처에 살아서 있읍니다.
보이지 않는 나무의 樹液 속에, 少女의
눈망울에, 떨어져 나리는 噴水의 飛沫 속에.

당신은 보셨어요 모든 事物속에
轉身의 모양을. 살아서 움직이는 그 아무 것도
微賤한 것이라곤 없는 것입니다. 轉身에 參與할 일,
그것이 바로 時時刻刻으로 사는 길임을, 동시에
그것이 우리의 죽음을 재촉한다 할지라도 그것은
甘美한 필연의 成就임을 당신은 훌륭히 證明하셨지요.

이제 우리는 깨닫는 것입니다 정말 詩人이란
쉴 수가 없는 存在인 것을. 늘 孤獨의 深淵을 만들고
스스로 그 안에 뛰어 든 사람. 쁘라그에서 뮨헨으로,
러시아, 이태리, 카이로, 빠리에서 스위스에로
마치 쫓기우는 사람인양 온 歐羅巴를 헤매인 뜻은
보다 더 온전한 孤獨을 찾아, 自己集中의
實現을 위하여. 뭇 離別을 감행한 당신,
妻子와도 헤어지고, 나중 스위스의 古城에서는 개와의
同居마저 기부한 당신. 가장 어려운 것만을 찾아
불붙는 豫感의 가시밭 길을 당신은 그러나
奔流처럼 회오리바람처럼 꿰뚫고 갔읍니다.

오, 라이나 마리아 릴게,
당신의 이름이 이젠 하나의 旗빨입니다.

허지만 누가 敢히 당신을 뒤따르겠읍니까.
거의 絶望的인 그 수없는 挫折을 겪고도
오히려 소리높이 讚歌를 불렀던 不屈의 정신이어.
오르포이스의 祝福을 받아 生 그 속에 영그는 죽음을
透視한 당신. 꽃, 塔, 나무, 窓, 항아리, 짐승들로부터
안보이는 것에 이르기까지—안보이는 것을
보이는 것으로, 보이는 것은 안보이는 것으로
만드시기에 마침내 당신은 까마득하게 上昇하여
天上의 旗빨이 되셨던 것입니다.

그 旗빨이 펄럭이는 소리에 놀란 天使들이
視線을 모으자 旗빨은 삭아 별이 되고, 그 아래엔
전연 새로운 世界空間이 열려 있다. 時間 속에
살면서도 存在의 뿌리를 깊고 어두운 始源에 박은
온갖 形象이 서로의 孤獨한 자리에 견디면서
한 그지없이 맑은 聯關 속에 숨 쉬고 있다, 마치
祝祭의 전날 밤처럼. 오, 라이나 마리아 릴케
당신의 이름이 이젠 하나의 새로운 별입니다.[223]

위 시에는 박희진이 이해한 릴케의 세계가 집약되어 있다. 릴케의 초기부터 후기까지의 전기적 사실 뿐만 아니라 작품세계까지 총망라되어 있다. 시로 표현한 릴케의 삶의 노래라고나 할까. 그렇지만 박희진이 어느 쪽에 관심의 무게 중심을 두었는지는 이 시의 문맥을 잘 짚어보면 훑어낼 수 있다. 그것은 고독과 예술에 대한 열정과 지향으로 압축된다. 릴케에게서 구도자적 삶을 읽고 있는 그의 행보 역시 성찰과 명상으로 일관된 것은 우연이 아니다.

그런데 이 시의 첫 구절은 유독 우리의 눈길을 끈다. "오, 라이나 마리아 릴케,/당신의 이름이 이젠 하나의 靈感입니다." 지극히 단언적인 표현이다. "라이나 마리아 릴케"라는 이름만으로도 시적 감흥이 일어 시를 지을 수 있다는 말이다. 따라서 그 이하는 그러한 영감이 불러주는 대로 받아 적은 것이 하나의 시가 된 것이라 할 수 있다. 제2연은 릴케가 시적 제재로 삼았던 대상들을 다시 열거하면서 거기에 아직도 릴케의 숨결이 살아 있다고 말한

223 박희진, 《현대문학》, 6권 11호(1960년 11월), 193-195쪽.

다. 이른바 시적 변용을 말하고 있는 것이다. 시인의 "눈짓"은 그가 죽은 지 오래되었지만 오르페우스의 노래처럼 지상의 사물들 속에, 즉 "보이지 않는 나무의 樹液 속에, 소녀의/눈망울에, 떨어져 나리는 분수의 비말 속에" 깃들여 있다는 말이다. 《기도시집》의 프란체스코 장면을 연상시킨다. "그리고 그가 이름도 없는 듯 홀홀히 죽어갔을 때/그는 사방으로 흩어졌습니다. 그의 씨앗은 냇물을 따라/흘러내렸고, 나무들 속에서 노래 불렀으며/꽃속에서 그를 조용히 바라보았습니다"(《릴케 전집 1》, 366). 성자 프란체스코가 지상의 사물들에 대한 끝없는 사랑으로 자신의 사랑을 지상의 사물들 속에 남겼듯이 릴케 역시 시인으로서 그렇다는 것이다. "눈짓"이라는 말 속에는 '바라보기'라는 릴케의 핵심적인 말이 담겨 있다.

"눈짓"에 이어 "轉身"이라는 표현이 나온다. "전신"은 독일어의 'die Verwandlung'을 옮긴 것으로 여겨지는데, 전신이란 우선은 한곳에 머물지 않고 끊임없이 변화를 추구하는 자세를 말한다. 그것은 또한 존재의 변용을 뜻한다. 이것은 다른 말로 구도의 길이다. 이것은 자기집중, 즉 고독을 통해서만 가능하다. 제4연은 고독을 찾아, 그 "가장 어려운 것만을 찾아" 방랑했던 릴케의 삶의 기착지들을 열거하고 있다. 박희진은 이러한 자기집중의 상태가 시쓰기 작업과 관련이 있으며 이것이 결국 구도라고 말한다. "나는 시인이매 시의 보살되기를 염원하는 사람이다. 그러자면 무엇보다 좋은 시를 많이 죽을 때까지 써야 되겠는데, 그것이 도무지 쉽지 않다. 무기력해지거나 정신이 흩어져서 산만해지면 시는 단 한 줄도 못 쓰게 마련이다. 정신집중과 그 지속이 필수조건이다. 늘 뜻을 잃지 말아야 한다. 마치 참선수도승이 언제 어떠한 경우에 있어서도 추구하는 화두 하나 놓아서는 안 되듯이.

결국 시는 자기와의 싸움이다. 자칫하면 갈라지고 때 묻기 쉬운 자신의 나태와 취약을 경계해서 물샐틈없는 정진이 필요하다. 늘 부단히 공부해야 한다. 하여 무아무위(無我無爲)의 명경지수 같은 마음을 지녀야만 사물의 본질을 있는 그대로 꿰뚫어 볼 수 있고, 대긍정과 찬미의 시를 쓸 수도 있게 된다."[224] 릴케가 끊임없는 고독을 통하여 《두이노의 비가》에 이르러 "대긍정과 찬미의 시"를 썼듯이 박희진 역시 그와 같은 것을 희망한다.

이어서 박희진에겐 "라이나 마리아 릴케"라는 이름이 "이젠 하나의 旗빨"이 된다. 시인으로서 따라야 할 모범이라는 말이다. 릴케가 모범이 되는 까닭은 숱한 고통을 극복하여 시의 꽃을 피웠기 때문이다. 그것은 "꽃, 탑, 나무, 창, 항아리, 짐승들" 같은 지상의 존재들을 노래하고, 보이는 것을 보이지 않는 것으로 만들었기 때문이다. 이것은 시적 변용을 뜻하며 무상한 사물의 본질을 정신적으로 소화하여 영원한 것으로 만든다는 말이다. 변용은 궁극적으로 대상을 시적으로 노래하는 것을 뜻한다. 그 과정의 치열성이 시인을 "까마득하게 상승"케 하여 "천상의 旗빨"이 되게 하는 것이다. 이것은 김춘수가 그의 시 〈旗〉에서 "아! 1926년, 노을빛으로 저물어 가는/알프스의 山嶺에서 외로이 쓰러져 간 라이나 · 마리아 · 릴케의 旗여,"[225]라고 외친 것과 같은 맥락이다.

마지막 연에 가서는 릴케의 주요 개념인 "천사"라든가 "世界空簡" 같은 말이 등장한다. 박희진은 여기서 릴케가 말한 '세계내면공간'을 염두에 둔 것으로 보인다. '세계내면공간'은 인간의 이분법적 의식이 소멸되는 공간이

224 박희진, 〈나의 수행일기〉, 《현대불교》, 238호(1999년),

225 김춘수, 《김춘수 전집 1—시》, 93쪽.

자 "천사"의 공간이다. 즉 삶과 죽음, 너와 나의 구별이 없는 곳을 말한다. 그것을 박희진은 이렇게 말한다. "세계의 내면화. 보이는 것은 안 보이는 것으로, 안 보이는 것은 보이는 것으로 화함으로써 시간은 탈락되고 새로이 열려오는 그의 '세계내면공간(Weltinnenraum)'에 있어서는 일체의 實在가 마술적으로 공존하고 있다."[226] "세계내면공간"이라는 말은 릴케가 1914년에 쓴 〈거의 모든 사물들이 저를 느끼라고 손짓한다〉라는 시에 등장한다.

> 모든 존재를 꿰뚫고 단 하나의 공간이 뻗어있다,
> 그것은 세계내면공간이다. 새들은 소리 없이
> 우리를 꿰뚫고 날아간다. 오, 성장하고픈 나,
> 나는 밖을 내다본다, 그러면 내 안에서 나무가 자란다.
> ―《릴케 전집 2》, 93.

바깥의 새들이 우리를 꿰뚫고 날아가고 내 안에서는 나무가 자란다니. 안과 밖의 구별이 없다. 그것이 어떻게 가능한가. 시인의 깊은 인식을 통해서 가능한 일이다. 바깥의 것을 안으로 통합적으로 받아들이면 새들도 내 가슴 속으로 날아들 수 있고, 성장하고 싶은 나의 마음은 내 안에서 나무처럼 자랄 수 있다. 안과 밖의 구별을 하지 않는 거의 무의식의 상태에 자신을 내맡길 때 가능한 일이다. 이렇게 보면 "세계내면공간"은 모든 인간의 의식이 낳은 분열적 사고를 총합적으로 담을 수 있는 하나의 커다란 그릇임을 알 수 있다. 그것은 바로 통합적 사고를 바탕으로 한 예술작업 또는 예술 그 자체라 할 수 있다. 그래서 릴케는 "모든 존재를 꿰뚫고 단 하나의 공간이

226 박희진, 〈未完의 謝辭〉, 《사상계》, 100호(1961년 11월), 422쪽.

뻗어있다"고 말하는 것이리라.

그리고 "맑은 연관"의 세계는 시인이 순수한 언어를 통하여 그 본질을 읽어주어 사물이 아무런 일그러짐 없이 존재할 수 있는 공간이다. 이러한 시적 노력을 통해 "하나의 새로운 별"이 되었다는 말은 릴케가 실존적 변용을 통하여 영원성을 획득했음을 뜻한다.

구체적으로 박희진이 읽은 릴케의 작품이 무엇인지, 릴케의 작품 성향이나 태도 중 어디에 관심을 두었는지는 이 시를 통해 어느 정도 파악할 수 있다. 〈마리아께 드리는 소녀들의 기도〉, 《형상시집》, 《두이노의 비가》와 《오르페우스에게 바치는 소네트》 등이 가장 먼저 눈에 띈다. 〈마리아께 드리는 소녀들의 기도〉의 영향은 다음의 박희진의 시에서 그 흔적을 찾아볼 수 있다.

> 어머니, 나도 살고 싶습니다.
> 나는 아직 한 번도 꽃피어 본 일이 없는 걸요.
> 저 들이붓는 금싸라기를 만개한 알몸으론
> 받아 본 일이 없는 이 몸은 꽃봉오리.
> 하마터면 영영 시들 뻔하였던
> 이 열일곱 어지러운 꽃봉오리
> 속을 맴도는 아픔과 그리움을
> 어머니, 당신 말고, 누가 알겠어요.[227]
> ―〈恢復期〉 부분

---

227 박희진, 《꿈꾸는 빛바다》(고려원, 1986), 78쪽.

우리나라 시인들이 가장 많은 영향을 받은 릴케의 시이다. 앞으로의 성장을 목전에 둔 젊은 시인으로서 자신의 마음을 소녀를 화자로 하여 표현하고 있다. 이것은 릴케의 표현법과 그리 다르지 않다. "그때 저는 성모의 말씀소리를 느꼈습니다,/'한밤중의 이 별을 따라 피도록 해라.'//그래서 저는 되는 대로 모든 힘을 모아,/눈처럼 흰 속옷 사이로 곧고 가냘픈/사지를 쭉 뻗었습니다. 그랬더니 갑자기/피어나는 일이 내게 고통을 주었습니다"(《릴케 전집 1》, 186). 인용한 박희진의 시가 릴케의 어법과 메시지 면에서 상당히 닮아 있음을 알 수 있다. 성숙을 향한 그리움이 시인에게는 아픔으로 자리한다.

3. 구도자의 길

〈릴케에게〉라는 시를 비롯하여 박희진의 릴케 이해에서 가장 두드러진 것은 박희진이 릴케를 시인의 경지를 넘어선 하나의 구도자로 파악하고 있다는 점이다. 모든 어려움을 스스로 짊어지고 거의 대속의 상황 속을 걸어가는 구도자의 삶 바로 그것이다. 그것은 예술적 성숙과 언어를 위한 극한 상황 속에 스스로를 침몰시키는 일이다. 이것을 박희진은 다음 같이 말한다.

> 누가 그랬던가. 그 근본적인 새로움에 있어서 릴케 시는 비교를 절한다고. 일찍이 인간이 언어를 가지고 포착할 수 있었던 극한의 詩境. 시에 자기의 일체를 바친 그의 絶對求道的 태도가 아니었던들 그것은 아직 인류의 기억 밖에 허공을 맴돌고 있었을 것이다.[228]

228 박희진, 〈未完의 謝辭〉, 《사상계》, 100호(1961년 11월), 423쪽.

두 시인은 구도자적 시학에서 닮아 있다. 구도 행위는 시인으로서 끊임없이 자신을 연마하는 것이다. 그것은 시에 자신의 일체를 바침으로써 이루어진다. 박희진은 자신이 생각하는 시인의 모습을 다음 글에서 보다 확실하게 천명한다.

> 도시 문학이나 종교나 간에 그것이 '어떤 구경(究竟)의 삶의 형식'이라는 점에 있어서는 일맥상통한다. 그 목적이 인간구원에 있다는 점에서도. 또한 시인이 정말 깊이 있고 위대한 시를 쓰고자 한다면, 구도적 정진을 게을리 할 수 없다. 시의 깊이란 인식의 깊이이며, 인식의 깊이란 사물의 진상을 꿰뚫어 보는 혜안(慧眼)의 소치이다. 어떤 가치의 발견이나 깨달음에로, 어떤 적극적인 긍정의 세계에로 이끌어 가지 않는 시를 우리는 위대한 시라고는 부르지 않는다. 〔…〕 실지로 우리는 이미 그 방면의 적지 않은 위대한 모범도 있다는 것을 알고 있다. 가령 금세기의 경우만 보더라도, 인도의 시성(詩聖) 타골을 위시해서 클로델, 엘리오트, 한용운, 또는 그들처럼 기성종교에 의지하진 않았지만 대신 독특한 신화를 창조했던 예이츠, 릴케 등.[229]

박희진이 마음속에 그리고 있는 시의 존재 이유는 명확하다. 사물에 대한 인식과 그것을 위한 "구도적 정진"이 가장 중요하며 시는 필연적으로 "깨달음"이나 "적극적인 긍정"을, "대긍정과 찬미"[230]의 자세를 우리에게 안겨주어야 한다고 그는 생각한다. 그러한 시를 쓴 모범으로 그는 릴케를 언급하고

229 박희진, 《투명한 기쁨》(산방, 1990), 96쪽.

230 박희진, 〈나의 수행일기〉, 《현대불교》, 238호(1999년).

있는데, 이는 거꾸로 말해서 릴케는 구도자적으로 시를 쓰며 구도자적 정진을 통해 사물에 대한 인식과 "혜안"을 얻었다는 그의 판단의 결과이다. 사물에 대한 "인식의 깊이"를 말하는 것은 릴케가 '사물시'를 통해 보여준 시쓰기의 모습에서 연유한 듯하며, "적극적인 긍정"은 《두이노의 비가》에서 이 지상에서의 시인의 존재 이유에 도달한 릴케의 시적 인식에 대한 판단에 기초를 둔 것 같다. 릴케의 마지막 〈제10비가〉가 연상된다.

> 언젠가 나 이 무서운 인식의 끝마당에 서서
> 화답하는 천사들을 향해 환호와 찬양의 노래를 부르리라.
> 내 심장의 망치들 중 어느 것 하나 부드러운 현이나,
> 의심하거나 격하게 물어뜯는 현에 닿는다 해도
> 맑은 소리 그치는 법 없으리라. 넘쳐흐르는 나의 얼굴이
> 나를 더욱 빛나게 하리라; 이 수수한 울음도 꽃피어나리라.
> ―《릴케 전집 1》, 721.

박희진이 "나는 다만 인간으로서, 또는 시인으로 자유로워지기 위해 문학을 한다. 불교수행자가 자유로워지기 위해 수도를 하듯이"[231]라고 말하듯이, 릴케는 평생의 고뇌의 결과로 이제 드디어 〈제10비가〉에서 "화답하는 천사들을 향해 환호와 찬양의 노래를 부르리라"라고 노래한다. 드디어 그는 이 세상에 대한 인식을 통해 자유에 도달한 것이다. 그러한 것을 위해 릴케는 이미 초기의 《기도시집》에서 끝없는 인식과 고통의 길을 스스로 가겠다고 선언한 바 있다.

231 박희진, 《투명한 기쁨》, 141쪽.

사물들 너머로 번지며 점점 커져만 가는
동그라미들 속에서 나는 나의 삶을 살고 있습니다.
마지막 동그라미를 마무리 지을지 알지 못하지만
나 신명身命을 다 바쳐 해보렵니다.

나는 신神의 주위를 맴돕니다, 태곳적 탑을,
나 수천 년이라도 돌고 돌 것입니다.
하지만 나는 알지 못합니다, 내가 매인지, 폭풍인지
아니면 한 곡의 위대한 노래인지.
—《릴케 전집 1》, 253.

구도자적 자세에 있어서 박희진이 추구하고 명확히 천명한 태도와 다를 것이 없다. 사물들의 커져가는 동그라미 속에서 살고 있다는 것은 시인의 경험과 인식의 폭이 점점 더 넓어짐을 이야기하고, 신의 주위를 수천 년이라도 맴돌겠는 것은 사물에 대한 인식을 위한 끝없는 몸짓을 나타낸다. 러시아의 수도사가 시적 화자로 등장하는 이 시에서 릴케는 자신의 삶의 과제와 성취를 하나의 서시처럼 말하고 있다. 시인으로서의 목표점이 잘 드러난 작품이다. 그래서 그는 "나 신명을 다 바쳐 해보렵니다"라고 선언한다. 박희진은 이러한 일련의 과정을 시에서 이렇게 표현한다.

詩人은 보는 사람
모든 것을, 넋 속의 죽음, 죽음 속의 넋까지도.
음악을 듣는 귀엔 고요가 들리듯이
나무를 보는 시인의 눈엔

땅 속의 뿌리가 보이는 것이다.
바위까지도 꿰뚫고 뻗는.[232]
—〈시들지 않는 꽃〉 부분

위 시의 내용을 박희진은 "시의 깊이는 다름 아닌 시인의 인식능력에 좌우될 터이므로, 사물의 진상을 꿰뚫어보는 혜안이 요청된다"[233]는 말로 요약한다. 하나의 가능성으로서, 만약 박희진이 인식을 실천하는 구도자로서의 릴케의 모습에서 가장 강렬한 인상을 받았다면 혹시 《기도시집》의 다음 구절은 아닐까? "당신은 일요일을 맞는 날이 없는/일 속에 파묻힌 자입니다./아직 윤이 나지도 매끄럽지도 않은/칼을 만들다가 죽을지도 모를 자입니다./우리에게 물레방아와 톱이 있다 해도/모두들 취해서 게으름에 빠져 있을 때/우리는 도시의 모든 종을 치는/당신의 망치질 소리를 들을 것입니다"(《릴케 전집 1》, 318).

4. 박희진의 시 〈늘 끊임없는〉과 릴케의 《기도시집》

시를 향한 자신의 구도자적 자세를 박희진은 자신의 시 〈늘 끊임없는〉에서 이렇게 밝히고 있다.

늘 끊임없는 祈求로 말미암아
어두운 金의 우수에 찬 당신의 얼굴

232 박희진, 《꿈꾸는 빛바다》, 114쪽.
233 박희진, 《투명한 기쁨》, 192쪽.

그리고 당신의 백설보다 흰 옷자락에선
고산식물의 냄새가 풍겨 온다.

神을 사랑한다는 것이 얼마나 아득하고
어려운 일인가도 이제는 잊어, 당신의 하찮은
일거일동이 그대로 산 규범이 되었을 때
시간은 헌 매미 껍질처럼 탈락해 버렸다.

당신은 깨닫는다 전혀 새로운 공간이
또한 있다는 것을, ―거기선 조금도
쉴 수는 없다 저 뜨는 해 지는 해처럼

오직 새벽에서 새벽으로 트이는
하나의 길을 걸어갈 뿐이라
영원한 지금에 사는 당신.[234]

"늘 끊임없는 祈求"로 구도의 자세를 견지하는 시인 자신을 시인은 "당신"이라 칭하고 있다. 시인이 시인 자신에게 고백하는 말인 것이다. "당신의 백설보다 흰 옷자락에선/고산식물의 냄새가 풍겨 온다"는 구절은 구도의 자세의 엄정함을 표현해준다. 정신의 험준한 산악지대를 헤매 돌아다니는 화자의 모습이 이 구절에 배어 있다. 모든 것에서 "神"을 향한 염원을 담으려는 의지가 가득해서 평소의 하찮은 일거수일투족도 신선의 그것처럼 하나

234 박희진, 《꿈꾸는 빛바다》, 29쪽.

의 차원을 갖게 되므로 행동 그 자체가 "산 규범"이 되고 시간의 개념마저도 "탈락"해버린다. 갑작스레 "神"이라는 말이 나와 당혹스럽긴 하지만 박희진이 앞에서 강조했던 시에 대한 구도자적 자세로 미루어 그가 숭상하는 예술의 다른 이름으로 볼 수 있다. 그가 예술을 거의 종교의 차원으로 이해하고 있음을 말해준다. 따라서 여기의 "神"은 릴케가 《기도시집》에서 러시아 수도사를 통해 부르는 "신"과 비슷한 맥락에서 이해 가능하다. 릴케 역시 여기서 신을 예술과 거의 동의어로 사용하고 있기 때문이다. 게다가 이 시에는 릴케의 《기도시집》을 연상시키는 구절이 눈에 띈다. "당신은 깨닫는다 전혀 새로운 공간이/또한 있다는 것을"이라는 구절은 《기도시집》의 "어두운 시간은 내게 알려줍니다, 또 다른 삶에 이르는/시간을 넘어선 드넓은 공간이 내게 있음을"(《릴케 전집 1》, 255)이라는 구절을 떠올리게 한다. "어두운 시간"은 창조의 시간으로서 이 시간을 맞이하여 시적 화자는 자신에게 또 다른 삶을 향해 있는 공간이 있음을 자각한다. 그 공간은 세속의 공간과 달리 드넓다고 말한다. 이 공간은 시적 화자만이 지니는, 일상에서 떨어진 순수한 내면적 공간으로서 예술의 공간이라고 할 수 있다. 또한 "시간은 헌 매미 껍질처럼 탈락해 버렸다"는 구절 역시 앞에서 말한 "시간을 넘어선 드넓은 공간"의 시간의 탈락과 관련을 맺는다. 시간이 탈락되었다는 것은 과거와 현재 그리고 미래의 구별 없이 모든 것이 영원히 현재화됨을 말하며 이것은 결과적으로 "저 뜨는 해 지는 해처럼//오직 새벽에서 새벽으로 트이는/하나의 길을 걸어갈 뿐이라/영원한 지금에 사는 당신"이라는 표현을 낳는다. "어두운 金의 우수에 찬 얼굴"을 하고, 즉 어둡기는 하지만 "금의 우수"로서 뭔가 고귀한 얼굴을 하고 속세를 벗어난 듯 "백설보다 흰 옷자락" 차림의

"당신"은 이로써 영원한 현재 속에 살게 된다. 그것은 예술을 통한 득도의 경지를 뜻하며, 시적 화자는 이러한 경지를 "祈求"하는 것이다. 그것은 박희진이 시인으로서 살고자 하는 삶인 것이다. 릴케가 그랬듯이.

11장

"존재의 용담꽃"을 찾아서

—릴케와 허만하

허만하(1932-)는 김춘수 이후로 릴케를 가장 자주 언급한 시인이라 할 수 있다. 그것은 그가 펴낸 시론집 《낙타는 십리밖 물 냄새를 맡는다》(2000)와 《시의 근원을 찾아서》(2005)에서 알 수 있다. 그는 릴케의 초기 작품이나 편짓글부터 시작하여 중기의 '사물시'로 대변되는 《신시집》의 시들과 《말테의 수기》 그리고 후기의 《두이노의 비가》와 《오르페우스에게 바치는 소네트》에 이르기까지 릴케의 작품 세계에 대한 해박한 지식을 갖고 있다. 여기서 중요한 것은 그가 단순히 릴케를 언급하지 않고 릴케가 창작의 매 단계마다 보여주었던 개성에 접근하려고 노력하고 있다는 점이다. 그는 릴케의 '보는 법'이라든가 '체험', '천사' 같은 중요 개념을 릴케 작품과 그 밖의 릴케 비평서의 독서를 바탕으로 이해하고 설명하고자 한다. 그렇다면 그는 왜 이렇게 릴케에 집착하는가? '보는 법'이라든가 '체험', '천사' 이해의 기본은 무엇인가? 그가 이해하고자 하는 릴케의 천사의 초점은 어디에 있는가? 이러한 질문에 답하는 것이 허만하의 릴케 수용과 생산적 독서의 관계를 알아볼 수 있는 한 방법이라고 생각한다.

일단은 허만하는 시론의 관점에서 1930년대 후반의 박용철과 비슷하게 릴케에게 많은 관심을 보이고 있는데, 먼저 이에 대해 살펴보고 이것이 그의 시에서 어떻게 반영되고 있는지 알아보기로 한다. 가장 먼저 눈에 띄는 것은 박용철이 〈시적 변용에 대해서〉에서 보여준 것과 같은 체험시론이다.

> 시의 근거는 체험이다. 고유한 그리고 단 한 번뿐인 그리고 가멸적加滅的인 목숨의 가장 개성적인 경험이다. 그러나 우리에게 소중한 것은 무엇을 경험하느냐가 아니고 어떻게 경험하느냐 하는 것이다. 다 같은 경험 소재라도 경험하는 사람의 정신의 간섭에 따라 그 내용이 달라진다. 가장 특수한 것을 통하여 가장 일반적인 것에 이르는 길을 시는 걷는다.[235]

《말테의 수기》 중 체험에 대한 릴케의 언급을 허만하의 다른 말로 되새겨 주는 듯한 글귀이다. "무엇을 경험하느냐가 아니고 어떻게 경험하느냐"가 소중하다는 그의 말은 체험의 시적 변용을 위한 가장 기본적인 인식 과정의 중요성을 표현한 것이다. 같은 것을 보거나 듣고도 그것을 마음속으로 받아들이는 인식의 과정은 시인에 따라 개성을 가져야 한다는 말이다. 그것을 그는 "사람의 정신의 간섭"이라고 표현한다. 같은 체험 소재라도 각 개인이 갖고 있는 정신의 프리즘에 비쳐지면서 색깔의 분산과 농도를 달리한다는 것은 당연한 일이다. 이렇게 해서 "가장 특수한 것을 통하여 가장 일반적인 것에 이르는 길을 시는 걷는다"라는 말에는 시를 바라보는 허만하의 의식의

235 허만하, 〈낙타의 물 냄새〉, 《낙타는 십리밖 물 냄새를 맡는다》(솔, 2000), 14쪽.

단면이 잘 드러나 있다고 할 수 있다. 그러나 이러한 인식의 바탕에는 하나의 구체적 체험이 보편화의 과정을 이루어내기 위해 필요한 필연적인 과정이 함의되어 있다. 즉 가장 개성적인 것이 가장 보편적인 것이라는 널리 알려진 명제를 떠나서 하나의 개성이 보편성에 이르려면 어떻게 해야 하는가 하는 방법론이 함축되어 있다는 말이다. 그것은 하나의 의식이 깊은 내면적 성찰을 위해 끊임없이 노력함으로써 가능하다. 즉 의식의 빙산 겉면에 머물지 않고 깊은 안쪽으로 들어감으로써 그곳에서 하나의 의식은 보편화된 의식을 만날 수 있는 것이다. 이것을 릴케는 《말테의 수기》에서 모든 개인적인 기억과 체험을 잊으라는 말로 단언적으로 말한다. 그렇게 해서 인생의 말년에 가서 한두 줄의 시를 쓸 수 있다는 것은 개인적 체험이 익명성을 띠면서 일반화된다는 말에 다름 아니다. 그러므로 개인적 '체험'으로부터 시적 변용을 거쳐 '일반적인 것'을 향한 시적 도정이 위 글에 반영되어 있다고 할 수 있다. 허만하의 글에서 자주 발견되는 "풍경" 이야기는 이러한 체험시론을 뒷받침한다. "명니리의 동기칭董基昌은 行萬里路(만리 길을 걷는 일)를 말한 적이 있다. 그러한 의미에서의 풍경은 체험과 무관하지 않다. 하나의 풍경을 만나기 위하여 나는 길을 떠나지 않으면 안 된다."[236] 이렇게 보면 그는 릴케가 《말테의 수기》에서 강조한 '한 줄의 시구를 얻기 위하여 많은 도시, 온갖 사람들, 그리고 여러 가지 사물을 알아야만 할 것이다'라는 조언을 온몸으로 실천한 셈이다. 이것과 관련하여 허만하는 리투아니아 출신의 미국 화가 벤 샨(1898-1969)의 석판화 이야기를 펼치고 있다. 체험의 중요성

236 허만하, 〈풍경에 대하여〉, 《낙타는 십리밖 물 냄새를 맡는다》, 24쪽.

과 함께 대두되는 시적 형상화의 전제로서 이른바 '보는 법'의 중요성을 이야기하기 위해서이다. 벤 샨이 《말테의 수기》의 이 대목을 읽고 가슴에 품고 있다가 그렸다는 스물세 점의 석판화가 그의 가슴에 호소해왔기 때문이다. 이렇게 릴케라는 이름은 허만하에게 체험과 사물에 대한 관찰과 시적 형상화의 모든 것으로 다가왔음을 알 수 있다. 그러나 허만하의 릴케에 대한 이해가 과연 시 창작 과정에 전이되었는지는 다른 문제이다. 물론 그의 과작寡作 태도는 수많은 경험 뒤에 인생의 말미에 가서 한두 줄의 시를 쓸 수 있을지 모른다는 릴케의 체험시론을 몸소 구현한 것이라 할 수 있다.

이를 위해 그가 예술가적 삶의 지침으로 강조한 것은 나무에게서 배운 릴케의 인내이다. 그는 릴케의 《젊은 시인에게 보내는 편지》를 다음과 같이 인용한다.

> 그곳에서는 시간은 측정에 도움이 되지 않습니다. 1년으로도 잴 수 없습니다. 10년으로도 안 됩니다. 예술가로 있다는 것은 계산한다든가 헤아린다 하는 것이 아닙니다. 나무처럼 성숙하는 것입니다. 봄의 폭풍 속에서 여름이 오지 않는 것이 아닐까 불안해하지 말고 서두르지 말고 침착하게 수액을 보내고 있는 나무처럼 말입니다. 그러나 여름은 옵니다. 여름은 〔…〕 인내 깊은 사람에게 오는 것입니다.[237]

그는 이 구절을 읽고 젊은 날에 많은 격려를 받았다고 말한다. 나무가 갖고 있는 이와 같은 속성은 이미 우리에게 널리 알려진 것이다. 박용철 역시

237 허만하, 〈존재의 용담꽃〉, 《시의 근원을 찾아서》(랜덤하우스중앙, 2005), 79쪽.

이 대목에 주목하고 있으며 윤동주도 나무의 이 같은 성격을 가지고 〈별똥 떨어진데〉라는 산문을 쓴 바 있다. 시인이 지녀야 할 자세로서 널리 알려진 구절이다. 위의 번역 글에서 몇 군데 원문과 좀 어긋난 곳이 있어 정확한 이해를 돕기 위해 우리말로 다시 옮겨본다.

> 여기서는 시간을 헤아리는 일이 통용되지 않습니다. 여기서는 1년은 아무것도 아닙니다. 심지어 10년도 아무것도 아닙니다. 무릇 예술가라고 하는 존재는 세지도 헤아리지도 않아야 합니다. 예술가는 나무처럼 성장해가는 존재입니다. 수액樹液을 재촉하지도 않고 봄 폭풍의 한가운데에 의연하게 서서 혹시 여름이 오지 않으면 어쩌나 하고 걱정하는 일도 없는 나무처럼 말입니다. 걱정하지 않아도 여름은 오니까요. 그러나 여름은 〔…〕 참을성 있는 사람들에게만 찾아오는 것입니다.[238]

이렇게 보면 허만하의 릴케 수용은 이전의 다른 우리나라 시인들과 그리 달라 보이지 않는다. 특히 체험시론을 강조하는 부분이 그렇고 릴케에게서 예술가적 자세를 읽는 면에서도 그렇다. 그의 시 〈나무를 위한 에스키스〉는 나무에서 받은 자신의 느낌을 한 편의 시로 정리하면서 시인으로서의 자세를 다잡고 있다.

> 나무의 씨앗은 인류의 역사보다도 긴 시간을 간직하고 있다. 끊임없이 나무는 몸의 경계를 지우면서 새로운 경계를 다시 만든다. 시시각각 나무

---

238 라이너 마리아 릴케, 《젊은 시인에게 보내는 편지》, 김재혁 옮김(고려대학교 출판부, 2006), 31-32쪽.

의 내부가 새로운 바깥이 되는 셈이다. 나무의 성장은 언제나 자기 몸 안에 묻히고 만다. 〔…〕

나무는 모천의 물내를 찾아 아득한 길을 되돌아가는 연어 떼처럼 무덤자리를 찾아 이동하지 않는다. 씨앗이 떨어진 그 자리에서 초록빛 사상(思想)처럼 수직으로 선 자세로 의연하게 낯선 어둠을 맞이할 채비를 하고 있다.[239]

—〈나무를 위한 에스키스〉 부분

1. 허만하와 릴케의 천사

허만하는 또한 릴케의 천사에 대해서도 관심을 보이면서 김춘수의 천사를 이야기하기도 하고 나름대로 이해한 릴케의 천사에 대해서 언급하기도 한다. 그는 릴케가 작품과 편지에서 숱하게 언급한 천사의 존재가 궁금했음이 틀림없다. 때문에 허만하의 글에서도 곳곳에서(이를테면 〈해시계의 천사〉) 릴케의 천사에 대한 언급을 만날 수 있다.

그〔릴케〕는 천사를 말로 다할 수 없는unsäglich 것으로 규정짓고 이 땅의 존재와 대비시켰다. 그에 의하면 이 지상이야말로 언어로 말할 수 있는 것의 계절인 것이다(〈두이노의 비가〉 9). 철저하게 주관주의적이었던 그는 그 나름대로 새로운 존재로서의 천사를 발견했던 것이다(잘 알려져 있다시피 그는 반기독교적이었다).[240]

239 허만하, 《허만하 시선집》(솔, 2005), 138-139쪽.

240 허만하, 〈천인과 천사〉, 《낙타는 십리밖 물 냄새를 맡는다》, 109쪽.

사실 릴케의 천사는 한마디로 그 존재를 규정짓기가 힘들다. 그만큼 릴케의 예술적 삶의 많은 것이 이 '천사'라는 말 속에 응축되어 있기 때문이다. 때문에 릴케의 천사는 "말로 다할 수 없는" 존재이다. 그는 그 천사가 릴케만의 "새로운 존재"임을 확인한다. 천사는 말할 수 없는 영역의 존재이지만, 반면 이 지상은 "말할 수 있는 것의 계절"이라고 《두이노의 비가》의 한 구절을 인용한다. 천사의 존재가 이 지상의 세계와는 구별되는 영역에 속함을 말하는 것이다. 나아가서 허만하는 릴케의 천사가 기독교의 천사와 다르다는 것을 강조한다. 기독교의 천사는 "하느님과 사람 사이의 가교일지도 모른다"[241]라고 그는 말한다. 우리가 보통 생각하는 천사의 표상이다.

그런데 그는 릴케의 천사에 대한 이해에 접근하려는 의도에서인지 릴케의 중기 시 〈해시계의 천사〉까지 언급한다. 사실 이 시의 원제목은 "해시계의 천사"가 아니라 "자오선의 천사"이다. 물론 시의 내용상으로는 천사상이 해시계를 가슴에 끌어안고 있는 모습으로 등장하니 틀린 것만은 아니다. 문제의 천사상은 파리 근교의 샤르트르 성당에 조각되어 있다. 그는 자신이 직접 본 이 성당의 천사 상을 회상하며 그것을 릴케의 시와 연관하여 말한다.

> 〔가〕 이 사원 앞에 섰을 때 나는 어디선가 들려오는 바람소리 같은 것을 들었다. 그것은 굉장히 아득한 곳에서 들려오는 것같이 느껴지기도 했고 또 나의 내부 어느 곳에서 울려 퍼지는 것 같기도 했다. 그러나 그것은 바람소리가 아니라 일종의 선율이었다. 사〔샤〕르트르 성당은 돌로 된 음악이었다.[242]

241 위의 책.

〔나〕 바로 그때였다. 내가 '해시계의 천사'를 만난 것은. 처음에 나는 그 조각이 릴케의 〈해시계의 천사〉인 줄은 알지 못했다. 나는 다만 그 조각이 나를 부르고 있는 것 같은 느낌을 느꼈다. 그 부름이 없었던들 나는 그냥 그 앞을 지나쳤을 것이다. 나는 한동안 걸음을 멈추었다. 그 조각은 가슴에 해시계를 안고 있는 천사의 입상이었다. 나는 이 천사를 이전에 어디서 본 듯한 환상에 사로잡혔다.[243]

〔다〕 이 사르트르 성당에서 바라본 해시계의 천사가 사실은 릴케의 〈두이노의 비가〉 전편을 관류하고 있는 위대한 천사의 첫 具象的인 모델이 되었을지 모른다는 생각을 나는 해보고 있다. 그는 이 사르트르 체험에서 풀려나지 못했다. 그것이 아름다운 질곡처럼 그를 따라다녔다는 사실은 흔히 '천사의 비가'라고도 불리는 그의 제7의 비가에 이때의 경험이 소생하고 있는 것을 보면 알 수 있다. 그는 이 시에서 고딕 성당의 의연한 자태를 노래하고 있다.[244]

—〈해시계의 천사〉 부분

〔가〕는 릴케가 1912년 겨울 이탈리아 아드리아 해안에 있는 두이노 성의 벼랑을 산책하다가 들었다는 천사의 음성의 첫 구절을 연상시키는 대목이다. 허만하가 얼마나 릴케적 세계에 빠져 있었는지 알려준다. 그것을 그는 사고의 단계적 상승을 통하여 일목요연하게 보여준다. 다시 말해 릴케의 상상력이 전개되어가는 단계를 제대로 짚어서 보여주고 있는 듯하다. 그렇

242 위의 책, 127쪽.
243 위의 책, 129쪽.
244 위의 책, 131쪽.

다면 왜 그는 이렇게 릴케의 천사에 집착하는가? 그의 상상력은 왜 이러한 식으로 가지를 치는 걸까? 사실 허만하는 릴케의 문학의 결을 따라 릴케를 논하는 것 같지만 실제로는 자신의 생각을 털어놓고 있다고 보는 것이 옳을 것 같다. 어찌 보면 릴케와 같은 창작의 태도를 자신도 가졌으면 하는 바람이 여기에는 깔려 있다고 하겠다. 자신의 영혼의 상태가 릴케의 천사를 볼 수 있을 정도에 이르기를 염원하고 있다고 보인다. 따라서 릴케를 자신의 모범으로 보고 있다고 해도 과언은 아닐 것이다. 때문에 그 샤르트르 성당 "앞에 섰을 때 나는 어디선가 들려오는 바람소리 같은 것을 들었다. 그것은 굉장히 아득한 곳에서 들려오는 것같이 느껴지기도 했고 또 나의 내부 어느 곳에서 울려 퍼지는 것 같기도 했다"고 말하는 것이다. 〈해시계의 천사〉의 부름소리를 들었다는 것도 같은 맥락에서 이해가능하다. 이러한 개인적 체험을 바탕으로 그는 〔다〕의 《두이노의 비가》의 창작 계기에 대한 해석을 시도한다. 릴케 역시 그러한 바람 몰아치는 샤르트르 성당의 체험이 창작에 중요한 역할을 했을 것이라는 추측이다. 그러니 여기서도 '천사'의 존재가 과연 무엇인지에 대해서는 언급되지 않는다. 다만 영감의 바람에 대한 체험의 공유성을 강조하고 있다고나 할까.

대신 그는 다른 글에서 김춘수의 천사에 대해 말하고 있다. 그는 김춘수가 비록 만년에 들어 먼저 세상을 뜬 그의 부인을 지칭할 때에도 "천사"라는 말을 썼지만 그의 천사 개념을 그렇게 간단하게 보아 넘길 것은 아니라고 주장한다. 그가 김춘수의 천사에서 눈여겨본 것은 셰스토프를 통한 천사의 수용이다. 즉 천사는 온몸이 눈으로 되어 있다는 셰스토프의 말("천사는 전신이 눈이라고 한다./철학자 쉐스토프가 한 말이지만"—김춘수, 〈토레도 성당〉)에 김춘수가 빠져들었다는 것이다. 김춘수는 이 개념을 릴케의 천사에 전이시키고 있다는 것이다. 그렇다면 김춘수는 왜 릴케의 천사를 이러한 측면에서 보았는가 하는 의문이 남는다. 김춘수의 시 〈천사〉를 보자.

> 그것은 처음에는 한 줄기의 빛과 같았으나 그 빛은 열 발짝 앞의 느릅나무 잎에 가 앉더니 갑자기 수만 수천만의 빛줄기로 흩어져서는 삽시간에 바다를 덮고 멀리 한려수도로까지 뻗어가고 말더라. 그 뒤로 내 눈에는 늘 아지랭이가 끼여 있었고, 내 귀는 봄바다가 기슭을 치고 있는 그런 소리를 자주자주 듣게 되더라.[245]
>
> —〈천사〉 전문

상당히 주관적인 메시지를 담은 시 작품이다. 그러나 시인은 무언가 개명開明의 순간을 적고 있음에 틀림없다. 시인의 고향인 한려수도 이야기가 나온 걸로 보아 기억 속에서 벌어졌던 일이다. 이미 시인이 되어 있던 김춘수의 사정을 감안할 때 이 시는 우리에게 시인 김춘수와 관련한 해석을 요구한다. 다시 말해 이 시에서 김춘수가 실제로 천사를 보았다기보다는 자신이 시인의 길로 들어선 순간을 천사라는 상징을 통해서 보여주고자 한 것으로 판단된다.[246] 시인이란 사물을 바라보는 견자의 그 눈동자에 다름 아니기 때문이다. 이런 까닭에 김춘수는 셰스토프가 한 '천사는 온 몸이 눈으로 되어 있다'

---

245 김춘수, 《김춘수 전집 1—시》, 302쪽.

246 이와 관련하여서는 김춘수가 릴케의 《말테의 수기》 중 말테가 한밤중에 공부를 하다가 연필을 떨어뜨린 장면과 관련하여 서술한 부분을 참고할 것. 김춘수, 《꽃과 여우》, 94쪽.

는 말에 집착하지 않았나 싶다. 허만하는 "김춘수의 천사는 객관적 실체라기보다 시인으로서의 김춘수가 세계와 교류하는 시적 은유로 해석하는 것이 옳을 것 같다"[247]는 말로 김춘수의 천사에 대한 결론을 맺고 있는데, 이 말은 허만하 자신이 바라본 릴케의 천사의 모습, 아니 그 상징적 의미가 되지 않을까 한다.

2. 허만하의 시와 릴케

이제 이렇듯 릴케에게 쏟은 허만하의 많은 관심이 실제 그의 시 창작에 어떻게 반영되었는지 알아볼 차례이다. 그것은 또한 시인 자신의 시론이 시 창작 실제에 어떻게 적용되는지 확인하는 계기이기도 하다. 시론에서 주장했던 바가 실제 자신의 시쓰기에 적용되지 않는다면 이는 한낱 하나의 구호에 불과할 것이기 때문이다. 여러 학문 분야에 대한 지대한 관심을 바탕으로 한 그의 시작詩作은 지적인 시쓰기의 한 양상을 띤다.

1) 실존적 고통과 언어

허만하의 첫 시집 《海藻》(1969)의 〈비가〉 연작시는 1950년대 말에서 60년대로 넘어오면서 시인이 겪었던 암울한 상황과 무관치 않다. 실존의 위기의식이 전반적으로 밑바탕에 깔려 있다.

> 漂着한 곳은 다시 짙은 悔恨의 바닷가였다.
> 언제였던가—

247 허만하, 〈김춘수의 천사 · 기타〉, 《시의 근원을 찾아서》, 200쪽.

不意하게 沈沒한 그 烙印의 자리
血痰처럼 추한 水深 아래서
얼마나 새벽이 두려웠던가.
다시, 突出한 각박한 바위
그 시커먼 잇발에 깨물린 體壁
벌써, 나의 눈은 强力한 햇빛에 보이지 않는다.
물을 달라!
싱싱했던 나의 팔은 지금 시들어가고 있다.
絶望의 더운 모래바닥 위에
나는 목숨의 毛根을 露出하고 쓰러져 있다.[248]
—〈海藻〉 전문

부정적 이미지들이 가득한 분위기 속에 갇혀 있는 "해조"는 곧 갈 곳을 잃은 시인 자신에 다름 아니다. 절망과 허무 그리고 죽음의 세계가 그의 의식 전반을 다스리고 있다. 그러나 시인은 이 같은 체념의 밑바닥에 머물러 있지 않고 무언가를 이루고자 한다. 그는 "납"과 같은 죽음의 정적 속에서도 무언가 살아 있는 목소리를 듣고자 노력한다.

45억년의 반감기
우라늄은 종국에
납이 되지만
납은 다시

248 허만하, 《海藻》(삼애사, 1969), 47쪽.

싱싱한 목소리가 된다

납은 캄캄한 무게이지만
납은 슬픈 침묵이지만
우리는 그 지하수 같은 깊이로
언어를 만든다

우리가 그리움의 불꽃이 되었을 때
우리가 사물의 꿈을 불러 줄 때
납은 비로소 백열의 물이 되고
납은 얼음의 조형이 되고
납은 눈부신 목소리로 쓰러진다

가을바다 같이 정결한 종이 위에
납은
金과 銀의 물보라를 뿜는다.

끓을 때까지 납은
눈멀고도 슬픈 物質이지만
우라늄은 죽어서 납이 되지만
납은 다시 그리운
목소리가 된다.[249]
—〈납〉 전문

249 남송우, 《다원적 세상보기》(전망, 1994), 83-84쪽에서 재인용.

우라늄이 변하여 납이 되지만 거기서 무언가 새로운 것이 탄생하듯, 그러한 존재의 변화를 시인은 언어를 통해 꿈꾼다. 사뭇 김춘수의 시 〈꽃〉이 연상되고 또 이를 떠나 릴케의 말이 떠오른다. 릴케는 《젊은 시인에게 보내는 편지》에서 이렇게 말한 바 있다. "늘 어려운 쪽을 향해야 한다는 기본 원칙에 따라서 우리가 우리의 삶을 이룩해나간다면, 지금 당장은 우리에게 낯설어만 보이는 것도 우리에게 더없이 친숙하고 소중한 것이 될 것입니다. 여기서 우리가 어찌 모든 민족들의 역사의 첫머리를 장식한 그 오래된 신화, 즉 최후의 순간에 공주들로 변했다는 용들에 대한 그 신화를 잊을 수 있겠습니까. 그러므로 우리의 삶의 모든 용들은 언젠가 우리들의 아름답고 용기 있는 모습을 보고자 애타게 기다리고 있는 공주들인지도 모릅니다."[250] 실존적 고통을 전제로 한 언어를 향한 시인의 투쟁을 강조하는 말이다. 이것은 김춘수의 경우도 마찬가지이다. 시 〈꽃〉과 〈꽃을 위한 서시〉의 내용이 그것을 말해준다. 릴케를 잇는 계보가 김춘수에게서 가장 순도 높게 직접 허만하에게로 이어졌다고 할까. 금빛 언어에의 열망이 그들의 공통점이라고 할 것이다.

> 세계와 언어의 틈새를 기고 있는 행보를 바라본다. 말이 빚어내는 미학적 공간에 갇힌 시인처럼 살아서는 자기가 분비한 언어의 성채 바깥을 나서지 못하는 다슬기.[251]
>
> —〈다슬기〉 부분

250 라이너 마리아 릴케, 《젊은 시인에게 보내는 편지》, 김재혁 옮김(고려대학교 출판부, 2006), 87-88쪽.

251 허만하, 《허만하 시선집》, 112쪽.

여기서 시인의 존재는 다슬기에 비유된다. 다슬기는 느린 움직임과 그 껍질의 무게에 눌려 자신의 한계를 넘어설 수 없다. 시인 역시 마찬가지이다. 시인은 세계를 바라보고 그것을 해석해야 하는 임무를 갖는다. 시인은 그러나 다슬기와 같은 단단한 한계 내에서 움직일 수밖에 없다. 그것은 시인 자신의 존재론적 한계이자 언어의 한계이다. 하지만 시인은 자신의 한계를, 특히 그 언어적 한계를 벗어나기 힘들지만 끊임없이 노력한다. 역설적으로 실존적 상황을 언어로 극복하고자 하는 시인의 열망을 엿볼 수 있다.

2) 입체적 묘사와 '사물시'

그러나 이러한 것보다 더 직접적으로 릴케의 영향을 알아볼 수 있는 시 작품들이 있다. 그것들에 대한 분석을 통해 우리는 허만하가 릴케에게서 어떠한 자양분을 받아들였는지, 릴케로부터의 영향을 거쳐 어떻게 자기만의 것을 끌어냈는지 알 수 있을 것이다. 그것은 또한 허만하 시 세계의 일단을 파악하는 일이기도 하다. 먼저 눈에 띄는 것은 〈무희〉라는 작품이다.

> 캐스터네츠를 치며 발을 내미는
> 두 팔을 쳐들고
> 풍화한 언덕을 흔드는
>
> 허리의 쓰러지는
> 불꽃의 헝겊.
>
> 스페인 무희가 서 있는 것은

스스로의 둘레를
초겨울 하늘빛으로 돌고 있는
고독한 원심력이 되는
그때만이다.

스스로의 허무를 굴대로
무너지는 스스로를 가누고 있는
삭막한 바람의 모습이 되는
그때만이다.[252]
—〈무희〉 전문

캐스터네츠를 치며 두 팔을 쳐들고 춤을 추는 무희는 분명 스페인의 무희이다. 게다가 "풍화한 언덕을 흔드는"이라는 대목에서 늙은 무희가 이 시의 대상임을 알 수 있다. 그냥 앉아 있는 무희가 아니라 춤을 추고 있는 무희가 이 시의 테마이다. "허리의 쓰러지는/불꽃의 헝겊"이라든가 "고독한 원심력" 그리고 "스스로의 허무를 굴대로/무너지는 스스로를 가누고 있는" 등의 표현을 통해 시인은 스페인 무희의 춤을 한순간 타올랐다가 꺼져버리는 불꽃에 비유하고 있다. 잠깐 피어올랐다가 사라지는 그 모습을 보고 시인은 "스스로의 허무를 굴대로/무너지는 스스로를 가누고 있"다고 말한다. 무희가 빙빙 도는 과정을 극도의 추상화를 통해 보여준다. "원심력"과 "허무"의 상반되는 표현이 의미심장하다. 빙빙 돌며 안으로 파고들지만 그 안에는 "허무"밖에 없다. 시인의 눈의 정밀한 카메라에 비친 "무희"의 모습은 "허무"

252 허만하, 《허만하 시선집》, 38쪽.

그 자체로 남는 것이다. "허무"가 존재를 유지시켜 주는 "굴대"가 되니 그럴 수밖에 없다. 이러한 관찰은 궁극적으로 "삭막한 바람의 모습이 되는"이라는 표현을 낳고 있다. 이와 유사한 테마를 다룬 것으로 릴케의《신시집》에 〈스페인의 무희〉라는 시 작품이 있다.

확 불이 붙어 날름거리는 혀를
사방으로 뻗기 직전, 손에 들려
하얗게 빛나는 성냥인 양—: 빙 둘러 선 채
구경하는 사람들 한가운데서 그녀의 둥그런 춤은
활활 밝게 타올라 요동치며 퍼지기 시작한다.

그러다 별안간 춤은 온통 불꽃이 된다.

한 번의 눈길로 제 머리칼에 불을 붙이더니
그녀는 대담한 솜씨로 단숨에 옷을 통째로
타오르는 불길 속으로 던져버려
그 속에서 깜짝 놀란 뱀들처럼
맨 팔들이 눈을 뜨고 따닥대며 뻗쳐 나온다.

그러다가: 불꽃이 줄어든 듯 그녀는
불을 한데 모아서는 당당하고
우쭐한 몸짓으로 내동댕이치고는
쳐다본다: 불꽃은 바닥에서 파닥이며
여전히 타오르며 조금도 굴복하지 않는다—.

그러나 그녀는 승리에 취한 우쭐한 모습으로

달콤하고 다정한 미소를 지으며 얼굴을 똑바로 든 채
작고 단단한 두 발로 불꽃을 꾹 지질러 꺼버린다.
—〈스페인의 무희〉 전문, 《릴케 전집 1》, 531-532.

이 시는 이른바 '사물시' 중의 하나이다. 시적 화자는 뒤로 물러서 있다. 화자는 시 속으로 개입하지 않는다. 다만 대상을 관찰할 뿐이다. 가장 눈에 띄는 것은 화자가 스페인 무희의 춤에서 불꽃과 뱀을 보고 있다는 점이다. 열정 속에 묻혀 있던 사물의 본질이 "불꽃"과 "뱀"이라는 감각적 · 성적 표현으로 드러난다. 무희의 춤은 활활 타오르는 불꽃이 되고, 무희는 춤이 끝나갈 즈음에 그 불꽃을 바닥에 내동댕이친다. 바닥에 내동댕이쳐진 불꽃은 그러나 죽으려 하지 않는다. 하지만 그녀는 끝내 예의 스페인 무희의 도도한 마지막 동작을 취하며 불꽃을 지질러 꺼버림으로써 춤을 마무리한다. 시인은 춤이 절정에 올랐다가 사그라지는 것을 불꽃의 타오름과 사그라짐으로 묘사하면서 거기에 은연중에 성적인 것까지 포함하여 제시하고 있다.

허만하나 릴케의 경우나 다 춤을 추는 스페인의 무희를 묘사하고 있다. 일단 붉은 옷을 입고 춤을 추는 스페인 무희의 모습에서 상상력을 불꽃으로 전개시킨다는 점에서는 둘 다 공통점을 보인다. 여기서 두 시인의 상상력은 서로 다른 쪽으로 가지를 친다. 허만하의 경우엔 시적 상상력이 "원심력"과 "허무"라는 자연과학적 관찰과 관념의 결합으로, 릴케의 경우엔 "옷을 통째로/타오르는 불길 속으로 던져버려/그 속에서 깜짝 놀란 뱀들처럼/맨 팔들이 눈을 뜨고 소리치며 뻗쳐 나온다"라는 구절에서 명확하게 드러나듯이 감각적이고 성적인 쪽으로 나아간다. 허만하의 시는 스페인의 무희를 관찰하면서 거기서 허무를 읽고 있지만, 릴케의 경우엔 관찰 그 자체에 집중하고 있다. 다시 말해 허만하는 자신이 관찰한 것에 대해 관념적 해석까지 곁들이고 있지만, 릴케는 하나의 동영상을 보여주듯 밀도 있는 관찰과 속도감 있는 시적 전개에만 온 신경을 기울이고 있다.

허만하의 경우도 시적 화자가 작품에서 뒤로 물러서 있음으로 해서 대상에 집중하고 있으나 거기에 쓰인 시어 중 시인의 판단이 확실하게 드러나는 부분이 있어 대상에서 뭔가 메시지를 찾으려 한 듯한 느낌을 준다. 이것은 허만하가 같은 대상을 놓고 릴케적 '사물시'를 추구하면서도 나름의 세계관을 개입시킨 결과라고 할 수 있다. 그의 시가 관념 지향으로 나아가는 배경이다.

3) 이미지와 비유 그리고 "존재의 용담꽃"

허만하의 시쓰기는 사물시의 조형성에 대한 추구뿐만 아니라 이미지가 강한 표현의 구사를 향한다. 릴케가 《형상시집》에서 보여주었던 것이다. 릴케의 이 같은 면을 허만하 역시 많은 시에서 보여준다. 시 〈떨어지기 위하여 높이를 가진다〉를 보자.

> 지상의 계절은 언제나 가을이다. 높이를 가진 모든 것이 떨어지는 계절이다. 작심한 듯 또 망설이듯 저마다 다른, 저마다의 몸짓으로 수직으로 떨어지고 있다.
>
> 그날 내가 보았던 것은 멀리서 또 가까이에서 떨어지고 있는 수천의 가을

잎새가 아니라 다시 파란 하늘의 높이를 찾아 올라가고 있는 맑은 물의 한정 없는 가벼움이었다.[253]

—〈떨어지기 위하여 높이를 가진다〉 부분

릴케의 시 〈가을〉의 모양새를 무척 많이 닮아 있는 작품이다. "나뭇잎이 떨어진다, 하늘나라 먼 정원이 시든 듯/저기 아득한 곳에서 떨어진다,/거부하는 몸짓으로 떨어진다"(《릴케 전집 1》, 400)라는 구절이 금방 연상된다. 그러나 허만하는 여기서 떨어짐의 모습들에 대조되는 올라감을 묘사한다. 곳곳에서 떨어지는 낙엽이라는 이미지의 구사에서는 릴케의 것을 수용하는 듯했지만 그것은 궁극적으로는 "파란 하늘의 높이를 찾아 올라가고 있는 맑은 물의 한정 없는 가벼움"을 말하기 위함이다. 어쨌든 그는 관념 속에 존재하는 모든 존재의 하강과 상승을 말하기 위하여 이미지가 강한 표현을 구사하면서 사진을 찍은 듯한 그림을 독자의 머리 속에 아로새겨 준다.

허만하는 이미지의 구사를 위해 수많은 직유와 은유법을 사용한다. 직유를 위한 '같은'이나 '처럼'이라는 말은 그의 시에서 어렵지 않게 만날 수 있다.

정선에서 태백 가는 길 허드레 배추밭에서 만난 거의 허물어진 폐가 비어 있는 방 안에 서리어 있던 겨울 바다 썰렁함이 나들이 길 끝까지 발자국 소리처럼 집요하게 따라왔다. 태어나면 사라져야 하는 필연의 바람이

---

253 허만하, 《허만하 시선집》, 93쪽.

> 들락거리는 문짝 떨어진 빈방이 거느리던 쓸쓸한 체념이 굴뚝 연기가 펄펄 날리고 있는 다른 세계의 낯선 벽촌에서 지금 엷은 보랏빛 어스름처럼 깔리고 있는 것을 본다.[254]
>
> —〈비어 있는 자리는 눈부시다〉 부분

강원도의 오지를 여행하다 보면 만나는 폐가의 "썰렁함"을 묘사한 시이다. 허드레 배추밭을 배경으로 허허롭게 서 있는 폐가에서 시인은 우선은 "썰렁함"을 느낀다. 그때부터 그 "썰렁함"은 그의 나들이 길 끝까지 그의 등 뒤에서 울리는 "발자국 소리처럼" 집요하게 그의 의식을 지배한다. 그 집요함을 표현하기 위해 그는 어두운 밤길에 뒤에서 끈질기게 따라오는 "발자국 소리처럼"이라는 표현을 쓰고 있다. 그 "썰렁함"이 얼마나 집요한지 하나의 이미지로 구상화된다. 그 "썰렁함"은 모든 것은 필연적으로 소멸할 수밖에 없다는 인식에서 온다. 그것을 그는 "태어나면 사라져야 하는 필연의 바람이 들락거리는 문짝 떨어진 빈방"이라는 한 폭의 그림으로 보여준다. 그 모습은 그의 머리 속을 휘돌아 그의 발길 닿는 곳마다 따라와 다른 곳에까지 전이되어 이제는 "낯선 벽촌"에 와서 "엷은 보랏빛 어스름처럼" 깔린다. 앞에서 "썰렁함"으로서 두려움을 주던 미지의 "발자국 소리"가 이제는 "엷은 보랏빛 어스름"으로 변해 있다. 원관념인 "썰렁함" 혹은 "체념"이 "처럼"이라는 직유적 표현을 통해 두려움에서 아름다움으로 승화되어 가는 과정이 잘 나타나 있다. 그럼으로써 시적 인식의 과정은 "비어 있는 자리는 눈부시다"라는 정언적 명제를 향하게 되는 것이다. 이러한 인식의 과정을

254 허만하, 《허만하 시선집》, 140쪽.

나타내기 위해 시인이 사용한 것은 시적 서술에 적합한 비유인 것이다.

릴케 역시 직유법을 대변하는 'als ob'(…인 양) 또는 'wie'(…처럼)의 시인으로 불렸었듯이 릴케의 시에서도 직유를 만나는 것은 어려운 일이 아니다. 당장 앞에서 예로 든 구절 중 "하늘나라 먼 정원이 시든 듯"에서 우리는 'als ob', 즉 '…인 양'의 구문을 만날 수 있다. 고트프리트 벤은 직유법을 사용하는 릴케에 대해 이렇게 말한다. "그런데 여기서 덧붙여서 말씀드려야 할 것이 있습니다. 즉 '…처럼'이라는 말을 쓴 멋진 시들이 있다는 사실입니다. 릴케는 '…처럼'이라는 말을 즐겨 쓴 위대한 시인이었습니다. 릴케의 정말로 아름다운 시들 가운데 하나인 〈고대의 아폴로의 토르소〉에서는 총 네 연에서 '…처럼'이라는 말이 세 번이나 나옵니다."[255] 이를테면 "그의 시선이 뒤틀려 박혀 가만히 빛을 발하고 있는/그의 몸뚱어리는 커다란 가스등처럼 여전히/불타오르고 있다"(《릴케 전집 1》, 557)라는 구절에서 릴케는 몸체뿐인 토르소에서 눈을 보고 있다. 그가 보고 있는 눈은 토르소의 몸 속으로 뒤틀려 들어가 있다. 그리고 그 안에서 빛을 발하고 있다. 그것을 릴케는 "커다란 가스등처럼 여전히 불타오르고 있다"고 표현한 것이다.

물론 고트프리트 벤은 일반적으로 이러한 직유를 시에서 남용해서는 안 되고 원래 산문에서나 써야 한다고 강조한다. 그러나 표현의 수사를 위해 그때그때 적절한 비유법을 쓰는 것은 시인의 고유한 권한이기 때문에 이 말이 모든 시에 적용된다고 볼 수는 없다. 나타내기 힘든 뭔가 추상적인 것이나 강조하고 싶은 것을 또 다른 사물이나 관념을 통해 또 다른 하나의 이미지로

---

255 Gottfried Benn, *Probleme der Lyrik*(Wiesbaden, 1951), S. 16.

표현하는 것이 비유법의 기본이다. 이것은 바로 시인이 구체적 지향점으로 생각하는 원관념과 그것을 표현하기 위한 보조관념의 관계로 나타난다. 그렇다면 이러한 수사적 장치를 앞세운 두 시인의 구체적 지향점은 무엇인가?

허만하는 〈언어를 지도 삼아 낯선 풍경을 순례〉라는 글에서 릴케에의 경도를 뚜렷이 보여준다. 허만하의 경우는 릴케 시의 이해에 있어서 상당한 폭과 깊이를 보여준다. 그 깊이는 존재에 대한 철학적 사유에서 나오는 것으로 보인다. 그리고 그것은 그가 시에서 구체적으로 무엇을 지향하는지의 문제와 연관된다.

> 시는 죽음을 거부하는 생명의 힘이다. 내가 나로도 갯벌에서 보았던 파래는 뿌리도 줄기도 없는 눈 먼 엽상채의 목숨이었다. 그 싱싱한 초록색은 어떤 향기를 머금고 있었을까. 릴케는 생명과 죽음을 같은 차원에서 수용했다. 그러나 그것은 이 섬세한 시인이 생명의 지평을 극한까지 확대하기 위한 수사라는 사실을 근년에 알게 되었다. 그런 의미에서도 그는 위대한 시인이다. 시의 영토에는 한계가 없다.
>
> ─〈나는 왜 문학을 하는가〉 부분, 《한국일보》, 2003년 2월 27일.

허만하는 자신이 나로도 갯벌에서 보았던 파래의 보잘것없는 생명의 끈질김을 보고 거기서 시의 생명력을 느낀다. 그 끈질긴 생명력은 "싱싱한 초록색"이라는 말로 수렴되고 그 자체가 한 편의 시로 승화된다. 그 무슨 나름의 향기를 품은 시로서. 그러면서 그는 릴케의 시적 세계와 릴케가 탐험하고자 했던 영역의 가없음에 찬사를 보낸다. 그 역시 모든 존재의 생명력과 소멸에 대해 그리고 그것을 소멸에 앞서 언어를 통해 영원화하는 것에 대해 관심을 갖고 있음이 여기서 드러난다. 그래서 그는 "시는 죽음을 거부하는 생명의 힘이다"라고 단언적으로 말한다. 그것은 릴케가 〈제9비가〉에서 말하는 바와 다를 것이 없다.

> 결국 방랑자 역시 산비탈에서 계곡으로 가지고 돌아오는 것은
> 누구도 말로 표현할 수 없는 한 줌의 흙이 아니라,
> 어렵게 익힌 말, 순수한 말, 노랗고 파란 용담꽃이 아니던가.
> 어쩌면 우리는 말하기 위해 이곳에 있는 것이다: 집,
> 다리, 우물, 성문, 항아리, 과일나무, 창문, 그리고
> 잘해야: 기둥, 탑이라고…
> ―《릴케 전집 1》, 718.

릴케는 자신이 시를 쓰는 이유를 여기서 분명히 밝히고 있다. 시인이 고통스럽게 건져낸 것은 소멸의 불순물을 제거하여 순수하게 만든 한 송이 언어의 "용담꽃"이다. 이것이 바로 시인의 존재 이유이다.

허만하의 시는 릴케의 《형상시집》의 이미지와 《신시집》의 '사물시'의 조형성의 구사를 릴케에게서 받은 시적 형식의 방법론으로 택하고 있다. 따라서 모든 시가 대상에 대한 진지한 관찰에 바탕을 두고 있다. 다시 말해 감정의 토로는 찾아보기 힘들다. 릴케의 체험시론과 '바라보기'의 시학을 실천하고 있는 셈이다. 이러한 것에 근거한 상상력의 섬세한 전개는 얼핏 그에게서 김춘수를 보는 듯한 느낌을 준다. 존재와 시적 형상화의 문제를 테마로 삼아 시적 상상력과 시쓰기 실제의 단단함과 견고함을 보여주는 것이 그것이다.

그의 시가 갖는 이러한 형식적 내용적 견고함은 그의 표현대로 "존재의 용담꽃"을 찾아서 숱한 세월을 한 그루 나무처럼 견뎌내면서 내면으로 성숙을 추구한 결과라고 할 수 있다.

5부

독창적 릴케 읽기

—이성복, 김기택

12장
이성복과 릴케 읽기

이성복(1952-)이 쓴 《나는 왜 비에 젖은 석류 꽃잎에 대해 아무 말도 못했는가》라는 산문집 중 〈기억 속 책들의 눈빛〉이라는 글에는 그가 어떤 경로로 릴케를 알게 되었는지 소상하게 적혀 있다.

> 처음 라이너 마리아 릴케의 시를 접했던 것은 대학 신입생 시절 고등학교 때부터 시를 쓰던 친구를 통해서였을 거다. 아직도 내 기억 속에는 1970년대 서대문 네거리 근처의 리어카 위에서 처음 발견했던 릴케 시집이 있다. 세계 명시선 가운데 하나인 그 책은 작고시인 장만영씨가 일어판 릴케 시집을 중역한 것으로서, 분홍빛 혹은 하늘빛 종이 위에 군데군데 삽화가 들어 있었다. 지금 나에겐 그 책이 없다. 그 때 보들레르 시집과 함께 샀던 그 시집, 어색한 한자말이 군데군데 박혀 있어 몇 번을 되씹어야 이해가 갔던 그 시들은 아직도 나에겐 꿈꾸는 소녀들의 반쯤 감긴 눈매로 남아 있다. 그 소녀들은 긴 머리칼 속에 얼굴을 파묻고 두 손을 치켜든 채 "마리아여, 우리에게 무슨 일이 일어나게 하소서!"하며 간구하고 있는 것이다.

> 1970년대, 80년대의 험악한 시절을 지내오면서도 그 소녀들의 목소리는 내게 늘 남아 있어서, 길을 가거나 길 위에서 머뭇거리거나 주문(呪文)처럼 입술 위로 새어나오곤 했다.[256]

위 글에서 가장 눈에 띄는 것은 릴케의 시가 이성복의 눈에 소녀의 형상으로 남아 있다는 사실이다. 대개의 한국 시인들이 그랬듯이 이성복 역시 이 단계에서는 전대에 우리나라에서 유행했던 평범한 릴케 수용의 양상을 벗어나지 못한다. 그것은 기도와 소녀로 요약된다. 특히 "꿈꾸는 소녀들의 반쯤 감긴 눈매로 남아 있다"는 구절은 이성복이 릴케에게서 몽환적이고 현실도피적인 모습을 읽고 있음을 보여준다. 그것은 나약함의 전형이요 무기력증의 또 다른 표현이다. 그런데 여기서 그의 릴케 수용에 있어서 남과 다른 측면을 엿보게 하는 것은 바로 다음 구절들이다. 그것은 "마리아여, 우리에게 무슨 일이 일어나게 하소서!"라는 기도의 내용과 관련이 있다. 1970년대와 80년대의 "험악한 시절"에 그것은 과연 무엇을 의미했을까? 소녀들의 입장에서는 여자로서의 성숙을 비는 기도의 내용이 미숙한 정치적 현실과 만나면서 현실성을 띠게 된다. 완성을 꾀하는 소녀들의 입에서 나온 기도의 말은 역시 뭔가 부족함과 아쉬움을 현실에서 느끼고 있던 이성복에게 늘 하나의 "주문처럼" 작용한다. "길을 가거나 길 위에서 머뭇거리거나"라는 표현은 피곤한 현실 앞에서 고뇌하는 시인의 모습을 보여주며 이런 시인에게 릴케는 늘 하나의 구원의 목소리로 들려왔던 것이다. 이것을 반영

---

256 이성복, 《나는 왜 비에 젖은 석류 꽃잎에 대해 아무 말도 못했는가》(문학동네, 2001), 42-43쪽.

하듯 이성복의 시에서는 릴케의 초기 시를 그대로 패러디한 듯한 시를 만날 수 있다. 바로 〈느낌〉이라는 시이다.

> 느낌은 어떻게 오는가/꽃나무에 처음 꽃이 필 때/느낌은 그렇게 오는가/꽃나무에 처음 꽃이 질 때/느낌은 그렇게 지는가//종이 위의 물방울이/한참을 마르지 않다가/물방울 사라진 자리에/얼룩이 지고 비틀려/지워지지 않는 흔적이 있다[257]

이 시는 릴케의 다음 시와 많은 면에서 닮아 있다. 특히 전체의 통사적 구조가 상당히 유사하다. 그리고 이미지를 중심으로 시가 전개된다는 면도 그렇다.

> 사랑이 네게로 어떻게 왔는가?/햇살처럼 왔는가, 꽃 눈발처럼 왔는가,/기도처럼 왔는가? 말하렴.//하늘에서 행복이 반짝이며 내려와/커다랗게 날개를 접고/피어나는 나의 영혼에 매달렸나…
> —《릴케 전집 1》, 88.

초기 시집 《꿈의 왕관을 쓰고*Traumgekrönt*》에 나오는 릴케의 이 시는 김춘수가 동경의 고서점에서 발견한 일역 릴케 시집에 실려 있었다는 바로 그 시이기도 하다. 인상주의적 기법이 두드러진 시이다. 두 시에서 살펴보면 가장 눈여겨보아야 할 점은 릴케의 시에서 "사랑"이었던 것이 이성복의 시에서는 "느낌"으로 바뀌어 있다는 것이다. 릴케의 시에서는 "사랑"이 시적 화자에

---

257 이성복, 《그 여름의 끝》(문학과지성사, 1990), 11쪽.

게 다가온 모습이 "햇살"이나 "꽃 눈발" 또는 "기도"에 비유되고, 이어서 "행복"이 되어 꽃처럼 "피어나는 나의 영혼"에 한 마리 나비처럼 사뿐히 내려앉았다는, 이미지가 강한 전개 양상을 보인다. 전체적으로 긍정적이고 낙천적인 내용을 담고 있다. 시적 화자의 마음의 상태에서 균열 같은 것은 찾아볼 수 없다. 반면, 이성복은 "느낌"이 오고가는 것을 "꽃나무"의 꽃핌과 시듦에 비유한다. 그것은 이어서 "종이 위의 물방울"이 마르지 않다가 나중에 사라진 자리에 생긴 "지워지지 않는 흔적"에 비유된다. 두 비유 모두 존재의 상승과 하강을 말하는 것 같지만, 자세히 살펴보면 차이점을 발견할 수 있다. 전자의 비유에서는 "꽃나무"의 개화와 낙화로서 그 흔적이 남지 않지만, 후자의 비유에서는 비록 "물방울"은 사라졌지만 그 자리에 "지워지지 않는 흔적"이 남는다는 것을 강조한다. 무언가 대상에 대해 가졌던 "느낌"은 꽃나무의 꽃처럼 피어났다가 소리 없이 사라지지 않고 종이 위에 맺혔던 물방울이 남긴 흔적처럼 뚜렷이 남는다는 것이다. "느낌"의 구체적인 내용은 나오지 않아 알 수 없지만, "느낌"이라는 것이 혼자서 저절로 형성되는 것이 아니라 무언가 자극의 대상이 필요하다는 점을 감안한다면 여기의 "느낌"은 개인적 차원의 것일 수도 있고 앞의 산문에서 보았던 대로 시대적 차원의 것일 수도 있다. "1970년대, 80년대의 험악한 시절"과 연관시켜 보면 여기의 "느낌"은 시대적 아픔으로 해석할 수도 있다. 물론 "느낌"이 여기에만 국한되는 것은 아니다. 릴케의 시와의 연관성에서 본다면 "느낌"은 곧 "사랑"의 다른 말이 될 수 있기 때문이다. 이렇게 보면 "느낌"은 잊히지 않는 사랑의 상처가 된다. 그러므로 이성복의 시는 릴케의 시에 대한 패러디라고 할 수 있다. 릴케의 초기의 낙관론적 사고방식을 비슷한 언어의 틀을 빌려 공격하고 있기 때문이다. 나아가서 이성복의 "느낌"은 "느낌" 그 자체로 그치지 않고 예술적 형상화를 지향한다. 왜냐하면 "느낌"이란 과거의 잔해를 딛고 일어서는 생명 현상과 같기 때문이다. 시인은 사실들의 돌무덤에서 진정한 삶을 일으켜 세우려 한다. 이성복의 말대로 "'사실'은 '느낌'의 죽음과 더불어 시작된다".[258]

앞에서 살펴본 이성복의 두 편의 글에서 알 수 있는 것은 릴케를 수용함에 있어서 그는 나름의 해석 방식을 견지한다는 것이다. 그것은 물론 세상을 바라보는 그의 방식에 따른 것이다. 이에 대해서는 《달의 이마에는 물결무늬 자국》(2003)이라는 시집에 실린 릴케의 시들과 그것들에 대한 이성복 나름의 해석을 짚어봄으로써 보다 구체적인 수용의 모습을 확인할 수 있을 것이다.

1. "무엇을 말하고 싶었는지 모른다"

이 시집은 특이한 형태를 취하고 있다. 평소에 이성복이 즐겨 읽었던 외국시나 산문을 먼저 놓고 그 밑에다 자신의 생각을 적어놓은 형식이다. 각각 읽은 글에 대해 맨 위에다 그는 제목을 붙여 놓고 있다. 이성복은 외국 시인들의 시를 자신의 시 창작을 위한 텍스트로 놓고서 그것을 패러디하는 쪽으로 시를 쓰고 있다. 오시쁘 만젤쉬땀, 샤를 보들레르, 로버트 프로스트, 가르시아 로르카, 베르톨트 브레히트, 에즈라 파운드, 파블로 네루다, 에밀리 디킨슨, 파울 첼란, 세르게이 예세닌, 라이너 마리아 릴케, 르네 샤르, 윌리엄

---

258 이성복, 《네 고통은 나뭇잎 하나 푸르게 하지 못한다》(문학동네, 2001), 214쪽.

버틀러 예이츠, 자크 프레베르, 폴 엘뤼아르, 프란츠 카프카, 에드몽 자베스, 고트프리트 벤, 스테판 말라르메, 프랑수아 비용, 아르튀르 랭보, D. H. 로렌스 등 다양한 시인과 작가의 작품들이 하나의 구실로 이용되고 있다. 모더니즘 계열의 시인으로부터 사회주의 리얼리즘 계열의 시인에 이르기까지 스칼라scalar가 상당히 넓다. 그중에 릴케의 시는 총 12편으로 각각 초기의 〈마리아께 드리는 소녀들의 기도〉, 《기도시집》, 《형상시집》, 중기의 《신시집》 그리고 후기의 《두이노의 비가》와 《오르페우스에게 바치는 소네트》를 출처로 하고 있는 것들이다. 릴케의 작품 역시 초기에서 후기까지 망라되어 있다. 인용된 시들의 기본적 특성은 그 부드러운 캐릭터에 있다. 어쨌든 이처럼 릴케의 시를 인용하면서 거기에 대한 자신의 생각이나 느낌을 해설하듯이 시를 쓰는 것은 이성복이 처음으로 시도하는 릴케 수용의 예라고 할 것이다. 이것은 한 시인이 다른 나라 시인을 어떻게 수용했는지를 살펴볼 수 있는 좋은 기회이다.

특히 이성복의 이 시집의 첫머리를 장식한 것은 릴케의 작품 〈오, 이것은 존재치 않는 짐승〉이다. 《오르페우스에게 바치는 소네트》에 들어 있는 작품인데 이에 대해 이성복은 "무엇을 말하고 싶었는지 모른다"라는 소제목을 붙여두고 있다.

무엇을 말하고 싶었는지 모른다

오, 이것은 존재치 않은 짐승.
사람들은 알지 못했으면서도 그것을 사랑했다,
—라이너 마리아 릴케, 〈오, 이것은 존재치 않는 짐승〉

> 시의 첫 구절에 무엇이 들었는지 우리는 모른다. 무심코 지나가는 말이거나 심심풀이로 해본 말, 우리가 말하기 전에 말은 제 빛깔과 소리를 지니고 있었다. 시의 둘 째 구절은 無染受胎, 교미도 없이 첫 구절에서 나왔지만 빛깔과 소리는 전혀 다른 것. 시의 셋째 구절은 근친상간, 첫 구절과 둘째 구절 사이에 태어났으니, 아들이면서 손자, 딸이면서 손녀. 눈 먼 외디푸스를 끌고 가는 효녀 안티고네. 말들의 혼례가 끝나는 시의 마지막 구절에서도, 우리는 정말 무엇을 말하고 싶었는지 모른다.[259]

여기서 우리는 이성복이 릴케의 원시의 내용과 상관없이 자신의 이야기를 하기 위해 이 시를 끄집어냈음을 알 수 있다. 제목부터 "무엇을 말하고 싶었는지 모른다"라고 밝히고 있는데 이성복이 여기서 릴케의 후기 시에 대해 갖고 있는 생각이 단적으로 드러난다. 그것은 난해성 그 자체이다. 그것을 그는 시에 대한 일반론을 펼치기 위해 이용한다. 시는 첫 구절만 보아서는 알 수 없다. 첫 구절은 그냥 화두처럼 툭 던지는 것일 수 있다. 둘째 구절은 첫 구절을 바탕으로 하고 있지만 첫 구절과는 색깔과 맛을 달리한다. 셋째 구절에 이르러 이성복은 자신이 말하려는 바를 확실하게 밝힌다. 첫 구절과 둘째 구절 사이에서 태어난 셋째 구절은 근친상간의 산물이라는 것이다. 이어지는 구절들의 출생은 서로 간의 근친상간을 통해 가능하며 그는 이것을 "눈 먼 외디푸스를 끌고 가는 효녀 안티고네"라는 말로 정리한다. 근친상간의 결과로 과연 무엇이 생겨날 수 있을지 모른다고 그는 말한다. 한 시인의 머리에서 나온 관념의 산물이 과연 어떠한 존재성을 가질 수

259 이성복, 《달의 이마에는 물결무늬 자국》(열림원, 2003), 13쪽.

있을까 하는 의문의 결과이다. 그런데 이성복은 릴케의 시에서 두 구절만을 인용하고 있을 뿐이어서, 사실 이 두 구절만 가지고는 릴케의 참뜻을 파악하기 어렵다. 원문을 좀더 인용해 보면 이렇다. "오, 이것은 존재하지 않는 짐승./그들은 그 짐승을 모르면서도 어쨌든/—그의 걸음걸이, 그의 거동, 그의 목덜미,/그의 조용한 눈빛까지도—사랑했다"(《릴케 전집 1》, 753). 여기의 "그들"은 숫처녀들을 지칭한다. 릴케는 1923년 6월 1일자 지초Sizzo 백작부인에게 보낸 편지에서 "증명되지 않은 것, 붙잡을 수 없는 것에 대한 모든 사랑, 우리의 감성이 수백 년에 걸쳐 만들어내 들어 올린 것의 가치와 현실에 대한 모든 믿음"[260]이라는 말로 전설상의 짐승인 일각수를 칭송한 바 있다.

이성복은 릴케의 시에 대한 자신의 평에서 이런 말은 전혀 하지 않고 있다. 다만 "오, 이것은 존재치 않는 짐승"이라는 말을 통해 시의 존재성을 언급하고 사람들이 그것을 모르면서도 사랑하는 것이 얼마나 우스운가 하는 면을 말하고자 한다. 전체적으로 보면 릴케의 원시의 뜻에서 약간 빗나간 것 같으면서도 나름대로 자신의 이야기를 위해 릴케의 시를 잘 인용하고 있다고 볼 수 있다. 일각수 역시 상상의 동물로 시의 상징이라 할 수 있기 때문이다. 일각수가 상상 속에 존재하듯 시는 사람들의 마음 속에 존재하니 더욱 그렇다. 다만 릴케의 원시와 관계없이 에로틱한 표현을 가져온 것은 시가 갖는 퇴영성과 무위성을 말하기 위한 언술적 장치라고 할 수 있다. 그리고 시 일반에 대해 갖는 자신의 생각을 알리기 위해 이성복은 이 시를 그의 시집의 첫머리에 둔 듯하다.

---

260 Rainer Maria Rilke, *Die Brief an Gräfin Sizzo 1921-1926*, hrsg. v. Ingeborg Schnack, erweiterte Ausgabe(Frankfurt a. M., 1977), S. 67f.

이상의 논의로 이성복이 릴케의 시를 대하는 시각은 어느 정도 분명해졌다. 그의 생각의 흐름과 부합할 때 릴케의 시는 인용의 대상이 되며 또 그것을 그는 일단 마음속으로 나름대로 해석한 뒤 자신의 관점을 강화하는 하나의 주춧돌로 사용한다는 점이다. 그에게 중요한 것은 다음과 같은 것이다. 그는 《네 고통은 나뭇잎 하나 푸르게 하지 못한다》에서 이렇게 말한다.

> 문학이란 현실로 들어가는 문(門)이다. 문학을 신주 단지처럼 받드는 사람들이 문학으로부터 배신당하는 것은 당연한 귀결이다. 조금이라도 문학이 중요하다면, 그것은 삶이 중요하기 때문이다.[261]

삶의 문학에 대한 이와 같은 그의 생각은 릴케의 시를 평하고 나름대로 해석하는 데에도 적극적으로 작용하지 않을 수 없다.

2. 릴케 읽기

다음에서는 나머지 시들에 나타난 릴케 시의 수용 양상을 이성복이 의도한 측면에서 몇 가지로 나누어 고찰해보고자 한다.

가장 큰 특징은 원시가 갖는 진지함을 깨고자 하는 패러디의 의식이라고 할 수 있다. 〈소녀들 철없다〉를 보자.

> 저희들에게 무슨 일이 일어나게 하옵소서.
> 목숨을 향하여 이렇게 보채임을 굽어보소서.
> —라이너 마리아 릴케, 〈마리아께 드리는 소녀들의 기도〉

---

261 이성복, 《네 고통은 나뭇잎 하나 푸르게 하지 못한다》, 245쪽.

> 소녀들 철없다. 무슨 일 한번 있으면 그만이지 또, 또 자꾸 보챈다. 전에 우리 아이 놀러갈 때면, 버스 언제 와? 언제 도착해? 언제 밥 먹어? 언제 집에 가? 언제 씻고 자? 늘 그러더니, 소녀들 너희 잠시도 머물 줄 모르는구나. 빨리 중학교 들어가고, 고등학교, 대학교 들어가고, 빨리 결혼하고, 애 낳고, 빨리 애 초등학교 들어가고, 그러고 나면 또 뭐 할건데? 소녀들, 너희가 그리워한다는 이유만으로 붉은 장미는 피지 않는다. 너희는 또 지지 않는 붉은 그리움을 너희 딸들에게 물려줄 것이다.[262]

소녀들이 마리아를 향하여 올리는 기도의 내용이 이성복의 글에 오면 상당히 우스꽝스럽게 변형되어 있다. 소녀들이 기도를 드리고 정중하게 자신들의 소망을 이야기하는 것을 이성복은 철없는 소녀들의 보채임으로 현실적인 측면에서 접근한다. 그것은 딸을 키우는 아빠의 입장에서 본 우려의 결과이다. 그렇지 않아도 세월은 흐르고 자라서 온갖 세상 풍파 다 겪게 될 텐데 왜 자꾸만 빨리 자라게 해달라고 보채느냐는 뜻이다. "저희들에게 무슨 일이 일어나게 하옵소서"라는 소녀들의 기도는 당장 "소녀들 철없다. 무슨 일 한번 있으면 그만이지 또, 또, 자꾸 보챈다"라는 한 마디 말로 반격된다. 릴케의 작품에서 소녀들이 갖는 상징성 같은 것은 현실적인 입장에서 고려의 대상이 되지 않는다. 패러디의 성격에 걸맞게 문면에 나타난 것을 비웃어주는 데에 초점이 맞추어져 있다. 그런데 왜 이러한 패러디가 나왔는지를 새겨볼 필요가 있다. 그것은 두 번째 행이 원시와 약간 다르게 번역되어 있는 데에서 기인한다. 원문을 다 인용해보면 다음과 같다. "우리에게 무언

---

262 이성복, 《달의 이마에는 물결무늬 자국》, 44쪽.

가 이루어지게 해주소서!/삶을 향해 바르르 떨고 있는 우리를 보소서./이제 우리는 일어서고 싶습니다./한 줄기 빛살처럼, 한 곡의 노래처럼"(《릴케 전집 1》, 182). "삶을 향해 바르르 떨고 있는" 소녀들의 모습은 "목숨을 향하여" 자꾸만 보채는 소녀들의 모습과는 사뭇 다른 것이다. 전자에는 삶에 대한 경건성이 깃들여 있는 반면, 후자는 그야말로 뭔가를 자꾸 사달라고 조르는 어린아이의 모습을 보여주기 때문이다. 시를 번역하면서 긍정적인 차원의 어휘를 쓰느냐 아니면 부정적인 차원의 어휘를 사용하느냐에 따라서 생길 수 있는 현상이다.

물론 이와 같은 패러디의 밑바탕에는 자신의 현실과 삶을 바라보는 이성복의 따스한 눈길과 근심이 배어 있는 것을 부인할 수 없다. 그의 그러한 마음의 울림이 릴케의 이 시를 패러디하게 만든 동인이라 할 수 있다.

릴케의 원 텍스트를 바탕으로 나름대로 흥미로운 이야기를 전개한 경우도 발견된다. 〈언니라는 말의 배꼽〉을 보자.

언니라는 말의 배꼽

누이들은 서로서로 이용할 필요가 없습니다.
그들은 피와 피가 엉켜 있으니까요.
—라이너 마리아 릴케, 〈누이들〉

아내가 자기 언니 보고 '언니!' 그럴 때는, 반쪽 짝 갈라놓은 水晶의 내부 같은 것이 보인다. 촘촘한 보랏빛 각진 기둥들이 지키는 原石의 내부, 아내에게도 언니에게도 없는, 언니라는 말의 내부. 한번도 따라 들어가 본 적 없지만, 한번도 따라가 들어가지 못한 나만이 아는 내부, 자기 언니를

> '언니!' 하고 부르는 아내를 나는 생전 알지 못할 것이다. 그러나 자기 동생이 아내한테 '언니!'를 부를 때는, 마른 감꽃처럼 닫힌 어떤 *皮質*의 문 앞에 나는 선다. 그 또한 내가 들어갈 수 없는 언니라는 말의 배꼽.[263]

언니와 여동생이라는 혈연관계가 갖는 묘한 향취를 이성복은 절묘하게 글로 옮겨놓고 있다. 그것은 "언니라는 말의 배꼽"이라는 제목에서 결정적으로 표현된다. 이는 "언니"라는 말 속에 담겨진 혈연의 끈을 지칭하는 것이다. "언니"라는 말은 보석에 비유된다. "언니"와 "여동생"은 핏줄에 의해 평소 하나로 붙어 있는 "수정"이다. 그런데 아내가 손위 형제를 향해 "언니"하고 부르는 순간 "반쪽 짝 갈라놓은" 그 수정의 내부가 보인다고 시인은 말한다. 언니와 동생의 혈연관계는 "언니"라는 말 자체로 승화되어 시인은 그 말의 내부를 들여다보는 것이다. 아내가 "언니"라는 말을 하는 순간 섬광처럼 그 말 안쪽의 "촘촘한 보랏빛 각진 기둥들"이 보인다. 그러나 아내의 동생이 "언니"라고 부를 때는 그는 다가갈 수 없는, "감꽃처럼 닫힌 어떤 피질의 문 앞에" 선다. 동생이 아내를 향해 부를 때는 무언가 좀더 어려운 듯하게 다가오는 "언니"라는 말. 그는 "언니"라는 말 속에 들어가 본 것 같지만 사실은 짐작할 뿐이다. 자신은 그들과 혈연관계가 아니기 때문에 그 안으로 들어갈 수는 없다. 다만 "언니"라는 말의 울림을 통해 그들의 관계를 상상할 뿐이다. 이렇게 멋진 상상력의 촉발점은 물론 릴케의 시이다.

그런데 여기서 좀 생각해볼 것이 있다. 이성복이 인용한 이 시구절이 원래의 작품과 좀 다르게 되어 있기 때문이다. 릴케의 원시는 전체적으로 같은

---

263 이성복, 《달의 이마에는 물결무늬 자국》, 45쪽.

자매라고 할지라도 각각 자신들의 인생을 펼쳐나가는 것은 다르다는 점을 설파한다. 반면 이성복은 자매가 갖는 혈연적 친연성에만 집착하고 있다. "그들은 피와 피가 엉켜 있으니까요"라는 구절에 바탕을 둔 생각이다. 이성복이 〈누이들〉이라는 제목으로 인용한, 릴케의 시 〈자매〉를 보자.

> 보라, 그들이 똑같은 가능성들을 얼마나
> 다른 방식으로 받아들이고 펼쳐가는가를,
> 그것은 마치 두 개의 똑같이 생긴 방 사이로
> 각각 다른 두 시간이 지나가는 것을 보는 것과 같다.
>
> 그들은 각자 서로 상대방을 받쳐준다고 생각하지만
> 사실 상대방의 도움에 피곤하게 기대어 있을 뿐 ;
> 그리고 그들은 서로에게 도움이 될 수 없다,
> 그것은 피에다 피를 더하는 격이 되기 때문이다,
>
> 만약 그들이 예전처럼 서로 부드럽게 어루만지며,
> 가로수 길을 따라서 상대방에 의해 인도되거나
> 상대방을 인도하려고 시도한다면 :
> 아, 그들의 걸음걸이는 똑같지가 않구나.
> ─《릴케 전집 1》, 620.

릴케는 마지막 구절에서 "아, 그들의 걸음걸이는 똑같지가 않구나"라고 단언적으로 말한다. 이것이 릴케가 한 자매에게서 본 기본 인상이다. 그들이 서로에게 진정한 도움이 되기 위해서는 서로 다른 길을 가야 한다. 그리고 서로가 서로에게 도움이 될 수는 없다. 왜냐하면 같은 핏줄로서 같은 카테고리 안에 머물고 있기 때문이다. 이것을 릴케는 시에서 "그리고 그들은 서로에게 도움이 될 수 없다,/그것은 피에다 피를 더하는 격이 되기 때문이다"라고 표현한다. 그러나 이성복이 인용한 릴케의 시구절은 다르게 되어 있다. "누이들은 서로서로 이용할 필요가 없습니다./그들은 피와 피가 엉켜 있으니까요"라고. "서로에게 도움이 될 수 없다"라는 말과 "서로서로 이용할 필요가 없습니다"라는 말은 너무나 뜻이 다르다. 전자는 도와주고 싶어도 실제 도움이 되지 않는다는 뜻이고, 후자는 굳이 서로 돕지 않아도 된다는 뜻이다. 그리고 각각의 이유로 든 두 번째 구절도 엄밀하게 보면 뉘앙스가 다르다. 전자의 경우는 "피에다 피를 더하는 격"이라는 말로 근친의 성향상 큰 도움이 되지 않는다는 뜻이지만, 후자의 경우에는 "피와 피가 엉켜 있으니까", 즉 친족관계에 있으므로 굳이 서로를 이용할 필요가 없다는 뜻이다. 전자의 경우는 부정적인 뉘앙스를, 그리고 후자의 경우는 긍정적인 뉘앙스를 준다.

번역문이 잘못되어 있을 때 생길 수 있는 경우를 이성복의 글은 보여준다. 그러나 그렇다고 해서 이성복의 글이 무가치하다는 말은 아니다. 왜냐하면 이성복은 나름대로 릴케 시에 대한 이해를 바탕으로 "언니"라는 말에 들어 있는 혈연적 가치를 "반쪽 짝 갈라놓은 수정의 내부"라든가 "언니라는 말의 배꼽"과 같은 승화된 언어로 잘 표현하고 있기 때문이다.

그 다음은 원문의 뜻을 의도적으로 변형하고자 하는 뒤틀기 의식의 경향이다. 이것은 〈난 어둠을 믿을 수 없네〉라는 글에서 발견된다.

난 어둠을 믿을 수 없네

내 거기서 태어난 그대 어둠이여,
내 불꽃보다 그대를 사랑하네.
—라이너 마리아 릴케, 〈그대 어둠이여〉

> 언젠가 들킬 줄 알았지만 오래 버텼네. 어둠이여, 빛은 네 오랜 지병의 명백한 증거, 빛은 아픈 피가 어두운 몸 바깥으로 흘러나온 것. 굳어 버린 간에서 역류한 피가 상처 난 위벽을 찢고 입 밖으로 토해진 것. 어둠이 앓고 있다는 다른 증거는 필요 없네. 아플 만큼 아팠는데 어둠은 자꾸 아프고, 미안한 빛은 꾸물거리며 지나가네. 빛이여, 너를 쏟아낼 때마다 어둠은 목이 마르네. 목마른 어둠은 내 종아리에 달라붙어 피를 달라 하네. 난 어둠이 겁나네. 난 어둠을 믿을 수가 없네 264

전통적인 기독교적 사고방식과 대치되게 어둠을 칭송하고자 하는 릴케의 의도에서는 세상 만물을 자신의 가슴 속에 아우르려는 시인의 자세가 내비친다. 창조의 근원으로서의 어둠을 이야기하는 것이다. 어둠을 강조하기 위해 그는 불꽃이 갖는 한계성을 이야기한다. 이와 같은 어둠의 찬양은 낭만주의 시인 노발리스에게서 찾아볼 수 있으며 릴케 역시 노발리스의 《밤의 찬가》의 계열을 잇고 있다. 그러나 이성복은 인용된 릴케의 시에 덧붙여 쓴 자신의 글에서 "난 어둠을 믿을 수 없네"라고 단언한다. 그는 왜 어둠을 믿을 수 없다고 말하는가. 그의 글에서 어둠과 관련된 개념들로는 "오랜

---

264 이성복, 《달의 이마에는 물결무늬 자국》, 66쪽.

지병", "어두운 몸", 아픔, 목마름, "피" 등이 등장한다. 누가 보아도 부정적인 것들이다. 개인적인 차원에서는 생리적인 고통을 자아내는 것의 대명사가 바로 "어둠"이다. 시대적인 차원에서는 그가 말하는 "1970년대, 80년대의 험악한 시절"의 상징이다. 그는 어둠과 빛을 대조하면서 빛을 아픔의 결정체에서 나오는 진주 같은 것으로 생각한다. 어둠 속에 숨겨놓은 아픔의 뿌리에서 나온 것이 빛인 것이다. 그의 표현대로 "빛은 아픈 피가 어두운 몸 밖으로 흘러나온 것"이다. 어둠은 많은 것을 요구하기에 그는 "난 어둠이 겁나네"라고 말한다. 그 자신 어둠의 진한 맛을 보았기에 릴케처럼 단순하게 어둠을 향해 "내 불꽃보다 그대를 사랑하네"라고 말할 수 없다. 결국 그는 "난 어둠을 믿을 수가 없네"라고 결론짓는다. 이와 같이 이성복은 릴케의 어둠에 대한 칭송을 의식적으로 비틀어서 어려운 시대를 살아온 자신의 경험을 이야기하는 계기로 삼고 있다. 그러므로 창작의 상징으로서의 어둠이 그의 의식의 흐름에 이르면 다른 방향으로 흐를 수밖에 없다.

3. 릴케 읽기의 특징과 한계

이어서, 나머지 릴케 시들을 수용하면서 이성복이 보인 그 밖의 몇 가지 특징을 알아보기로 하자.

〈천사들의 판례집〉은 릴케의 《두이노의 비가》 중 첫 비가의 첫 구절을 대상으로 삼고 있다. "행여 내 울부짖은들, 뉘라 천사들의 계열에서/날 들으리? 하물며 어느 천사가 있어/불현듯 나를 가슴에 안아준다 한들"[265]이라는

265 이성복, 《달의 이마에는 물결무늬 자국》, 54쪽.

구절이다. 릴케의 천사가 갖는 개념을 이성복은 지극히 현실적인 차원에서 수용하고 있다. 릴케적 의미를 거의 도외시하고 있다고 보아도 무방할 정도이다. "우리 사는 세상은 천사들의 판례집"이라는 구절이 모든 것을 말해준다. 릴케가 예술가로서 자신의 존재 이유에 대해 숙고하는 가운데 가상의 존재로서 천사를 상정한 반면, 이성복은 천사를 인격적인 개념으로 사용하기도 하고 인간의 삶을 관장하는 존재로 보기도 한다. 그럼으로써 원시의 핵심보다는 오히려 변두리 쪽에 시선이 머문다. 이것은 자신이 하고 싶은 말이 원시에 대한 이해를 뛰어넘기 때문으로 풀이된다. "우리를 옥바라지하던 한 분 어머니는 돌아가셨다"[266]라는 표현은 그의 천사 이해의 시각을 가늠케 해준다.

〈봉분을 만들지 마라〉는 릴케의 《오르페우스에게 바치는 소네트》 중 "기념비를 세우지 마라. 장미꽃으로 하여/그저 해마다 그를 위해 피게 하라"(《릴케 전집 1》, 733)라는 구절에 대한 코멘트이다. 릴케의 시에서 중요한 것은 장미는 누구의 간섭 없이도 홀로 피어나는 자족적 존재 상황을 즐긴다는 것이다. 그런데 이성복은 합천의 도예가 김종희 선생 이야기를 하면서 "기념비"와 "봉분"을 동일시하고 있다. 즉 《오르페우스의 소네트》의 "기념비"라는 말 자체만 가지고 코멘트를 가했다는 뜻이다. 김종희 선생이 자신이 죽을 때 짐승들의 왕래에 방해가 될 뿐인 "봉분"을 만들지 말라는 말을 하기 위한 촉매 역할만을 릴케의 시구는 맡고 있는 것이다. 평소 이성복 자신이 하고 싶었던 말이 릴케의 시구를 빌려 흘러나왔다고 할 수 있다.

〈리비도가 배꼽으로 가면〉은 릴케의 《기도시집》 중 "심장을 닫아주십

---

266 위의 책.

시오. 그러면 뇌가 뛰겠지요./뇌 속에 당신이 불을 던지신다면—./내 피 속에서 당신을 실어버릴 것입니다"[267]라는 구절에 대해 이성복 자신의 생각을 적은 것이다. 릴케가 자신이 사랑한 14살 연상의 여인 루 살로메를 위해 지고한 사랑의 마음으로 바쳤던 이 시가 이성복의 펜 끝에 오면 상당히 육욕적인 쪽으로 변질된다. 게다가 이 시는 나중에 《기도시집》에 실림으로써 수도사가 신을 향해 자신의 사랑을 바치는 경건한 음조를 띠게 된 작품이다. 릴케의 경우 비록 "심장"이나 "뇌", "피" 같은 말을 사용하고 있지만 그것은 자신의 사랑의 뜨거움과 순수함을 나타내기 위한 정신적인 차원의 표현이다. 그러나 이성복은 바로 이 지점에서 자신의 이야기를 시작한다. 그는 맨 먼저 "간디스토마가 피를 타고 뇌 속으로 들어갈 수도 있다"라고 말한다. 이어서 "꽃"이라든가 "리비도"를 언급하며 이 역시 "간디스토마" 같다고 말한다. 릴케가 순수한 사랑을 이야기하였다면, 이성복은 성욕에 가득 찬 행위를 염두에 두고 이 시를 다시 해석하였다. "자루처럼 튀어나온 배꼽끼리 눈이 맞아 허겁지겁 여관에 드는 것도 이 세상일이다"[268]는 말로 그는 세상을 움직이는 힘의 근원으로서의 리비도에 대한 자신의 생각을 마무리한다. 이성복의 이 같은 해석은 릴케의 표현 아래 자리한 본능적 욕구를 제대로 짚은 것이라 할 수 있다. 물론 많은 단계의 세속화의 과정을 겪은 것이기는 하지만. 진지한 것, 또는 허황된 것을 꺾어버린다는 면에서는 이 또한 패러디라고 할 수 있다. 이것은 그가 《네 고통은 나뭇잎 하나 푸르게 하지 못한다》에서 말한 "관념에서 사물로"[269]라는 잠언과 맥을 같이 하는 것이다.

---

267 위의 책, 79쪽

268 위의 책.

이러한 패러디의 성향에 의지하여 이성복은 릴케의 시를 가벼운 터치로 읽는 경우도 많다. 〈마리아께 드리는 소녀들의 기도〉 중 "그러자 저는 느꼈습니다. 마리아가 말씀하셨음을,/'밤중의 이 별을 따라 꽃필지어다'라고" (《릴케 전집 1》, 186)라는 구절을 이성복은 약간은 냉소적으로 "꽃피지 말라 하면 안 필 것도 아니잖니?"[270]라고 받아친다. 이러한 것을 통해 그는 자신의 상상력의 방향과 세기를 가늠해보려는 듯하다. 이어서 "꽃피는 건 몸 속 뭉칫돈 빼서 일수놀이 하는 것"이라는 표현뿐만 아니라 "꽃 지는 건 산통 다 깨져 집안에 차압 들어오는 것"과 같은 표현이 이어지기 때문이다. 하나의 연습장이라는 느낌이다.

이성복의 작업이 헛되지 않았음은 〈기도는 협박, 사랑은 봉변〉이라는 시에서 증명된다.

기도는 협박, 사랑은 봉변

당신의 목소리로 가누지 않는다면
난 손바닥에서 뛰쳐나와
암청색 정원으로
내 몸을 부어버리겠어요…
—라이너 마리아 릴케, 〈신부〉

그럴 만도 하지. 쓰레기를 버리려다 쓰레기통에 딸려 바다에 빠졌구나.
피댓줄에 감겨 생철 지붕 끝까지 딸려 올라가 너덜너덜해졌다는 정미소

269 이성복, 《네 고통은 나뭇잎 하나 푸르게 하지 못한다》, 58쪽.
270 이성복, 《달의 이마에는 물결무늬 자국》, 90쪽.

주인 같구나. 씨나락 까먹다 소쿠리에 갇힌 참새 같구나. 그래, 그럴 만도 하지. 하지만 꼭 그래야 하는 건 아니지. 기도는 협박, 사랑은 봉변. 그래, 제 몸을 부어버리겠다고? 흙을 물이라 하면 불이 믿겠니, 바람이 믿겠니. 꼭 그래야 하는 건 아니지. 하지만 그럴 만도 해. 복사본이 잘못돼서 복사집에 따졌더니, 애초에 원본이 잘못이었다고……[271]

인용한 부분은 릴케의 《형상시집》에 실린 시 〈신부〉의 두 번째 연이다. 먼저 릴케의 시에서 "협박"을 읽고 있다는 사실 자체가 흥미롭다. 사랑하는 사람을 향해 만약에 나를 잡지 않는다면 정원으로 나가 나의 모든 것을 쏟아버리겠다는 시적 화자의 발언은 그냥 볼 땐 상당히 시적이고 나름의 기품이 있는 것 같지만 사실 잘 따져보면 협박 아닌 협박이라 할 수 있다. 그래서 이성복은 여기에 "기도는 협박, 사랑은 봉변"이라는 재미있는 제목을 달아놓고 있다. 그의 말의 초점은 만약 내 말을 들어주지 않으면 "내 몸을 부어버리겠어요"라는 데에 맞추어져 있다. 그래서 이성복은 그 말의 부당성을 증거하기 위해 시적 화자를 향해 다양한 공격의 포문을 열고 있다. 먼저 그는 시적 화자의 자세에서 과도한 몸짓을 포착하고 이에 걸맞는 표현들을 동원한다. 쓰레기 버리려다 쓰레기통에 딸려 바다에 빠진 꼴이라든가, 피댓줄에 감겨 생철 지붕에 내동댕이쳐진 정미소 주인 꼴이라든지, 씨나락 까먹다 소쿠리에 갇힌 참새 꼴이라는 표현은 그야말로 읽는 이로 하여금 폭소를 터뜨리게 만든다. 릴케가 쓴 "내 몸을 부어버리겠어요"라는 표현이 현실적으로 가능한지의 여부를 놓고 이성복은 "그래,

271 위의 책, 105쪽.

제 몸을 부어버리겠다고? 흙을 물이라 하면 불이 믿겠니, 바람이 믿겠니"라고 반문한다. 실제로 누구도 제 몸을 부어버릴 수는 없다. 그러면서 애당초 사랑이 잘못된 것은 아니었는지 묻는다. 이렇게: "복사본이 잘못돼서 복사집에 따졌더니, 애초에 원본이 잘못이었다고……"

이성복은 아주 현실적인 차원에서 이 시에 접근하고 있다. 그것이 오히려 다양한 울림을 만들어낸다. 그런데 그것이 가능한 것은 이성복이 이 시에 대해 충분히 이해를 했기 때문이다. 부분적인 이해를 가지고는 릴케의 표현법을 가지고 딴지를 거는 듯한 인상을 주기 십상이다. 물론 그가 인용한 릴케 시에도 약간의 문제가 없는 것은 아니다. 작품 전체의 이해를 돕기 위해 릴케의 시 전문을 실어보면 다음과 같다.

> 사랑하는 이여, 나를 불러주세요, 큰 소리로 나를 불러주세요!
> 당신의 신부를 이토록 오래 창가에 서 있게 하지 마세요.
> 늙은 플라타너스 나무 가로숫길에는
> 이제 저녁도 잠들어
> 가로숫길은 텅 비어 있습니다.
>
> 당신이 오시어 당신의 목소리로 나를
> 밤의 집에 잡아두지 않으신다면,
> 나는 붙잡는 나의 두 손을 뿌리치고
> 짙은 쪽빛 뜰로 나가
> 내 가슴을 쏟아버릴 수밖에 없어요…
> —〈신부〉 전문, 《릴케 전집 1》, 378.

그럼에도 이성복은 여기서 시의 중심이 되는 가닥을 놓치지 않았기 때문에 그가 목표했던 패러디의 효과를 충분히 유발할 수 있었던 것이다.

전체적으로, 이성복은 릴케의 원시에다 감각적인 외피를 덧입혀서 새로운 모습으로 제시한다. 그의 의식의 거푸집을 거치면서 릴케의 시는 새로운 모습으로 탄생한다. 이성복은 이러한 것을 통해 주물을 만드는 은밀한 작업 현장을 직접 보여준다. 따라서 그의 시들은 시적으로는 완성된 것이 아니다. 본격적인 시 창작을 위한 연습의 장 정도로 보인다. 때문에 그가 외국시를 어떻게 수용하는지 직접적으로 알 수 있다. 그가 시집 머리말에서 밝히고 있듯이 그에게 외국시는 하나의 언술의 계기였던 셈이다. "결과적으로 나의 관심사는 인용된 시를 빌미로 하여, 대체 나 자신이 무엇을 말하고 싶어하는지 확인하는 것이었다."[272] 인용된 시는 그야말로 계기로만 작용할 뿐이고 그에 대한 이성복의 새로운 시는 원시의 뜻에서 아주 멀어지는 경우도 자주 찾아볼 수 있다. 애당초 릴케의 시를 전혀 인용하지 않고 자신의 고유한 창작 과정으로서 그러한 글을 썼다면 문제가 될 것이 없으나 릴케 인용문이 있는 상태에서 그에 대한 잘못된 이해에서 출발한다면 릴케 텍스트가 그곳에 놓여서는 안 될 것이라고 본다. 원시를 전체의 맥락에서 보지 않고 일부분만 편집해서 봄으로써 원 텍스트와 전혀 상관없이 한 쪽으로 치우친 해석이 생겨나기 때문이다. 이렇게 보면 이성복의 릴케 수용은 진정한 의미에서의 수용이라고 볼 수 없다. 물론, 릴케의 시 세계를 다 이해하는 것이 시인의

272 이성복, 〈시집을 펴내며〉, 《달의 이마에는 물결무늬 자국》, 5쪽.

시적 창조에 무조건 도움이 되는 것은 아니지만. 하지만 적어도 패러디라고 해도 우리가 〈기도는 협박, 사랑은 봉변〉에서 확인하였듯이 형식적 차원의 것을 넘어서 다루려고 하는 작품에 대한 심도 있는 이해를 바탕으로 생성되었을 때 보다 호소력이 있는 것이 될 수 있을 것이다. 《달의 이마에는 물결무늬 자국》에서 이성복의 시적 의도는 릴케가 갖는 관념성에 대한 비판을 거쳐 삶에 지반을 둔 현실주의를 지향하고 있다. 이것은 또한 자기 자신의 문학세계에 대한 반성의 계기로 작용하는 것이 아닌가 한다. 그 자신 옛 항구를 떠나 새로운 바다로 항해하기 위하여.

13장

파리 시절의 릴케와 김기택의 시

파리 시절의 릴케의 행적을 소상하게 담은 E. M. 버틀러의 전기 《파리 시절의 릴케》는 이미 1976년에 우리나라에 번역, 소개된 바 있다. 릴케의 파리 시절은 두 가지 체험으로 요약된다. 그중 하나는 조각가 로댕을 만나면서 새롭게 갖게 되는, 관찰과 작업에 의한 창작 방식으로의 전환이고 또 다른 하나는 파리에서 본 가난과 죽음의 체험이다. 릴케는 로댕을 만나면서 당시까지의 자신의 창작 방식의 문제점을 발견하고 관찰을 가장 큰 계명으로 삼은 시쓰기 방식에 힘쓰게 된다. 관찰이 우선시되다 보니 이전의 감정에 치우친 상상력의 전개는 뒷전으로 물러선다. 석공이 정으로 돌을 쳐서 조각품을 만들 듯이 릴케는 이때부터 사물을 구체적으로 지칭할 수 있는 정확한 어휘 구사에 전념한다. 그와 같은 언어의 뉘앙스를 구체적으로 잘 살려 처음으로 성공시킨 작품이 바로 〈표범Der Panther〉이다. 또 한 가지, 릴케의 파리 시절은 1902년부터 몇 년간에 걸쳐 아내 클라라와 루 살로메에게 보낸 편지가 보여주듯 실존적 위기의식으로 가득 차 있다. 그것은 그곳에서 겪은 가난과 죽음의 현상들 때문이다.

김기택(1957-)은 우연의 일치인지는 모른지만 파리 시절의 릴케를 꼭 빼닮고 있다. 김기택의 글을 읽어보면 관찰을 중심으로 한 시 창작 방법의 모드뿐만 아니라 정서적으로도 당시 릴케의 실존적 위기의식과 비슷한 면을 많이 담고 있음을 알 수 있다. 시 창작 기법상으로는 릴케의 중기시의 대표라 할 수 있는 '사물시das Ding-Gedicht'의 기법을 뚜렷이 보여주고, 또한 주위 세계를 바라보는 그의 시적 자아의 시선은 파리 시절의 릴케의 실존을 많이 반영하고 있는 《말테의 수기》의 첫 머리 부분과 유난히 닮아 있다. 이를 구체적으로 알아보기 위해 먼저 시쓰기 방법론적으로 '사물시'의 관점에서 그의 몇몇 시 작품과 릴케의 작품을 살펴보고 이어서 두 시인의 테마상의 유사성을 고찰해보고자 한다.

1. 관찰과 발견의 시학

김기택은 전통적 시정시에서 다루는 인생론적 어법을 극난적으로 피하면서 나름의 새로운 시적 말하기의 기법을 우리 시단에 도입하고 있다. 그의 시는 소재 면에서도 여타의 다른 시인들과 분명하게 구별된다. 〈쥐〉, 〈호랑이〉, 〈개〉, 〈닭〉, 〈소〉, 〈모기〉, 〈송충이〉, 〈거북이〉 등 각각 독립된 사물이 시의 대상이 된다. 소재를 이처럼 독립된 사물에서 가져오는 것은 릴케의 《신시집》에서 찾아볼 수 있다. 먼저 김기택의 시 〈호랑이〉를 보자.

> 길고 느린 하품과 게으른 표정 속에 숨어 있는 눈
> 풀잎을 스치는 바람과 발자국을 빈틈없이 잡아내는 귀

코앞을 지나가는 먹이를 보고도 호랑이는 움직이지 않는다
위장을 둘러싼 잠은 무거울수록 기분좋게 출렁거린다
정글은 잠의 수면 아래 굴절되어 푸른 꿈이 되어 있다
근육과 발톱을 부드럽게 덮고 있는 털은
줄무늬 굵은 결을 따라 들판으로 넓게 뻗어 있다
푹신한 털 위에서 뒹굴며 노는 크고 작은 먹이들
넓은 잎사귀를 흔들며 넘실거리는 밀림
그러나 멀지 않아 텅 빈 위장은 졸린 눈에서 광채를 발산시키리라
다리는 무거운 몸을 일으켜 어슬렁어슬렁 걷기 시작하리라
느린 걸음은 잔잔한 털 속에 굵은 뼈의 움직임을 가린 채
한번에 모아야 할 힘의 짧은 위치를 가늠하리라
빠른 다리와 예민한 더듬이를 뻣뻣하고 둔하게 만들
힘은 오로지 한 순간만 필요하다
앙칼진 마지막 안간힘을 순간 먹이로 만드는 일은
무거운 몸을 한 줄 가벼운 곡선으로 만드는 동작으로 족하다
굶주린 눈초리와 발빠른 먹이들의 뾰족한 귀가
바스락거리는 풀잎마다 팽팽하게 맞닿아 있는
무더운 한낮 평화롭고 조용한 정글[273]

이 시는 정글 속의 자유로운 "호랑이"의 모습을 그리고 있다. 마치 다큐멘터리 〈동물의 왕국〉의 한 장면을 그대로 옮겨다 놓은 듯한 느낌이다. 호랑이의 모습에 앵글이 맞추어져 있기 때문에 시적 화자의 모습은 카메라맨처

273 김기택, 《태아의 잠》(문학과지성사, 1991), 12쪽.

럼 완전히 뒤로 물러나 있다. 카메라맨이 다큐멘터리에서 촬영에만 열중하고 멘트를 전혀 하지 않듯 시인은 "호랑이"의 모습을 담아내는 데에만 신경을 쓴다. 여기의 "호랑이"는 졸음에 빠져 있는 호랑이이다. 정확한 묘사를 위해 시인은 다양한 색상이 담겨 있는 언어의 팔레트에서 온갖 색깔을 다 가져다가 붓질을 한다. 그의 붓질은 우선은 호랑이의 눈으로부터 시작하여 귀, 코, 배, 그리고 털 쪽으로 가면서 섬세하게 이루어진다. 그러면서 각 부위의 속성이 명쾌하게 드러나도록 신경을 쓴다. 외관상의 부드러움 속에 들어 있는 날카로움이 공통되는 속성이다. 구체적으로는 "길고 느린 하품과 게으른 표정 속에 숨어 있는 눈", "풀잎을 스치는 바람과 발자국을 빈틈없이 잡아내는 귀", "위장을 둘러싼" "기분 좋게 출렁거"리는 "잠", "근육과 발톱을 부드럽게 덮고 있는 털" 등으로 잘 묘사되어 있다. 특히 "위장을 둘러싼 잠은 무거울수록 기분좋게 출렁거린다"는 표현은 잠에 빠져 있는 호랑이의 배가 숨을 쉴 때마다 불룩거리는 것을 잘 그려낸 것이다. 그런데 이러한 묘사는 후반부에 등장하는 호랑이의 본능적 행동을 드러내 보여주기 위한 밑그림이다. 먹이를 낚아채기 위해 위장僞裝을 하고 있는 모습이다. 즉 이 시는 두 부분으로 나뉘어져 있다. 전반부가 잠들어 있는 호랑이에 대한 실제적인 묘사라면, 후반부는 호랑이가 앞으로 보일 공격 본능에 대한 상상적 묘사이다. "-하리라"는 종결어미가 이것을 말해준다. 그러한 공격 본능의 움직임을 낳는 본거지는 "텅 빈 위장"이다. 그것이 호랑이의 의식에 의한 것이 아니라 순전히 본능에 의한 것임을 나타내기 위해 김기택은 사지의 움직임을 낱낱으로 나누어서 묘사한다. "다리는 무거운 몸을 일으켜 어슬렁어슬렁 걷기 시작하리라", "느린 걸음은 잔잔한 털 속에 굵은 뼈의 움직임을 가린 채", "빠른 다리와 예민한 더듬이를 뻣뻣하고 둔하게 만들 힘" 등의 표현에서 우리는 먹이를 보는 순간 "텅 빈 위장"으로부터 발원하여 자동화되어 움직이는 호랑이의 몸놀림을 연상할 수 있다. 이어서 먹이를 덮쳐서 굴복시키는 묘사가 이 시의 백미라 할 수 있다: "앙칼진 마지막 안간힘을 순한 먹이로 만드는 일은/무거운 몸을 한 줄 가벼운 곡선으로 만드는 동작으로 족하다." 호랑이의 움직임의 엑기스만 빼서 묘사한 이 표현은 독일 표현주의 그림을 떠올려준다. 겉에 보이는 현상보다 안에서 움직이는 힘줄의 모습을 기하학적으로 추상화시켜 보여주는 기법이 그렇다. 그러나 실제로 일어난 것은 아무것도 없다. 이상의 것은 시적 화자의 머리 속에서 일어난 상상일 뿐이다. 시적 화자의 묘사는 다시 전반부의 끝머리와 이어진다. 호랑이의 눈초리와 그것을 피하려는 "먹이들의 뾰족한 귀" 사이에 형성되는 긴장감이 시의 마지막을 장식한다. "무더운 한낮 평화롭고 조용한 정글"이라는 시구는 오히려 역설적으로 고요한 정글 속에 도사리고 있는 호랑이의 빛나는 눈빛을 더욱 두드러지게 만들어준다.

그러면 여기서 릴케의 〈표범〉을 분석해가면서 이것이 김기택의 〈호랑이〉와 어떤 면에서 비교될 수 있는지 구체적으로 확인해보기로 하자.

표범

파리 식물원에서

스치는 창살에 지쳐 그의 눈길은
이젠 아무것도 붙잡을 수가 없다.
그에겐 마치 수천의 창살만이 있고

그 뒤엔 아무런 세계도 없는 듯하다.

아주 조그만 원을 만들며 움직이는,
사뿐한 듯 힘찬 발걸음의 부드러운 행보는
커다란 의지가 마비되어 서 있는
중심을 따라 도는 힘의 무도舞蹈와 같다.

가끔씩 눈동자의 장막帳幕이 소리 없이
걷히면 형상 하나 그리로 들어가,
사지四肢의 긴장된 고요를 뚫고 들어가
심장에 가서는 존재하기를 그친다.
—《릴케 전집 1》, 505.

이 시는 릴케의 말대로 그에게 끝없이 밀려왔던 로댕의 영향을 받아, "자연 앞에서 화가나 조각가처럼 냉혹할 정도로 사물을 파악하고 모사하려는 엄격한 훈련"[274]의 첫 결과이다. "파리 식물원에서"라는 부제도 이와 무관하지 않다. 《신시집》 중에서 가장 먼저 쓰여진 것이자 가장 유명한 작품이다.

이 시의 묘사 대상은 동물원 우리에 갇혀 있는 "표범"이다. 김기택이 자연의 정글 속에 누워서 먹이를 노리는 야성의 "호랑이"의 모습을 그리려고 노력했다면, 릴케의 시각은 우리에 갇혀 있는 "표범"의 움직임에 맞추어져 있다. 그러나 배경에 대한 별다른 묘사 없이 한 가지 대상에만 집중한다는 면에서 둘은 공통점을 보인다. "표범"을 묘사하는 릴케의 카메라는 먼저

274 Rainer Maria Rilke, *Briefe*(Wiesbaden, 1950), S. 929.

표범의 "눈"에 초점을 맞추고 이어서 이리저리 어슬렁거리며 일정한 궤도를 왔다 갔다 하는 모습을 클로즈업하여 찍어낸다. 첫 연의 "스치는 창살에 지쳐 그의 눈길은/이젠 아무것도 잡을 수가 없다"는 첫 구절은 이 시의 도입부로서 이어서 이어질 상황에 대한 하나의 선언문 같은 역할을 한다. "표범"은 이 첫 구절의 한계를 뛰어넘지 못하기 때문이다. 김기택의 "호랑이"와 달리 릴케의 "표범"은 깨어 있으나 김기택이 상상으로 그려보였던 것과 같은 본능적 공격성을 상실했다. 릴케의 "표범"은 의식이 마비상태에 있다. "스치는 창살"이 그 원인이다. "표범"이 움직이는 것이 아니라 "창살"이 움직이는 것으로 묘사된다. "표범"은 주체성을 상실했다. 그것은 야성을 잃고 제한된 공간 안에서 똑같은 행동을 반복한 결과이다. 이것은 동물원의 표범 우리에서 쉽게 확인할 수 있다. 우리 안의 표범들은 늘 똑같은 궤적을 그리며 움직인다. 반복되는 움직일 뿐이다. 릴케는 그것을 정확하게 포착한 것이다. 마비된 눈길의 "표범"에게 "창살" 뒤의 세계가 보일 리 만무하다. 그 결과 그에겐 수십 개밖에 되지 않는 "창살"이 "수천" 개로 보인다. 반복적으로 움직인 결과이다. 그 "창살"의 막에 가려 "그 뒤엔 아무런 세계도 없는 듯하다." "창살"이 "표범"의 의식의 문을 닫아버린 것이다.

이러한 의식의 마비상태에서의 움직임을 이른바 언어의 뉘앙스를 살려서 잘 표현한 것이 바로 제2연이다. 똑같은 궤도를 빙빙 도는 "표범"의 움직임은 "아주 조그만 원을 만들며 움직이는"이라고 표현되고 있다. 비록 덩치는 크지만 몸놀림은 마치 고양이 같은 "표범"의 걸음걸이를 나타내기 위해 릴케는 "사뿐한 듯 힘찬 발걸음의 부드러운 행보"라는 표현을 창출해낸다. 사물의 본질을 꿰뚫어 표현하기 위해 그림 형제가 집필한 독일어 대사전까지 가져다 놓고 고민한 결과이다. 이어서 앞의 두 행을 보다 추상화시켜 정확하게 골자만 써놓은 것이 다음 두 행이다: "커다란 의지가 마비되어 서 있는/중심을 따라 도는 힘의 무도舞蹈와 같다." "표범"은 이미 마비되어 버린 자신의 "커다란 의지" 주위를 마치 죽은 자를 위해 탑돌이를 하듯 빙빙 돌고 있다. 그렇지만 그것은 비록 "의지"는 마비되어 있지만 하나의 "힘의 무도"이다. 외형적으로 "표범"이 갖는 속성이 이 표현에 모두 실려 있다고 할 수 있다. 현상적인 것을 극단적으로 추상화시켜 정곡을 찔러 표현하는 이와 같은 방식은 김기택의 시에서 이미 확인한 바 있다. "앙칼진 마지막 안간힘을 순한 먹이로 만드는 일은/무거운 몸을 한 줄 가벼운 곡선으로 만드는 동작으로 족하다"가 그것이다. 김기택은 호랑이의 밥이 되지 않으려고 "마지막 안간힘"을 쓰며 발버둥치는 먹이를 "앙칼진 마지막 안간힘"으로, 그리고 먹이를 향해 힘차게 달려드는 호랑이의 도약을 "무거운 몸을 한 줄 가벼운 곡선으로 만드는 동작"으로 추상화하여 대상을 정곡을 찔러 표현한다. 릴케의 표현법과 상당히 닮아 있다.

마지막 연은 제1연에서 말한 "스치는 창살에 지쳐 그의 눈길은/이젠 아무것도 붙잡을 수가 없다"를 구체적으로 다시 한 번 반복한 것이다: "가끔씩 눈동자의 장막帳幕이 소리 없이/걷히면 형상 하나 그리로 들어가,/사지四肢의 긴장된 고요를 뚫고 들어가/심장에 가서는 존재하기를 그친다." 아무것도 잡을 수 없는 눈길과 마비된 의식을 지닌 "표범"에겐 대상을 자기 것으로 만들 수 있는 능력이 없다. 거의 절망 상태에 빠진 그의 모습이 이 구절에서 정확하게 재현된다. 외부에서 아무리 많은 형상이 그의 "눈동자의 장막"에 가서 맺힌들, 주체성을 상실한 그에겐 아무런 의미가 없다. 그의 몸의 엔진

부위라고 할 수 있는 "심장"이 그것을 포착하지 못하기 때문이다. 우리 안에서 어쩌지 못하는 "표범"의 존재 상황을 완벽하게 마무리 짓는 구절이다.

이상의 논의와 관련하여 릴케와 김기택의 시를 말해보면 이렇다. 두 시인 모두 대상을 입체적으로 묘사하기 위해 정확한 관찰과 대상을 꿰뚫어보는 치밀한 상상력을 동원한다. 모든 묘사의 포커스는 각각 "표범"과 "호랑이"에게 맞추어져 있다. 낭만주의자들의 진부한 무대배경적 묘사는 찾아볼 수 없다. 즉 대상을 보는 시각과 언어를 새롭게 하려는 노력이 둘 모두에게 공통된다. 다시 말해 시에서 어떤 상징적 메시지를 전달하려 하기보다는 언어로써 얼마만큼 대상을 포착할 수 있는가에 심혈을 기울인다. 시 자체를 하나의 유기적 구조물로 건설하려는 의지를 보인다. 두 시인의 경우 모두 시작과 마무리가 하나의 원처럼 맞닿아 있음을 확인할 수 있다. 비록 서로 다른 존재 상황 속에 처해 있는 "표범"과 "호랑이"에 대한 묘사이기는 하지만, 우리는 김기택이 얼마간 릴케의 영향 아래 있는 게 아닌가 추측하게 된다.

〈쥐〉와 같은 시에서도 김기택은 대상으로 하여금 말을 하도록 하고 있다. 묘사의 대상인 "쥐"가 마치 연기를 하는 듯한 느낌이다. 정적 속에 숨어 자신의 생존을 위하여 지뢰밭 같은 상황 속을 살아가는, 그러다가 마침내 쥐약의 희생물이 되는 쥐의 모습이 동영상으로 찍은 듯 적나라하게 드러난다. 그 표현의 과정은 "구멍의 어둠 속에 정적의 숨죽임 뒤에/불안은 두근거리고 있다"라는 무대배경적 묘사로부터 시작하여 "주린 위장을 끌어당기는 냄새를 향하여/걸음은 공기를 밟듯 나아간다"는 극도로 긴장에 넘친 장면을 거쳐 "거품을 물고 떨며 죽을 때까지 그칠 줄 모르는/아아 황홀하고 불안한 식욕"[275]이라는 라스트신으로 끝을 맺는다. 이를 통해 쥐의 속성이랄까 존재 상황이 그 묘사의 이면에서 우리에게 호소해온다.

2. 현실의 해부학적 분석—삶과 죽음의 공존

릴케의 《말테의 수기》의 첫머리는 주인공 말테가 파리에서 체험한 부정적인 것들로 가득하다. 높은 담벼락을 손으로 짚어가며 힘들게 걸어가는 어느 임산부, 골목길 곳곳에서 풍겨오는 요오드포름, 감자튀김 그리고 불안의 냄새, 유모차에 실려 있는 아이의 이마에 난 오롯한 종기, 거리에서 연필을 팔던 가난한 여인, 사람들이 대량으로 죽어가는 병원 등이 그것이다. 거리에서 이와 같은 부정적인 것을 관찰하는 감각은 김기택의 시에서도 발견된다. 릴케와의 기법상의 유사성뿐만 아니라 테마상의 유사성까지 말할 수 있는 것이다. 김기택은 시 〈꼽추〉에서 길거리에 버려진 꼽추의 모습을 정확하게 묘사하는 가운데 삶과 죽음에 대한 깊은 성찰을 하고 있다.

> 지하도/그 낮게 구부러진 어둠에 눌려/그 노인은 언제나 보이지 않았다./출근길/매일 그 자리 그 사람이지만/만나는 건 늘/빈 손바닥 하나, 동전 몇 개뿐이었다./가끔 등뼈 아래 숨어 사는 작은 얼굴 하나/시멘트를 응고시키는 힘이 누르고 있는 흰 얼굴 하나/그것마저도 아예 안 보이는 날이 많았다.
>
> 하루는 무덥고 시끄러운 정오의 길바닥에서/그 노인이 조용히 잠든 것을 보았다./등에 커다란 알을 하나 품고/그 알 속으로 들어가/태아처럼 웅크

---

275 위의 책, 11쪽.

리고 자고 있었다./곧 껍질을 깨고 무엇이 나올 것 같아/철근 같은 등뼈가 부서지도록 기지개를 하면서/그것이 곧 일어날 것 같아/그 알이 유난히 크고 위태로워 보였다./거대한 도시의 소음보다 더 우렁찬/숨소리 나직하게 들려오고/웅크려 알을 품고 있는 어둠 위로/종일 빛이 내리고 있었다.

다음 날부터 노인은 보이지 않았다.[276]

시인의 섬세한 관찰력이 돋보이는 작품이다. 누구나 마주칠 수 있는, 길거리에서 구걸하는 노인의 모습이 시인의 관찰력과 상상력에 의해 다각도로 조명을 받고 있다. 노인이 하는 행위의 가장 주된 부분에 시인의 눈은 맞추어져 있다. 제일 먼저 구걸의 가장 큰 도구인 "손바닥"이 크게 클로즈업된다. 그에겐 그 "손바닥"과 거기에 놓여 있는 "동전 몇 개"가 그의 실존을 이어주는 유일한 실핏줄이다. 그 밖의 노인의 모습은 지하도의 어둠에 묻혀 잘 보이지 않는다. 커다란 곱사등에 비해 형편없이 작은 얼굴만이 가끔 보일 뿐이다. 그는 문명화의 상징인 시멘트를 응고시키는 힘에 짓눌려 있다. 제1연은 도시적 일상 속에서 사람의 눈길로부터 소외된 한 꼽추 걸인 노인이 익명성 속에 매몰되어가는 과정을 묘사한다. 마지막 행의 "그것〔얼굴〕마저도 아예 안 보이는 날이 더 많았다"는 구절이 이를 단적으로 뒷받침해준다. "얼굴"은 이 세상과의 연결고리이므로 그것이 잘 보이지 않는다는 것은 걸인이 존재감을 점차 상실해가고 있음을 말해주는 것이다.

두 번째 연은 충격적인 표현을 담고 있다. 여기서 '충격적인 내용'이라고

276 위의 책, 32쪽 이하.

하지 않고 '충격적인 표현'이라고 한 것은 같은 사물을 보고 그것을 색다르게 인식한 시인의 독특한 시각 때문이다. "정오의 길바닥에서" 잠들어 있는 노인을 묘사한, "등에 커다란 알을 하나 품고/그 알 속으로 들어가/태아처럼 웅크리고 자고 있었다"는 구절이 그것을 확인해준다. "알"이라는 말과 "태아"라는 말에서 금방 느껴지는 것은 모성으로의 회귀본능 같은 것이다. 삶에 지친 꼽추 노인에게서 어머니의 자궁으로 돌아가고 싶은, 안식을 취하고 싶은 마음을 읽은 것은 당연한 일이다. 그러나 시적 화자는 그 알을 깨고 무언가가 나올 것만 같아 두려움을 느낀다: "그 알이 유난히 크고 위태로워 보였다." 그렇다면 꼽추 노인의 커다란 등, 아직도 숨을 쉬는 그 알 속에는 무엇이 들어 있었을까? 김기택이 거기서 두려운 눈길로 인식한 것은 아마도 죽음의 얼굴이었을 것이다. 그러므로 꼽추 노인은 스스로 평생 동안 키워온 그 죽음의 알 속으로, 자신이 태어난 "웅크려 알을 품고 있는 어둠" 속으로 들어갔다. 그의 죽음은 우리의 현실과는 별도의 사건임을 시인은 그 "어둠 위로 좋일 빛이 내리고 있었다"고 표현한다. 김기택은 이처럼 현실을 낯설게 하여 우리에게 제시할 뿐만 아니라 그 묘사의 대상을 해부학적으로 분석하여 우리로 하여금 새로운 인식에 눈뜨게 하는 솜씨를 보여준다. 보통 꼽추에 대해 갖는 동정심 같은 것은 없고 냉정한 묘사만이 있을 뿐이다. 김기택은 한 인터뷰에서 이렇게 말한 바 있다: "그런데 점점 쓰면서 감정을 자꾸 억제하는, 대상에 대해 관찰하는 것에 관심을 갖게 되었는데, 이 작품도 그런 와중에 나온 것 같습니다."[277]

277 김사인 교수의 문학편지11 (김기택/김진석) 〈꼽추, 쥐, 얼굴〉. 강연일시: 2003년 7월 25일(금) 19:00-20:30. 한국문화예술위원회 홈페이지 http://www.kcaf.

여기서 테마로 등장한 삶과 죽음의 공존은 릴케의 《말테의 수기》의 다음 대목을 연상시킨다.

> 이제 아무도 없는 내 고향을 생각할 때면 옛날에는 사정이 달랐을 거라는 생각이 든다. 옛날 사람들은 열매가 씨를 품듯 제 몸 속에 죽음을 품고 있음을 알고 있었다(혹은 어쩌면 어렴풋이 느끼고 있었는지도 모른다). 어린아이들은 작은 죽음을, 어른들은 큰 죽음을 제 몸 속에 품고 있었다. 여자들은 죽음을 자궁 속에, 남자들은 죽음을 가슴 속에 지니고 있었다. 사람들은 누구나 그런 죽음을 갖고 있었고, 그것은 사람들에게 나름대로 품위와 말없는 자부심을 심어주었다.
>
> ―《릴케 전집 6》, 715.

본디 릴케가 열매 속에 씨앗이 들어 있듯 삶 속에 들어 있는 죽음을 이야기할 때에는 두 가지로 그 논지의 방향을 좇을 수 있다. 하나는 죽음의 공포를 극복하기 위한 장치이고, 또 하나는 삶의 완성을 위한 자기 암시이다. 위 글의 문맥을 보면 릴케는 죽음과의 친화를 꾀하고 있음을 알 수 있다. 죽음이 외부에서 찾아오는 낯선 나그네 같은 존재가 아니라 자기의 삶과 함께 성장해가는 것이라는 생각은 그의 통합론적 사고를 보여주는 것이며 대상 인식의 한 방법이다. 죽음을 위시한, 우리가 우리 삶의 바깥으로 쫓아버린 온갖 부정적인 것들이 릴케의 시각에서는 모두 동등한 가치를 지닌다. 그렇기 때문에 《말테의 수기》에서 우리는 이른바 '버려진 존재들'의 모습을 친숙하고도 다정한 필치로 만날 수 있는 것이다. 사물을 바라보는 릴케의 냉정하

---

or.kr 참조.

면서도 따스한 시각은, 《말테의 수기》 중 "선택이나 거부는 있을 수 없었소. 당신은 플로베르가 《성 쥘리앵》을 쓴 것을 우연이라고 생각하오? 나환자 곁에 누워서, 사랑을 나눌 때 같은 따스한 마음으로 나환자의 몸을 따뜻하게 해줄 생각이 있는지가 중요하다고 나는 생각하오"(《릴케 전집 6》, 755)라는 구절에서 결정적으로 표현된다. 릴케의 이 말은 그의 예술적 테마와 시적 기법까지 함께 아우르는 것이다. 김기택의 〈꼽추〉 역시 이와 같은 릴케의 자세와 많은 유사점을 보인다.

따라서 기법상으로는 릴케의 관찰 기법을 바탕으로 하고 있고, 테마상으로는 릴케의 세계관에서 중요한 역할을 하는 '삶과 죽음의 공존'이라는 테마에 집중하고 있어 얼핏 김기택에게서는 릴케로부터의 상당한 영향을 이야기할 수 있을 듯한 느낌마저 든다. 그의 〈얼굴〉이라는 시를 보자.

> 눈이 피곤하고 침침하여 두 손으로 잠시 얼굴을 가렸다/손으로 덮은 얼굴은 어두웠고 곧 어둠이 손에 배자/손바닥 가득 해골이 만져졌다/내 손은 신기한 것을 감지한 듯 그 뼈를 더듬었다/한꺼번에 만져버리면 무엇인가 놓쳐버릴 것 같아/아까워하며 조금씩 조금씩 더듬어나갔다/차갑고 무뚝뚝하고 무엇에도 무관심한 그 물체를/내 얼굴이 생기기 전부터 있었음직한 그 튼튼한 폐허를//해골의 껍데기에 붙어서/생글거리고 눈물 흘리고 찡그리며 표정을 만들던 얼굴이여/마음처럼 얇디얇은 얼굴이여/자는 일 없이 생각하는 일 없이 슬퍼하는 일 없이/내 해골은 늘 너를 보고 있네/잠시 동안만 피다 지는 얼굴을/얼굴 뒤로 뻗어 있는/얼굴의 기억이 지워진 뒤에도 한참이나 뻗어 있는 긴 시간을/선글라스만한 구멍 뚫린 크고 검은 눈으로 보고 있네//한참 뒤에 나는 해골을 더듬던 손을 풀었다/순식간에 햇빛

은 살로 변하여 내 해골을 덮더니/곧 얼굴이 되었다/오랫동안 없어졌다가 갑자기 뒤집어쓴 얼굴이 어색하여/나는 한동안 눈을 깜박거렸다 겨우 눈동자를 되찾아/서둘러 서류 속의 숫자에 초점을 맞추기 시작했다.[278]

평소 습관과 인습의 껍질 뒤에 숨어 있던 것을 들추어내 순간포착 기법으로 쓴 시이다. 시적 화자가 얼굴을 어루만지는 아주 짧은 시간 동안 일어났던 의식의 흐름을 빠짐없이 기록한 스냅사진 같은 것이다. 우리의 평소 의식의 안쪽에 숨어 있던 것은 우리가 과학실험실이나 고고학 발굴현장에서 늘 남의 것으로 보아온 "해골"이다. 자기의 몸 안에 그러한 것이 들어 있는 줄 알면서도 평소에 우리는 그것을 잘 인식하지 못한다. 시적 화자는 눈이 침침하고 피곤해서 두 손으로 얼굴을 감싸면서 얼굴 안쪽에 단단하게 자리 잡고 있는 물체를 어루만지게 된다. 그것은 바로 "해골"이다. 두 손은 마치 "신기한 것을 감지한 듯" "그 뼈" 즉 "해골"을 "더듬었다." "신기한 것을 감지한 듯"이라는 표현은 시적 화자가 평소 의식의 저편에 버려두었던 것을 발견했음을 뜻한다. 시인이 여기서 "해골"이라는 말을 쓴 것은 죽음과 깊은 관련이 있다. "손으로 덮은 얼굴은 어두웠고"라는 표현은 금세 무덤을 연상시킨다. "얼굴"과 "해골"의 대비를 통해서 시적 화자는 삶과 죽음을 이야기한다. "해골"은 "차갑고 무뚝뚝하고 무엇에도 무관심한 그 물체", "튼튼한 폐허"로 이야기된다. 반면에 "얼굴"은 "생글거리고 눈물 흘리고 찡그리며 표정을 만들던 얼굴이여/마음처럼 얇디얇은 얼굴이여"라고 노래된다. 일상의 희로애락의 모든 것이 "마음처럼 얇디얇은" "얼굴"에는 담기지만 그 안을 받치

278 김기택, 《바늘구멍 속의 폭풍》(문학과지성사, 1994), 12쪽 이하.

고 있는 "해골"은 그러한 것에 무심할 뿐이다. 그래서 "해골"에 대해 "자는 일 없이 생각하는 일 없이 슬퍼하는 일 없이"라고 이야기한다. 그러나 우리의 얼굴 안쪽에 굳게 자리 잡고 있는 "해골"은 "선글라스만한 구멍 뚫린 크고 검은 눈으로" "잠시 동안만 피다 지는 얼굴을/얼굴 뒤로 뻗어 있는/얼굴의 기억이 지워진 뒤에도 한참이나 뻗어 있는 긴 시간을" 지켜본다. 죽음은 늘 삶을 지켜보고 있다는 말이다. "얼굴의 기억이 지워진 뒤에도 한참이나 뻗어 있는 긴 시간"은 "해골"만이 기억할 수 있는 시간이다. "선글라스만한 구멍 뚫린 크고 검은 눈"은 마치 무슨 정보요원이 감시하고 있는 듯한 인상을 준다. 다시 "얼굴"에서 손을 뗀 시적 화자는 현실의 자아로 돌아온다. 잠깐 동안 삶 속에서 죽음을 깨달은 그의 의식은 자신의 "얼굴"을 낯설게 느낀다.

김기택의 말에서 삶 속에 죽음이 있다는 릴케의 그 실존적 정황을 직접 확인할 수 있다. 김기택은 한 인터뷰에서 이렇게 말한다: "얼굴이 곧 해골로 이루어져 있다는 것, 그것으로서 웃고 생각하고 말을 하고, 이런다는 것이 어느 순간 연결이 잘 안 되고, 저 자신도 어색하고, 남들 쳐다볼 때도 그렇고, 평상시에 살 때는 이런 것들을 거의 느끼지 못 하는데, 그런 것을 잠시 생각해 볼 때의 어색함, 그리고 죽음이라는 것이 거의 우리의 눈이나 코처럼 우리 육체 속에 있다는 것, 이런 이상한 것들에 대해서 생각을 해보고, 자꾸 익숙해져야 되겠다, 이것이 전혀 서로 연결이 안 되는 두 가지 것이 아니고, 하나라는 생각에 익숙해지는, 그런 생각을 해봤습니다."[279] 우리는 "얼굴"을 어루만지는 시인의 손길에서 상상력이 존재의 근원을 더듬는 듯한 느낌을

279 김사인 교수의 문학편지 11(김기택 · 김진석) 〈꼽추, 쥐, 얼굴〉.

받는다. 그의 상상력은 굳이 어떤 대상의 뿌리에 닿고자 한다. 그 뿌리의 끝에서 만난 것이 바로 죽음이다.

그런데 얼굴을 이와 같은 관점에서 다룬 것은 릴케의 《말테의 수기》에서도 발견된다. 사람들이 달고 다니는 여러 얼굴에 대한 이야기 끝에 말테는 다음과 같은 에피소드를 들려준다.

> 그런데 그 여자, 그 여자. 그 여자는 몸을 완전히 웅크린 채 두 손으로 얼굴을 감싸고 있었다. 노트르담 드 샹 거리의 한 모퉁이에서였다. 그녀의 모습을 보는 순간 나는 발걸음 소리를 죽였다. 불쌍한 사람들이 무슨 생각에 잠겨 있을 땐 방해하지 않는 게 좋다. 그들에게 뭔가 좋은 생각이 떠오를 수도 있으니까 말이다.
>
> 거리는 너무나 텅 비어 있었다. 그 텅 비어 있음은 지루해하다가 내 발밑에서 발걸음 소리를 낚아채가더니 이곳저곳 다니며 딸깍 소리를 냈다. 마치 나막신으로 그러듯이. 순간 그 여자는 화들짝 놀라 몸을 일으켜 세웠다. 어찌나 격하게 빨리 몸을 일으켰는지 그녀의 얼굴은 그녀의 두 손에 그대로 남았다. 나는 그녀의 두 손에 들려 있는 그녀의 얼굴의 거푸집을 볼 수 있었다. 그녀의 두 손만 바라보면서 그녀의 손에서 뜯겨 나온 것은 쳐다보지 않으려 하니 너무나 힘이 들었다. 얼굴의 안쪽을 보는 것은 끔찍한 일이었다. 그러나 그것보다 얼굴 없는, 상처투성이의 벌거벗은 머리를 보는 게 더욱 두려웠다.
>
> —《릴케 전집 6》, 712.

일단 "얼굴"과 "두 손" 그리고 "얼굴 없는, 상처투성이의 벌거벗은 머리"의 세 가지 요소가 김기택의 시 〈얼굴〉에서 전개된 상상력의 방식과 비슷하다. "상처투성이의 벌거벗은 머리"는 바로 "해골"이다. "얼굴"이라는 의사소통의 매체가 사라진 여인의 이야기이다. 김기택의 시 〈얼굴〉과 발상법은 같으나 테마상으로는 차이를 보인다. 릴케의 이 텍스트는 자신의 정체성을 갖지 못한 존재의 문제를 다루고 있기 때문이다.

김기택은 릴케 수용의 차원에 있어서 여타의 다른 한국 시인들과 상당한 차별성을 보인다. 보통 많은 시인들이 릴케의 초기 시에 등장하는 소녀의 형상이라든가 기도의 형식에 영향을 받아 감상성에 치우친 시를 썼던 반면, 사물에 대한 관찰을 최고의 계명으로 삼아 감정의 물기를 싹 제거한 채 시를 전개해가는 김기택의 방식은 릴케의 '사물시'를 닮아 있으며 굳이 시에 어떤 상징성을 개재시키려 하지 않는 태도 역시 《신시집》 시절의 릴케와 유사하다. 〈호랑이〉와 〈쥐〉, 〈꼽추〉에서 확인한 것과 같은 관찰과 상상력, 그리고 이를 뒷받침해주는 간결하고 분명한 시적 언어의 전개는 우리 시단의 새로운 시적 성취를 가능케 한 것으로 평가될 수 있다. 게다가 릴케가 초기부터 줄기차게 추구해온 시적 테마, 즉 '삶과 죽음의 공존문제'를 김기택은 시 〈얼굴〉에서 나름의 독특한 방식으로 다룸으로써 거창한 시어나 수사 없이 어떻게 호소력 있는 작품을 만들 수 있는가를 우리에게 보여주었다.

우리는 릴케의 '사물시' 및 《말테의 수기》와의 비교를 통하여 김기택의 시가 갖는 시적 기법과 테마에 보다 쉽고 흥미롭게 접근할 수 있다고 생각한다. 《말테의 수기》가 화자의 실존의 문제를 직접적으로 드러냈다면, '사물시'는 사물을 정확한 언어로 객관적이고도 냉정하게 묘사하는 가운데 시적 화자의 현재적 실존을 전면에서는 감추면서 배후에서는 은근히 호소하고 있기 때문이다. 김기택의 시 곳곳에서 느껴지는 것은 이와 같은 절실한 실존의 문제들이다.

김기택은 릴케의 《기도시집》 중 〈순례의 서〉의 다음 시를 읽고서 그 아래에 나름대로 느낀 바를 간략한 수상의 형태로 달아놓은 바 있다.

> 나의 주여, 당신은 그 성자들을 아시나이까?
> 밀폐된 수도원의 골방마저도
> 웃음소리, 고함소리와 너무 가깝다고 여겨
> 땅속 깊이 파고들어가 몸을 숨긴 이들을?
>
> 저마다 하나씩 불빛을 들고
> 동굴의 적은 공기를 호흡하였으며,
> 나이와 얼굴도 잊고
> 창 없는 집처럼 살았으며
> 오래전에 죽은 듯 더 이상 죽지도 않았습니다.
>
> 책도 거의 읽지 않았습니다, 책마다 서리가
> 기어든 듯 모든 것이 이울어버렸습니다,
> 그리고 수도사 옷이 그들의 뼈에 간신히 걸쳐 있듯이
> 의미도 낱말마다 고드름처럼 겨우 매달려 있었습니다.
> 깜깜한 동굴에서 서로 몸이 부딪쳐도
> 말 한마디 건네지 않았습니다.
> —《기도시집》 중 〈순례의 서〉 부분

여기 세상 사람들과 다른 시간 속에서 사는 사람들이 있다. 이들에게 시간

은 느려질 만큼 느려져 나이나 얼굴을 모두 잊을 정도다. 삶의 의미는 작아질 만큼 작아져 더 이상 삶을 괴롭힐 수 없을 정도다. 죽음과는 친해질 만큼 친해져 죽음이 옆에 와도 왔는지 모를 정도다.[280]

여기서 우리는 김기택이 릴케의 시에 대해, 특히 릴케 문학의 큰 테마 중의 하나인 고독과 죽음에 대해 관심을 가졌음을 확인할 수 있다. 김기택이 노래한 실존적 시적 분위기는 러시아 동굴 수도원에서 삶을 저버린 채 고독과 벗 삼아 죽음과도 하나가 된 고독한 성자들의 모습을 노래한 릴케의 시에서도 감지된다. 이와 같은 시 정신이 김기택의 시에 새로움을 불어넣어 주었다고 해도 지나침은 아닐 것이다.

나아가서 김기택은 더 이상 이 세상 사람이 아닌 시인 김종삼을 상대로 스스로 작성한 가상 인터뷰에서 언어와 관련하여 다음과 같은 말을 하고 있다.

> 릴케(R. M. Rilke)가 그랬잖아. 그런 건 "아름다운 정신을 찍어서 불태우는 이른바 언어의 도끼 같은 수단에 지나지 않는다"고. 시에다 쓰는 언어는 "도끼가 아직 들어가 보지 못한 깊은 수림 속에서 홀로 숨쉬고" 있는 "새로운 언어"일세.[281]

여기서 가장 두드러진 점은 김기택이 언어에 대한 릴케의 생각에 상당한 공감을 느끼고 있다는 것이다. 그것이 그의 시쓰기에서 많은 부분 공명을

---

280 〈시가 있는 아침〉, 《중앙일보》, 2004년 11월 6일자.

281 김기택, 〈나는 쏘주는 먹을 줄 알지만 하모니카는 불 줄 모른다〉, 《대산문화》, 2004년 봄호, 87쪽.

발견하고 있다고 여겨진다. "도끼가 아직 들어가 보지 못한 깊은 수림 속에서 홀로 숨쉬고" 있는 "새로운 언어"에 대한 추구는 김기택의 시쓰기에서 각별한 테마로 등장한 듯하다. 릴케가 〈순례의 서〉의 시에서 "그리고 수도사 옷이 그들의 뼈에 간신히 걸쳐 있듯이/의미도 낱말마다 고드름처럼 겨우 매달려 있었습니다"라고 노래한 것 역시 "새로운 언어"에 대한 열망이었듯이 말이다.

6부

릴케는 우리 시인들에게 무엇이었나

1. 릴케 수용의 여러 양상

외국문학 수용의 문제는 외국의 작가나 시인을 우리 시인들이 얼마나 생산적으로 그리고 효과적으로 하나의 창작의 계기로 사용하였느냐에 그 성패가 달려 있다. 생산적 수용이란 외국 시인의 어느 면이 우리나라 시인의 어떠한 측면에 호소해왔느냐와 관련이 있다. 수용은 시대적 존재 상황의 영향을 받기도 한다.

릴케가 우리나라 시인들에게 끼친 영향은 한 가지 관점에서 말하기 어렵다. 시대 환경에 따라 그리고 개인적 차원에 따라 호오가 다르게 나타나기 때문이다. 릴케의 수용 양상은 몇 가지로 나누어 고찰할 수 있다. 먼저, 릴케의 작품 중 어느 것에 관심을 보였느냐에 따라 수용 양상을 구별하는 것이 수용의 방향과 깊이를 가늠하는 데에 가장 유효할 것으로 여겨진다.

릴케에게서 영향을 받은 시인들의 시를 분석하면서 릴케의 수많은 텍스트 중에서 유독 몇 편의 시나 산문작품이 거듭해서 자주 등장한 것은 수용의 방향과 폭을 알려주는 사실이다. 이것은 일본어 혹은 한국어 번역판의 존재나 시인 각자의 기질 또는 시대적 상황이나 유행에 따른 것으로 보인다. 릴케의 작품 중 가장 많이 애호된 것은 주로 초기 작품들이다. 그중에서도 〈마리아께 드리는 소녀들의 기도〉가 압도적이다. 이 작품의 영향은 특히 일제 강점기와 해방 직후 시인들의 작품에서 두드러진다. 이 작품이 1930년대 후반에 박용철에 의해 번역되고, 또 그 이전에 일본어판 릴케 시집에서도 많이 등장한 때문인 것으로 판단된다. 물론 현대의 이성복의 시에서도 그 목소리는 줄어들지 않는다. 세상에 갓 나온 듯한 애잔한 여성 화자의 목소리는 릴케의 시 세계를 여성적인 것으로 간주하게 되는 계기가 되기도 한다. 박용철, 윤동주, 전봉건, 박희진 등이 여기서 많은 영향을 받은 것으로 보인다. 소녀가 바깥세상을 향해 뭔가 갈구하는 자세는 이들에게 나름의 기도의 내용을 이와 같은 소녀의 어조를 빌려 하도록 만든다. 그것은 시대 상황에 따른 암울한 심정의 고백일 수도 있고, 아니면 자신의 시적 행로에 대한 기원일 수도 있다. 대체로 후자의 경향을 이들의 시에서 확인할 수 있다. 다른 한편으로 한국동란은 전봉건과 박양균의 시에서 릴케의 다른 면모를 발견할 수 있게 해준다. 그것은 바로 구원자로서의 릴케이다. 이런 면은 초기의 김춘수의 시에서도 발견된다.

2. 주로 수용된 릴케의 작품들

이와 같은 맥락에서 우리 시인들의 가장 많은 사랑을 받은 시는 《형상시집》에 실려 있는 시 〈가을날〉이다. 기도체의 어법이 여기서도 수용의 주된 대상이 되지만, 가장 두드러진 것은 시적 테마의 수용이다. 그것은 바로 고독이다. 이 영향을 누구보다도 가장 두드러지게 보여준 시인은 김현승이다.

그의 시 〈가을의 기도〉는 거의 릴케의 시를 그대로 반복하고 있다고 보아도 무방할 정도이다. 그러면서도 김현승은 릴케의 작품세계보다는 시인으로서의 릴케의 자세에서 많은 것을 배웠다고 고백한다. 여기서 시인으로서의 자세란 예술을 하나의 종교처럼 여기고 그것을 끝까지 밀고 나간 예술가적 치열성을 말한다. 이러한 김현승의 고백은 그 자신의 시를 평가할 때에도 하나의 잣대로 쓰일 수 있다. 그가 말하는 '절대 고독'이라든가 '견고한 고독'의 세계를 릴케가 추구했던 예술가적 종교성의 관점에서 고찰할 수 있다는 말이다. 그것은 그가 주로 '마음'이라는 낱말을 즐겨 사용하는 데에서도 확인된다. 이렇듯 내면세계에 기울어진 측면을 우리는 그의 시 곳곳에서 확인할 수 있다.

같은 관점에서 시인으로서의 자세의 문제에 가장 많은 영향을 준 것은 릴케의 《젊은 시인에게 보내는 편지》이다. 박용철은 〈시적 변용에 대해서〉라는 그의 새로운 창작시론에 바로 이 릴케의 편지글을 적극적으로 수용한다. 릴케가 내세운, 예술가에게 있어서 제일가는 덕목은 고독과 인내이다. 그것은 모두 창작의 유효성과 직결된다. 이것을 그는 《말테의 수기》의 초반부에 나오는, 말테가 말하는 시쓰기의 참뜻과 관련하여 나름의 창작론으로 제시한다. 박용철 이후로 《젊은 시인에게 보내는 편지》는 거의 모든 시인 지망생이 읽어야 할 필독서로 자리잡는다. 최근의 허만하까지도 이로부터 받은 영향을 고백하고 있다. 특히 시인의 자세를 그 무엇에도 끄떡없는 나무에 비유한 릴케의 편짓글은 많은 시인들의 감동을 자아낸다. 시인들의 이와 같은 관심을 반영한 듯 이 책은 1935년 7월에 《조선일보》에 김진섭의 번역으로 "어떤 젊은 문학 지원자에게"라는 제목으로 실린 이후로 지금까지

10종이 넘는 번역판이 나와 있다.

3. 시인별 릴케 수용의 특징

김춘수는 릴케의 세계 속으로 여러 번 들락날락거린 시인이다. 그만큼 그는 릴케에 대한 관심이 지대했다. 또한 그의 릴케 수용 방식은 이후의 다른 시인들에게도 많은 영향을 끼쳤다. 이를테면 그가 일본의 고서점에서 일본어판으로 읽었다고 하는, 릴케의 초기 시 〈사랑이 네게로 어떻게 왔는가〉는 이성복에게도 그 흔적을 남겼으며, 허만하는 릴케에 대한 자신의 관심을 김춘수에 대한 관심으로 투사하여 나타내기도 한다. 김춘수는 릴케의 후기 작품《두이노의 비가》와《오르페우스에게 바치는 소네트》에까지 관심을 보이고 이를 이해하려고 애쓴다. 그런 흔적은《거울 속의 천사》라든가《쉰한 편의 비가》에서 얼마든지 찾아볼 수 있다. 뿐만 아니라 그는 많은 시어 그리고 시집 제목까지도 릴케에게서 차용하고 있다. 이를테면 "장미", "천사", "겟세마네" 같은 시어와 "제1시집" 같은 시집 제목이 그렇다. 그러나 이러한 작품 수용의 넓은 폭과 관련하여 유난히 눈에 띄는 것은 김춘수의 시쓰기 방식이다. 그것은 그가 여러 번 고백했듯이 이른바 감추기 기법이다. 릴케의 시에서 자주 만나는 것이 바로 이와 같은 애매모호함이다. 자신의 얼굴을 보이지 않는 것, 김춘수가 말한 "얼굴을 가리운 신부" 같은 시쓰기를 김춘수는 역시 뚜렷한 밝음보다는 어두운 모호함을 사랑했던 릴케에게서 전수받은 듯하다. 김춘수는 여러 번 릴케로부터 벗어났다고 말하고 있지만, 전체적인 맥락에서 보면 그의 시는 늘 릴케의 언저리를 맴돌았던 것으로 보인다. 그가 죽기 한 해 전에 〈장미, 순수한 모순〉이라는 제목으로 역시 릴케가 세상을 뜨기 한 해 전에 스스로를 위해 쓴 〈묘비명〉에 대한 나름의 이해를 밝힌 시를 쓴 것도 이를 말해준다. 어떻게 보면 그의 많은 시가 릴케를 이해하려 한 흔적의 소산이라고 해도 과언이 아닐 정도이다. 그런 와중에서 그는 어떤 경우에는 많은 오해를 하기도 한다. '천사'의 개념에 대한 오해가 가장 두드러진 예이다. 어쨌든 그런 오해를 바탕으로 새로운 창조를 한 경우가 많다.

이와 같은 오해에서 비롯한 새로운 창조의 경우는 김수영의 경우에서도 발견된다. 그는 릴케의 《오르페우스에게 바치는 소네트》를 자신의 개인적 차원에서 수용하면서 원 텍스트로부터 상당히 멀어지는 경향을 보인다. 《두이노의 비가》에 대한 이해 역시 마찬가지이다. 1960, 70년대를 풍미한 마르틴 하이데거의 릴케론 〈가난한 시대의 시인〉을 읽고서 이를 릴케의 시에 직접 대입한 결과이다. 이 시절의 김수영처럼 사회참여적인 시인이 릴케와 같은 내면 지향적인 시인의 세계에 심취했다는 것은 당시 릴케가 우리 문단에서 차지하던 위상을 말해주는 대목이다. 물론 하이데거의 릴케론 〈가난한 시대의 시인〉은 실존철학적인 관점에서 릴케의 시 세계를 논한 것으로 이것이 당시에 우리 시인들에게 많이 읽힌 것은 한국동란의 여파와 관련이 있다고 여겨진다. 같은 관점에서 박희진은 릴케에게서 구도자의 모습을 읽고 시적인 감성을 바탕으로 그러한 시인의 모습을 닮으려고 노력한다. 릴케와 관련된 그의 시는 이러한 시각에서 이해할 수 있으며 구도자로서의 그의 시적 자세는 릴케의 그것에 가깝다고 할 수 있다.

최근의 허만하의 경우는 상당한 지적 능력을 바탕으로 릴케의 시에 접근한 경우이다. 그의 시의 단단함은 많은 부분에 있어 김춘수의 영향을 보이기도 하지만 생동감의 면에서는 오히려 김춘수의 세계를 뛰어넘고 있다. 김춘수가 릴케의 시를 관념적인 측면에서 수용한 반면, 허만하는 우리 현실의 삶의 모습을 바탕으로 릴케적 세계에 접근하고자 했기 때문이다. 허만하는 이러한 관점에서 릴케식의 비유법이라든가 사물을 보는 관찰법을 자신의 시에 도입한다. 그는 릴케를 교본으로 삼아 시적 수행을 한 상태에서 시를 쓴다고 할 수 있다. 릴케와 관련된 폭넓은 그의 지식이 그것을 말해준다. 그의 시는 릴케에 대한 깊은 이해에 바탕하고 있다.

릴케를 이해하고 그것을 적극적으로 자신의 시 창작에 이용하려 한 최근의 시인으로는 이성복을 들 수 있다. 다른 시인들과 마찬가지로 릴케의 초기 시에서 많은 자극을 받은 그는 릴케가 《기도시집》에서 시도한 명명의 기법을 자신의 시에 도입하기도 하고 최근에는 릴케의 시를 패러디 형식으로 재해석하기도 했다. 릴케의 시를 직접 인용하면서 시도한 그의 글쓰기 방식은 나름의 독창적인 세계를 창출하기 위한 작업의 일환으로 보인다. 그가 인용한 릴케는 초기부터 후기까지 골고루 퍼져 있다. 그가 섭렵한 릴케의 세계의 넓이를 추정할 수 있는 대목이다. 고향을 찾아가는 연어 떼 같은 그의 글쓰기 방식은 회귀 중에 릴케의 돌 틈에 숨기도 하는데, 가끔 엉뚱한 풀을 등에 휘감고 나타나는 경우도 있다. 그로 인해 그의 시가 약간은 일그러지는 경우도 발견된다. 여기서 우리는 김수영의 경우도 그렇지만, 원시에 대한 정확한 이해가 새로운 창조를 위해 얼마나 중요한지 깨닫게 된다. 그러나 패러디를 하되 그것이 성공할 경우 그것은 유일무이한 흥미를 우리에게 선사한다. 패러디의 성공은 원시에 대한 성공적인 이해가 바탕이 된다. 이성복의 경우엔 릴케의 세계를 이해하려는 것보다는 릴케의 시 세계가 추구하는 바에 대한 패러디적 시각을 견지하면서 릴케에게서 자신의 생각을 표현하기 위한 하나의 촉매와 같은 계기를 가져오는 경향이 다분하다.

릴케의 영향을 받은 것으로 판단되는 젊은 시인 김기택은 릴케 수용의 역사에서 아주 특이한 경우이다. 왜냐하면 그는 릴케의 영향에 대해서 직접적인 언급을 하고 있지 않지만 이상할 정도로 파리 시절의 릴케를 빼닮고 있기 때문이다. 건조한 어투로 시를 써내려가는 그의 손길은 릴케의 '사물시'를 그대로 그리고 있으며, 다른 한편에서 나타나는 실존적 불안 의식은 《말테의 수기》의 초빈부에 등장하는 여러 모습들을 보여준다. 그의 개성이 릴케의 시 세계와 우연의 일치처럼 딱 맞아떨어진 경우가 아닌가 한다. 어쨌든 그의 시적 개성은 파리 시절의 릴케의 시 세계를 많은 부분에서 연상시킨다.

김기택은 릴케에게서 받은 직접적 영향에 대해서는 거의 언급을 하고 있지 않으나 기질상인지 아니면 우연의 일치인지 상당한 유사성을 보이는 경우이다. 이러한 경우 역시 연구가에겐 주목의 대상이 된다. 왜냐하면 비교문학은 직접적 영향 관계만을 따지지 않고 한 시인을 깊이 이해할 수 있게 해주는 역할도 하기 때문이다. 즉 릴케와의 비교를 통해서 김기택의 시를 더욱 명료하게 이해할 수 있다는 말이다. 그리고 비교문학은 우리가 윤동주처럼 보통 '부끄러움의 시학'으로 대변되는 테제에 대해 재점검할 수 있는 계기를 마련해주기도 한다. 또한 보통 난해한 것으로 언급되는 김춘수의 어두운 시 세계를 조명할 수 있는 하나의 전등을 받아들 수도 있다.

4. 릴케 수용의 한계와 과제

우리나라의 릴케 수용은 일제 강점기 때부터 시작된 관계로 초창기에는 많은 부분 일본어판 릴케를 통해서 이루어진다. 그것은 릴케 수용이 일본의 그것을 넘어설 수 없다는 한계를 지적하는 것이다. 일본의 번역자가 잘못 번역한 릴케는 우리 시인들에게 잘못된 릴케상을 심어줄 수밖에 없기 때문이다. 그리고 일본 번역자가 선별한 작품 세계 속에 머무를 수밖에 없는 게 우리 시인들이 처할 수밖에 없는 현실이기도 했다. 이러한 부분은 언젠가 우리 학계에서 한 번 짚고 넘어가야 할 부분이다. 대개의 경우 일본을 통해서 들어온 서양문학이 우리에게 어떠한 굴절을 거쳐 도달했는지를 살펴보아야 서양문학 유입 100년의 역사를 제대로 파악할 수 있기 때문이다.

이러한 면에서 1930년대 말에 박용철이 이룩한 업석은 높이 평가되어 마땅하다. 이 책에 실린 박용철의 미발표 원고와 관련하여 몇 마디 말해두고자 한다. 필자는 평소 박용철의 번역시를 읽으면서 어쩌면 그렇게 멋지고 절묘하게 우리말을 찾아 쓸 수 있을까, 어쩌면 그렇게 맛깔나게 말맛을 잘 살려 번역시에 생명을 불어넣을 수 있을까 감탄 어린 부러움을 마음속으로 품은 적이 한두 번이 아니다. 이번에 그의 번역 원고 〈라이너 마리아 릴케의 서정시〉를 공개하여 분석하는 의미는 그러한 그의 은밀한 작업장의 현장을 눈으로 직접 목도함에 있다. 한글로 된 독일어 사전이 없던 시절, 독화사전獨和辭典과 독영사전獨英辭典에 의지해가면서 적확한 우리말의 망치질로 멋진 번역시의 금형金型을 만들어가던 그의 모습이 이 원고 속에 들어 있다. 군데군데 독일어, 영어, 일본어로 표기해놓은 그의 손길에서 한 가지 낱말을 놓고 고심하던, 번역가로서의 참된 모습을 눈에 그릴 수 있다. 박용철이 사실 몇 군데에서 오역을 범하고 있다고 해도 모국어에 대한 사랑과 한국 문학을 살찌우려 했던 그의 순수한 열정은 칭송받아 마땅하다고 생각된다.

이처럼 한국에서의 릴케 수용은 때로는 박용철의 경우처럼 시적 창작 과정의 모범으로서, 또한 김춘수의 경우에서처럼 시인적 실존과 시적 변용의 구현자로서, 그리고 김현승의 경우처럼 시인으로서 절대 고독을 추구해 간 하나의 전형으로서, 또는 박양균, 전봉건, 이성복의 경우에서처럼 시대적 배경에 따라 현실의 아픔을 치유해주는 위안자로서, 그리고 박희진의 경우엔 하나의 구도자의 모습으로, 허만하의 경우엔 예술과 존재를 탐구해 간 시인의 본보기로 그리고 끝으로 김기택의 경우처럼 새로운 시적 기법의 모범으로서 시대의 요구에 따라 그리고 개인적 취향에 따라 다양한 스펙트럼을 보이며 이루어졌음을 알 수 있다. 릴케는 그때마다 하나의 프리즘이 되어 자신을 바라보는 이에게 나름의 빛을 반사시켜 주었다.

부록

국내에서 발간된 릴케 관련 단행본 목록*

라이나 · 마리아 · 릴케 著. 《文學을 志望하는 青年에게》. 朴木月 譯. 서울: 凡潮社, 단기4288〔1955〕.

릴케 著. 《神의 이야기》. 朴煥德 譯. 서울: 法文社, 단기4292〔1959〕.

릴케 著. 《神의이야기》. 朴煥德 譯. 서울: 法文社 , 1960.

릴케 著. 《하나님의 이야기》. 鄭庚錫 譯. 서울: 博英社, 단기4294〔1961〕.

張萬榮 編. 《릴케詩集》. 서울: 東國文化社, 단기4294〔1961〕.

R. M. 릴케 著. 《말테의 手記》. 桂鎔默 譯. 서울: 普文閣, 1966.

李孝祥 著. 《릴케의 詩精神—한솔 論文選集》. 한솔李孝祥先生回甲記念出版委員會慶北大學校有志敎授團 編. 〔발행지불명〕: 文豪社, 1966.

라이너 마리아 릴케 著. 《릴케의 사랑의 편지》. 趙成譯. 서울: 創又社, 1968.

M. 하이데거 著. 《詩와 哲學—휠덜린과 릴케의 詩世界》. 蘇光熙 譯. 서울: 博英社, 1972.

R. M. 릴케 著. 《말테의 手記》. 朴煥德 譯. 서울: 文藝出版社, 1972.

R. M. 릴케 〔著〕. 《검은고양이》. 金柱演 譯註. 서울: 民音社, 1973.

라이너 마리아 릴케 著. 《追億—라이너 마리아 릴케 詩集》. 宋永擇 譯. 서울: 文潮社, 1974.

* 발행 연도에 따름.

R. M. 릴케 著.《젊은 詩人에게 보내는 편지》. 洪京鎬 譯. 서울: 汎友社, 1974.

J. 안젤로스 著.《릴케》. 白斗星 譯. 서울: 世宗出版公社, 1975.

릴케〔著〕.《릴케詩集》. 成春福 編著. 서울: 三省堂, 1975.

릴케 著.《말테의 手記》. 宋永擇 譯. 서울: 三省出版社, 1975.

R. M. 릴케 著.《릴케 詩選》. 宋永擇 譯. 서울: 三中堂, 1976.

R. M. 릴케 著.《神의 이야기 · 旗手 크리스토프 릴케의 사랑과 죽음》. 李貞順 譯. 서울: 正音社, 1976.

릴케 · 카롯사 著.《말테의 手記 (外) · 醫師기온 (外)》. 鄭康錫 · 張起昱 譯. 서울: 大洋書籍, 1976.

R. M. 릴케 作.《말테의 手記》. 孫載駿 譯. 서울: 瑞文堂, 1976.

Rainer Maria Rilke 著.《릴케시선》. 孫載駿 주석. 서울: 高大出版部, 1977.

R. M. 릴케 作.《말테의 手記》. 姜斗植 譯. 서울: 三中堂, 1977.

Magda Von Hattingberg 著.《6개월간의 사랑—릴케와의 사랑의 추억》. 金光林 譯. 서울: 文學藝術社, 1978.

릴케 · 카롯사 作.《말테의 手記 外 · 醫師기온》. 姜斗植 · 姜斗植 譯. 서울: 正音社, 1979.

H. E. 홀트우젠 著.《릴케》. 姜斗植 譯. 서울: 弘盛社, 1979.

金柱演 編.《릴케》. 서울: 文學과知性社, 1981.

仝光珍 著.《릴케의 두이노의 悲歌研究》. 서울: 三英社, 1981.

라이너 마리아 릴케 著.《이 영원한 삶의 진실을 찾아서—릴케의 잠언과 詩》. 李希求 編譯. 서울: 한마음사, 1982.

라이나 마리아 릴케 著.《젊은 영혼이여 깨어 있으라—릴케의 인생과 예술》. 陳雄基 譯. 서울: 民藝社, 1982.

라이너 마리아 릴케〔지음〕.《주여, 지금 홀로 있는 이들을 기억하소서》. 이승훈 엮음. 서울: 청하, 1982.

릴케 著.《(릴케)아름다운 인생을 위하여》. 구본식 옮김. 서울: 正音文化社, 1985

라이너 마리아 릴케〔지음〕.《두이노의 悲歌 外》. 한기찬 옮김. 서울: 청하, 1986.

라이나 마리아 릴케 지음.《릴케시집: 시와 그의 인생》. 진웅기 옮김. 부산: 青木文化

社, 1986.
릴케 외 著. 《릴케 · 메리메 · 도스또엡스끼 · 입센》. 김양순 외 역. 서울: 학원출판공사, 1987.
릴케 · 헤세 〔著〕. 《말테의 수기 · 데미안 · 싯다르타》. 宋永擇 옮김. 서울: 삼성출판사, 1988.
릴케 · 카로사 지음. 《세계문학대전집》. 정강석 · 장기욱 옮김. 서울: 교육문화사, 1988.
R. M. 릴케 · L. 린저 著. 《詩人의 告白 · 線을 넘어서》. 洪京鎬 譯. 서울: 金星出版社, 1989.
R. M. 릴케 外 〔著〕. 《장미의 詩》. 오성출판사편집부 〔編譯〕. 서울: 五星出版社, 1989.
R. 릴케 지음. 《사랑보기》. 김기태 옮김. 서울: 선영사, 1989.
릴케 저. 《말테의 手記 · 사랑하는 하느님 이야기…》. 宋永擇 譯. 서울: 金星出版社, 1990.
릴케 · 울프 지음. 《말테의 수기 · 젊은 시인에게 보내는 편지 · 댈러웨이 부인》. 서울: 중앙출판사, 1990(2003).
Rainer Maria Rilke 著. 《릴케 詩集》. 徐石演 譯註. 서울: 明志出版社, 1990.
R. M. 릴케 著. 《말테의 手記》. 朴煥德 譯. 서울: 文藝出版社, 1991.
라이너 마리아 릴케 지음. 《두이노의 비가 · 오르페우스에게 바치는 소네트》. 안문영 옮김. 서울: 문학과지성사, 1991.
라이너 마리아 릴케 지음. 《기도시집》. 김재혁 옮김. 서울: 세계사, 1992.
라이너 마리아 릴케 지음. 《이별의 꽃》. 김재혁 옮김. 서울: 책세상, 1993.
라이너 마리아 릴케 지음. 《바람에 레몬나무는 흔들리고》. 김재혁 옮김. 서울: 책세상, 1993.
라이너 마리아 릴케 지음. 《코르넷 크리스토프 릴케의 사랑과 죽음의 노래》. 조두환 옮김. 서울: 하늘땅, 1993.
라이너 마리아 릴케 지음. 《나의 축제를 위하여》. 김재혁 옮김. 서울: 삼문, 1994.
라이너 마리아 릴케 지음. 《형상시집》. 김재혁 옮김. 서울: 책세상, 1994.

릴케 외〔저〕.《아침이 눈을 뜨자 숲이 노래하기 시작했다》. 윤시원 엮음. 서울: 홍원 , 1994.

김재혁 지음.《릴케의 예술과 종교성》. 서울: 고려대학교 독일문화연구소, 1994.

라이너 마리아 릴케.《골무가 하느님이 된 이야기》. 김승욱 옮김. 서울: 작가정신, 1996.

라이너 마리아 릴케 지음.《말테의 수기》. 전영애 옮김. 서울: 서울대학교출판부, 1997.

볼프강 레프만 지음.《릴케—영혼의 모험가》. 김재혁 옮김. 서울: 책세상, 1997.

라이너 마리아 릴케.《(릴케의)로댕》. 안상원 역. 서울: 미술문화, 1998.

김재혁 지음.《릴케의 작가정신과 예술적 변용》. 서울: 한국문화사, 1998.

라이너 마리아 릴케 外지음.《가장 행복했던 날의 이야기》. 안영란 옮김 · 백용정 그림. 서울: 세계사, 1998.

루 알버트-라사르트 지음.《내가 사랑한 시인 내가 사랑한 릴케》. 김재혁 옮김. 서울: 하늘연못, 1998.

라이너 마리아 릴케 지음.《연애하는 남자》. 안인희 · 김진욱 옮김. 서울: 문학수첩, 1998.

릴케 외 지음.《즐거웁게 가을은 돌아오고 있었지 1 · 2 》. 서울: 삼진기획, 1999.

릴케 외 지음.《이 세상 가장 소중한 보석은 당신입니다》. 윤혜춘 엮음. 서울: 문예마당, 1999.

라이너 마리아 릴케 지음.《릴케전집 1—첫 시집들 · 초기 시들 · 백의의 후작부인 · 기수 크리스토프 릴케의 사랑과 죽음의 노래 · 기도시집》. 김재혁 옮김. 서울: 책세상, 2000.

라이너 마리아 릴케 지음.《릴케전집 2—형상시집 · 신시집 · 진혼곡 · 마리아의 생애 · 두이노의 비가 · 오르페우스에게 바치는 소네트》. 김재혁 옮김. 서울: 책세상, 2000.

라이너 마리아 릴케 지음.《릴케전집 4—헌시 · 시작노트》. 안철택 · 변학수〔공역〕. 서울: 책세상, 2000.

라이너 마리아 릴케 지음.《릴케전집 5—초기 시와 서정적 희곡: 삶과 노래 · 치커리

· 그대의 축제를 위하여》. 장영은 옮김. 서울: 책세상, 2000.
라이너 마리아 릴케 지음. 《릴케전집 6—시인이 직접 발표한 시들》. 장순란 옮김. 서울: 책세상, 2000.
라이너 마리아 릴케 지음. 《릴케전집 7—단편소설》. 권세훈 옮김. 서울: 책세상, 2000.
라이너 마리아 릴케 지음. 《릴케전집 8—황금빛 상자 · 사도 · 무덤 파는 사람 외》. 피종호 옮김. 서울: 책세상 , 2000.
라이너 마리아 릴케 지음. 《릴케전집 9—희곡(1895-1901)》. 왕치현 옮김. 서울: 책세상, 2000.
라이너 마리아 릴케 지음. 《릴케전집 10—보르프스베데 · 로댕론》. 장미영 옮김. 서울: 책세상, 2000.
라이너 마리아 릴케 지음. 《릴케 전집 12—말테의 수기》. 김용민 옮김. 서울: 책세상, 2000.
라이너 마리아 릴케 지음. 《릴케전집 13—예술론 시인에 대하여 · 체험 · 근원적 음향 외》. 전동렬 옮김. 서울: 책세상, 2000.
릴케 지음. 《장미가시 · 병 · 릴케》. 김선미 옮김. 서울: 동해, 2000.
이동용 지음. 《나르시스, 그리고 나르시시즘—릴케 시 분석》. 서울: 책읽는사람들, 2001
라이너 마리아 릴케 지음. 《릴케전집 3—완성시 · 프랑스어로 쓴 시》. 고원 · 김정란 옮김. 서울: 책세상, 2001.
라이너 마리아 릴케 지음. 《릴케전집 11—예술론: 현대 서정시 · 사물의 멜로디 · 예술에 대하여 외》. 장혜순 옮김. 서울: 책세상, 2001.
라이너 마리아 릴케 지음. 《젊은 시인에게 보내는 편지》. 김재혁 옮김. 서울: 문학과의식, 2001.
라이너 마리아 릴케 지음. 《릴케 문학선 1—나의 축제를 위하여》. 문현미 옮김. 서울: 민음사, 2001.
라이너 마리아 릴케 지음. 《릴케 문학선 2—형상시집 외》. 구기성 옮김. 서울: 민음사, 2001.

라이너 마리아 릴케 지음. 《릴케 문학선 3—말테의 수기》. 문현미 옮김. 서울: 민음사, 2001.
라이너 마리아 릴케 지음. 《릴케 문학선 4—두이노의 비가 외》. 구기성 옮김. 서울: 민음사, 2001.
라이너 마리아 릴케. 《릴케의 헌정시집—삶과 사랑 그리고 예술》. 조두환 옮김. 서울: 자연사랑, 2001.
조두환 지음. 《라이너 마리아 릴케—고독의 정원에서 키운 장미와 시》. 서울: 건국대학교 출판부, 2001.
라이너 마리아 릴케 외 지음. 《세계의 명수필》. 손광성 엮음. 서울: 을유문화사, 2001.
라이너 마리아 릴케 지음. 《(라이너 마리아 릴케의)르네상스 미술여행》. 김향 옮김. 서울: 가람기획, 2001.
라이너 마리아 릴케 지음. 《(릴케)신시집》. 이정순 옮김. 서울: 현암사, 2001.
릴케 외〔공저〕. 《내 삶을 변화시키는 96가지 지혜》. 김선영 엮음. 서울: 꿈과 희망, 2002.
라이너 마리아 릴케 지음. 《누구나 혼자입니다—릴케 사색 노트》. 장혜경 편역. 서울: 웅진닷컴, 2002.
릴케 글 · 로댕 그림. 《황홀의 순간—릴케와 로댕이 함께 손잡고 들려주는 관능과 탐미의 노래》. 김재혁 옮김 · 해설. 서울: 생각의나무, 2002.
라이너 마리아 릴케 지음. 《과수원 · 장미》. 김진하 옮김. 서울: 문학과지성사, 2003.
라이너 마리아 릴케 지음. 《젊은 시인에게 보내는 편지》. 홍순철 옮김. 서울: 북프렌즈, 2003.
라이너 마리아 릴케 외 지음. 《(내 인생을 성공으로 이끄는)100가지 지혜》. 박지현 엮음. 서울: 새희망, 2003.
라이너 마리아 릴케 지음. 《젊은 시인에게 보내는 편지》. 도희서 옮김. 서울: 태동출판, 2003.
라이너 마리아 릴케 지음. 《소유하지 않는 사랑—릴케의 가장 아름다운 시》. 김재혁 옮김. 서울: 고려대학교출판부, 2003.

김창준 지음. 《라이너 마리아 릴케의 말테의 수기 연구》. 서울: 월인, 2003.
라이너 마리아 릴케 저. 《밤에 드리는 시》. 조두환 옮김. 서울: 자연사랑, 2003.
루 안드레아스-살로메 지음. 《하얀 길 위의 릴케》. 김상영 옮김. 서울: 모티브, 2003.
R. M. 릴케 지음. 《어느 시인의 고백》. 송영택 옮김. 서울: 범우사, 2003.
라이너 마리아 릴케 지음. 《신의 이야기》. 신영숙 옮김. 서울: 사랑의학교, 2004.
이정순 지음. 《릴케의 서정시 연구》. 서울: 한빛문화, 2006
라이너 마리아 릴케 지음. 《릴케 두이노의 비가》. 이정순 옮김. 서울: 현암사, 2006.
라이너 마리아 릴케 지음. 《젊은 시인에게 보내는 편지》. 김재혁 옮김. 서울: 고려대학교 출판부, 2006.

참고문헌

일차문헌

Rilke, Rainer Maria, *Sämtliche Werke*. Herausgegeben von Rilke-Archiv in Verbindung mit Ruth Sieber-Rilke, besorgt durch Ernst Zinn. Frankfurt a. M. 1955-1966.

_____, *Briefe aus den Jahren 1906 bis 1907*. Herausgegeben von Ruth Sieber-Rilke und Carl Sieber. Leipzig 1930.

_____, *Briefe aus den Jahren 1907 bis 1914*. Herausgegeben von Ruth Sieber-Rilke und Carl Sieber. Leipzig 1933.

_____, *Tagebücher aus der Frühzeit*. Frankfurt a. M. 1942.

_____, *Briefe*. 1Band. Herausgegeben von Rilke-Archiv in Weimar. In: Verbindung mit Ruth Sieber-Rilke. Besorgt durch Karl Altheim. Wiesbaden 1950.

_____, *Tagebücher aus der Frühzeit*. 2 Ausg. Herausgegeben von Ruth Sieber-Rilke und Carl Sieber. Frankfurt a. M. 1973.

_____, *Die Briefe an Gräfin Sizzo 1921-1926*. Herausgegeben von Ingeborg Schnack. Frankfurt a. M. 1977

_____, *Briefe an einen jungen Dichter*. 39 Aufl. Frankfurt a. M. 1991.

リルケ, 《リルケ詩集》. 茅野 蕭蕭 譯. 東京: 第一 書房, 1927.

릴케, 라이너 마리아, 《젊은 시인에게 보내는 편지》. 김재혁 옮김. 서울: 고려대학교

출판부, 2006.

김기택, 〈나는 쏘주는 먹을 줄 알지만 하모니카는 불 줄 모른다〉. 《대산문화》(2004년 봄).

______, 《태아의 잠》. 서울: 문학과지성사, 1991.

______, 《바늘구멍 속의 폭풍》. 서울: 문학과지성사, 1994.

김수영, 《김수영 전집 2—산문》. 서울: 민음사, 1981.

김종삼·김광림·전봉건, 《전쟁과 음악과 희망과》. 서울: 자유세계사, 1957.

김춘수, 《거울 속의 천사》. 서울: 민음사, 2001.

______, 《김춘수 전집 1—시》. 서울: 문장사, 1982.

______, 《김춘수 전집2—시론》. 서울: 문장사, 1986.

______, 《김춘수 전집3—수필》. 서울: 문장사, 1986.

______, 《꽃과 여우》. 서울: 민음사, 1997.

______, 〈릴케와 나의 시〉. 김주연 편. 《릴케》. 서울: 문학과지성사, 1981.

______, 〈릴케와 천사〉. 《문예》, 1권 5호(1949년 12월).

______, 《시의 위상》. 서울: 둥지, 1991.

______, 《쉰한 편의 비가》. 서울: 현대문학, 2002.

______, 《의미와 무의미》. 서울: 문학과지성사, 1976.

______, 〈장미, 순수한 모순〉. 《현대문학》, 589호(2004년 1월).

김현승, 《가을에는 기도하게 하소서》. 서울: 예전사, 1984.

______, 《고독과 시》. 서울: 지식산업사, 1977.

______, 《김현승 시전집》. 서울: 민음사, 2005.

______, 《김현승 전집 1—시》. 서울: 시인사, 1985.

______, 《김현승 전집 2—산문》. 서울: 시인사, 1985.

______, 〈詩였던 예수의 言行〉. 《김현승 전집 2—산문》. 서울: 시인사, 1985.

______, 〈시인으로서의 '나'에 대하여〉. 김현승. 《고독과 시—詩論과 隨想과 문학적 自傳》. 서울: 지식산업사, 1977.

______, 《절대고독》. 서울: 성문각, 1970.

______, 〈커피를 끓이면서〉. 김현승. 《고독과 시—詩論과 隨想과 문학적 自傳》. 서울: 지식산업사, 1977.

박양균, 《박양균 전집》. 서울: 새벽, 1996.

박용철, 《박용철 전집1—시집》. 서울: 깊은샘, 2004.

______, 《박용철 전집2—평론》. 서울: 깊은샘, 2004.

박희진, 《꿈꾸는 빛바다》. 서울: 고려원, 1986.

______, 《투명한 기쁨》. 서울: 산방, 1990.

______, 〈나의 수행일기〉. 《현대불교》, 238호(1999년).

______, 〈未完의 謝辭〉. 《사상계》, 100호(1961년 11월).

______, 〈상미, 오오 순수한 모순—릴케의 죽음〉. 《심상》, 7권 3호(1979년).

윤동주, 《하늘과 바람과 별과 詩》. 서울: 정음사, 1983.

이성복, 《그 여름의 끝》. 서울: 문학과지성사, 1990.

______, 《나는 왜 비에 젖은 석류 꽃잎에 대해 아무 말도 못했는가》. 서울: 문학동네, 2001.

______, 《네 고통은 나뭇잎 하나 푸르게 하지 못한다》. 서울: 문학동네, 2001.

______, 《달의 이마에는 물결무늬 자국》. 서울: 열음사, 2003.

전봉건, 《꿈 속의 뼈》. 서울: 근역서제, 1980.

______, 《사랑을 위한 되풀이》. 서울: 춘조사, 1959.

______, 《시와 인생의 뒤안길에서》. 서울: 중앙사, 1965.

______, 《전봉건 시선》. 서울: 탐구당, 1985.

______, 《새들에게》. 서울: 고려원, 1983.

崔成大, 《杜機詩集》. 卷1-7. 1741. 〔국립중앙도서관 소장〕

허만하, 《낙타는 십리밖 물냄새를 맡는다》. 서울: 솔, 2000.

______, 《시의 근원을 찾아서》. 서울: 랜덤하우스중앙, 2005.

______, 《해조》. 서울: 삼애사, 1969.

______, 《허만하 시선집》. 서울: 솔, 2005.

이차문헌

강연호, 《한국 현대시의 미적 구조》. 서울: 신아, 2004.

고석규, 〈동주와 시인의 역설〉. 《크리스챤 문학》. 5집(1973).

곽광수, 〈김현승의 고독〉. 숭실어문학회 편, 《다형 김현승 연구》. 서울: 보고사, 1996.

김명인, 《한국근대시의 구조연구》. 서울: 한샘, 1988.

김열규, 〈윤동주론〉. 《국어국문학》, 27호(1954).

김용직, 〈비극적 상황과 시의 길—윤동주론〉. 이건청 편저, 《나의 별에도 봄이 오면》. 서울: 문학세계사, 1981.

______, 〈순수와 반기교주의〉. 광산문화원 편, 《용아 박용철의 예술과 삶》. 광주: 광산문화원, 2002.

______, 《한국현대시연구》. 서울: 일지사, 1974.

김윤식, 〈윤동주론〉. 《한국근대작가론고》. 서울: 일지사, 1981.

______, 〈투르게네프와 윤동주〉. 김윤식, 《우리 문학의 넓이와 깊이》. 서울: 서래헌, 1979.

______, 〈한국시에 미친 릴케의 영향〉. 김윤식, 《한국문학의 논리》. 서울: 일지사, 1974.

김재혁, 〈새로 발굴된 박용철의 원고—R. M. Rilke의 서정시 - 초벌 번역원고를 통해 본 박용철의 번역태도〉. 문학사상사 편, 《문학사상》, 386호(2004년 12월).

김종길, 〈堅固에의 집념—김현승의 詩의 스타일을 중심으로〉. 숭실어문학회 편. 《다형 김현승 연구》. 서울: 보고사, 1996.

김학동 편, 《윤동주》. 서울: 서강대출판부, 1997.

김현 · 김윤식, 《한국문학사》. 서울: 민음사, 1974.

김희보, 〈시인과 하나님—릴케의 '가을날'과 김현승의 '가을의 기도'〉. 《기독교 사상》, 24권 11호(1980년 11월).

남송우, 《다원적 세상보기》. 부산: 전망, 1994.

문혜원, 〈애상적인 정조와 의지에의 지향〉. 《시로 여는 세상》, 9호(2004년 봄).

박이도, 《한국 현대시와 기독교》. 서울: 예전사, 1994.

박철희 · 김시태 편, 《현대시의 이해》. 서울: 문학과비평사, 1990.

박호영, 〈릴케의 이식과 그 수용 양상〉. 《강릉대 논문집》. 1984.

백철 외 편, 《한국 전후 문제시집》. 서울: 신구문화사, 1961.

송우혜, 《윤동주 평전》. 서울: 푸른역사, 2004.

신동욱, 〈하늘과 별에 이르는 詩心〉. 김학동 편, 《윤동주》. 서울: 서강대출판부, 1997.

오오무라 마스오, 《윤동주와 한국문학》. 서울: 소명, 2001.

이성부, 〈사랑의 실체〉. 《창작과 비평》, 11권 1호(1976년 봄).

이운룡 편저, 《김현승》. 서울: 문학세계사, 1993.

이유영 외, 《한독문학비교연구 I－1920년대까지 독일문학의 영향을 중심으로》. 서울: 삼영사, 1976.

이재선, 〈한국 현대시와 R. M. 릴케－그 영향을 중심으로〉. 《청구대학 논문집》, 제8집(1965).

이향아, 〈시인 박용철 연구〉. 광산문화원 편. 《용아 박용철의 예술과 삶》. 광주: 광산문화원, 2002.

임승기, 〈릴케 문학 수용의 문제점〉. 《성균관대 인문과학》, 11집(1982).

조태일, 《김현승 시정신 연구》. 서울: 태학사, 1998.

최하림, 〈수직적인 세계－김현승의 인간과 문학〉. 《창작과 비평》, 10권 1호(1975년 여름).

키에르케고르, 〈VERSCHIEDENE〉. 박용철 역. 《문학》, 2권(1934년 2월).

하이그로트, 로베르트 하인츠, 〈라이너 마리아 릴케의 서정시. 빌레펠트 1921〉. 박용철 역. 문학사사상사 편, 《문학사상》, 386호(2004년 12월).

홍장학, 《정본 윤동주 전집 원전 연구》. 서울: 문학과지성사, 2004.

Apel, Friedmar, *Himmelssehnsacht: Die Sichtbarkeit der Engel*. Paderbon 1994.

Baudelaire, Charles, *OEuvres Complètes*. Coll. Bibliothèque de la Pléiade. Paris: Gallimard 1954.

Benn, Gottfried, *Probleme der Lyrik*. Wiesbaden 1951.

Bollnow, Otto Friedrich, *Rilke*. 2 Aufl. Stuttgart 1965.

Destro, Alberto, "Ich und Wirklichkeit in Rilkes Lyrik: Etappen einer wechselvollen Entwicklung." In: Ulrich Fülleborn und Manfred Engel(Hrsg.), *Das neuzeitliche Ich in der Literatur des 18. und 20: Jahrhunderts*. Müchen 1988.

Eckel, Winfried, *Wendung: Zum Prozeß der poetischen Reflexion im Werk Rilkes*. Würzburg 1994.

Görner, Rüdiger, "Denken des Herzens: Zugänge zu einem Motiv in Rilkes Werk." In: *Blätter der Rilke-Gesellschaft*. Bd. 24. Frankfurt a. M. 2002.

Herzog, Bert, "Der Gott des Jugendstils in Rilkes 'Stunden-Buch'." In: Jost Hermand. *Jugendstil*. Darmstadt 1971.

Heygrodt, Robert Heinz, *Die Lyrik Rainer Maria Rilkes. Versuch einer Entwicklungsgeschichte*. Freiburg i. Br.: J. Bielefelds Verlag 1921.

Holthusen, Hans Egon, *Rainer Maria Rilke*. Hamburg 1958.

Imhof, Heinrich, *Rilkes Gott*. Heidelberg 1983.

Jost, Dominik, *Literarischer Jugendstil*. 2 Aufl. Stuttgart 1980.

Kießling, Hildegard, *Die Einsamkeit als lyrisches Motiv bei Rainer Maria Rilke*. Diss. Jena 1935.

Kohlschmidt, Werner, "Das Floreale in Rilkes deutschen Gedichten." In: *Blätter der Rilke-Gesellschaft*, Heft 7-8(1980/1981).

Leisi, Ernst, *Rilkes Sonette an Orpheus: Interpretation, Kommentar, Glossar*. Tübingen 1987.

Max, Reiner, *"Hab ich nicht recht?"* Frankfurt a. M. 1984.

Meyer, Hermann, "Die Verwandlung des Sichtbaren: Die Bedeutung der modernen bildenden Kunst für Rilkes späte Dichtung." In: Rüdiger Görner(Hrsg.). *Rainer Maria Rilke*. Darmstadt 1987.

Ouwehand, Cornelis und Shizuko Kusunoki, *Rilke in Japan: Versuch einer Bibliographie*. Mouton Verlag 1960.

Reese, Wilhelm, *Der niedrige Mensch bei Rainer Maria Rilke*. Diss. Freiburg i. Br. 1952.

Steiner, Jacob, *Rilke*. Karlsruhe 1986.

Stephens, Anthony, *Rilkes Malte Laurids Brigge: Strukturanalyse des erzählerischen Bewußtseins*. Bern/Frankfurt a. M. 1974.

Wolff, Joachim, *Rilkes Grabschrift*. Heidelberg 1983.

찾아보기

인문사회과학총서·64

릴케와 한국의 시인들

초판 발행 2006년 12월 5일
초판 6쇄 2023년 11월 27일

지은이 김재혁
펴낸곳 고려대학교출판문화원
www.kupress.com
kupress@korea.ac.kr
(02841) 서울특별시 성북구 안암로 145
Tel 02-3290-4230, 4232
Fax 02-923-6311
찍은곳 (주)동화인쇄

ISBN 89-7641-588-4 94810
ISBN 89-7641-359-8 (세트)

값 20,000원